天崩地解

崇祯

明思宗

张明林◎编著

西苑出版社

图书在版编目（CIP）数据

天崩地解：明思宗崇祯 / 张明林编著. —北京：西苑出版社，2011.10

ISBN 978-7-5151-0108-8

Ⅰ. ①天… Ⅱ. ①张… Ⅲ. ①崇祯帝（1611～1644）—传记 Ⅳ. ①K827=48

中国版本图书馆CIP数据核字（2011）第212001号

天崩地解　明思宗崇祯

编　　著　张明林
出版发行　西苑出版社
通讯地址　北京市海淀区阜石路15号　　邮政编码：100143
　　　　　电　　话：010-88624971　　传　　真：010-88637120
网　　址　www.xycbs.com　　E-mail: xycbs8@126.com
印　　刷　北京中印联印务有限公司
经　　销　全国新华书店
开　　本　787mm×1092mm　1/16
字　　数　256千字
印　　张　18
版　　次　2012年1月第1版
印　　次　2012年1月第1次印刷
书　　号　ISBN 978-7-5151-0108-8
定　　价　36.00元

明毅宗烈皇帝朱由检

卷首语

明思宗（一为毅宗烈皇帝）崇祯的一生可以说充满了悲剧色彩，他拥有极强的政治手腕，心思缜密，果断干练，并且精力充沛，几乎拥有历史上所有明君的特征；但同时他又刚愎自用、文过饰非、诿过臣下、严苛急躁、翻脸无情，永远不惜以最阴暗的心理揣测别人。崇祯的是非功过充满争议，是中国历史上最具悲剧色彩的皇帝之一，“无力回天”这四个字，可以概括崇祯的一生。崇祯皇帝宁可煤山自尽，也没有把宁远铁骑调进中原打李自成，遵守了自朱棣起历代明皇们对臣民的承诺“天子守国门”！

目 录

第一章　生于末世运偏消

临危即位，风雨飘摇

（一）短命皇帝光宗

在明朝的16个皇帝中，有一个执政才一个月就死去的皇帝，他就是明光宗。

明光宗于万历四十八年（1620）八月一日登极，九月一日即死去，是明朝在位最短的一个皇帝。

光宗朱常洛

明光宗读书较晚，文化修养也不高。在做皇帝前的39年中，他一直在压抑、孤独和苦闷中度日。

明光宗即位后，没有什么更新朝政、施展治国才能的宏大抱负。如果说他的一朝还有什么可以称道的话，那么只能举出两件。

其一是在他父亲去世的第二天，遵奉遗诏，宣布发内帑银200万两，犒赏边防将士，罢除天下矿监税使，起用万历年间建言得罪诸臣。这些举措无疑大得人心。

其二是改变了内阁浙党专权的局面。万历后期，浙党首领方从哲秉政七年，而最后的三年时间，内阁中只有他一人。

光宗八月一日登极后，从八月五日至二十一日，先后起用史继偕、何宗彦、刘一燝、韩爌、朱国祚等人为礼部尚书兼东阁大学士，参预机务，同时召还万历时曾翊翼过自己的致仕内阁大学士叶向高。这些人中，当时在京师的只有刘一燝、韩爌。两人都是东林党人。刘、韩入阁，使方从哲的势力有所削弱，为天启初年东林党人一度参政创造了条件。

光宗致命的弱点是惑于女宠。在做皇太子期间，为了寻求精神寄托，便沉湎酒色，恣情纵欲。因而妃嫔很多。

光宗即位后，内廷最活跃的人物要算郑贵妃和西李。郑贵妃是神宗宠妃，神宗去世前，留居乾清宫，此时尚未移居。

她是一个颇有心计的女人，深知光宗底里，为了巩固在后宫的地位，就从侍女中挑选8名美姬进献。这8名美姬个个能弹会唱，纤巧动人。光宗欣然收纳，如醉如痴，早把万历时的前嫌忘在脑后。

她又竭力笼络西李，仅仅数日，居然胶漆相投，无所不言。郑贵妃想做皇太后，西李想做皇后，于是由西李出面，向光宗恳请。光宗最初还有些犹豫，但怎禁得宠幸再三乞请，便含糊应允，一日挨一日，仍未下册立的谕旨。

八月十日，郑贵妃再次托西李催请，可巧光宗身染重病，时不便进言。十二日，光宗病情未见好转，郑贵妃已急不可待，便以探病为名，又同西李催请册立日期。光宗面对两个女人软磨硬泡，只得强撑着身子出殿，召见方从哲，命令从速具议。方从哲自然一一应允。

可当把旨意传到礼部，却受到礼部侍郎孙如游的抵制。孙如游气愤地说："先帝在日，并未册封郑贵妃为后，且今上又非贵妃所出，此事如何行得！"接着上疏谏止。光宗当然知道本朝制度：新君即位后，只能追封嫡母和生母。现在自己的生母尚未追封，却要封郑贵妃，于情于理都不相合，于是不再提封太后之事。郑贵妃自然不肯罢休，还要催促，无奈光宗病势日重，便在十四日派内医崔文升入诊帝疾。光宗的病由宣淫而起，用药自当培元固本，文升诊视后却谓邪热内蕴，当服通剂药。何谓通剂药？就是清内火的牛黄、石膏、麻仁之类。光宗掏空之躯哪禁得住这杀伐猛剂，服药之后，顿觉腹痛肠鸣，泻泄不止，一日一夜竟至三四十起。一连几日，光宗一泄如注，委顿不堪。

光宗的病情很快传到朝廷之上，大臣们无不惊诧。郭妃、王才人两家戚畹对西李专宠早就不满，现在更是走遍朝臣各家，泣诉光宗危急情状，言说郑、李勾结，包藏祸心。于是给事中杨涟、御史左光斗（均为东林党人）倡言于朝，并与吏部尚书周嘉谟（东林党人）一起往见郑贵妃兄子郑养性，责之以大义，要他劝说贵妃移宫，并请收还封后的成命。

养性迫于压力，入宫禀闻。郑贵妃见人情汹汹，人言可畏，只得移居慈宁宫，封太后之旨也就作罢。

不久，光宗再次召见大臣。首先传谕册立西李选侍为皇贵妃，接着嘱托臣僚辅佐皇长子朱由校为帝，最后谈到自己的寿宫。

群臣闻听光宗安排后事，不知所措，只得称颂圣寿无疆，何遽至此？

光宗又问道："有鸿胪寺官进药者安在？"原来在此之前，鸿胪寺丞李可灼言称有仙丹妙药可治帝疾。李可灼被宣至，诊视后与御医及诸臣商榷，大学士刘一燝言其乡两人同服，一益一损，非万全药。礼部侍郎孙如游言说，天子关系至大，不可轻用。可光宗决计服用，于是当着众大臣将药服下。此药乃红色，故称"红丸"。光宗服用红丸后，四肢和暖，思进饮食，遂命再进一丸。次日五鼓，宫内传出急旨，召大臣火速入宫。

当大臣急急忙忙赶到宫内，只听得哭声四起，光宗已经命归西天。

"红丸"究系何物？何以第一丸服下安然无恙，第二丸服下遽然而亡，这不能不说是一个谜。

光宗在位一月而亡，有许多棘手的问题尚待大臣处理。一是如何纪年。当时有人主张削光宗年号泰昌不纪；有人建议去神宗万历四十八年，以本年为泰昌元年；还有人建议明年为泰昌元年，后年为熹宗天启元年。最后采用了御史左光斗的意见，以当年8月以前为万历四十八年，8月以后为泰昌元年，明年为天启元年。

二是寿宫问题。此时神宗尸体尚未埋葬，无论如何也不可能在短期内建一座新的地宫。后来朝臣们在议论中想起了一座现成的陵址，那是景泰帝在位时为自己营建的。英宗复辟后不久，景泰帝死，葬于北京西郊的金山，于是原建的景泰陵“陵工废，基址堙，人谓之景泰洼”相传是块吉地。

天启元年（1621）三月重新修缮，八月完工，九月初一葬入光宗。这就是明十三陵中的庆陵。

（二）木匠天子熹宗

历经二百余年的风雨飘摇，明太祖朱元璋一手缔造的大明帝国，终于偏离航向，走进了穷途末路的死胡同。由皇宫到茅舍，由朝内至朝外，积怨重重，危机四伏。大明帝国江河日下的同时，一股新生力量迅速崛起于白山黑水之间，无敌的铁骑跨过山海雄关，横扫中原大地，一个以清代明的新的时代马上就要到来。

光宗执政刚一个月，即遽然而亡，朝廷内外一片纷乱。国不可一日无君，在光宗死后的第五天，他的长子朱由校就即位登上了皇帝的宝座，就是明熹宗天启。但这次即位却弄出了许多曲折。

刚刚君临天下的这位少年天子同他五弟崇祯一样，也是自小就死去了生母，由光宗的李选侍看护着长大。李选侍能取得光宗的两个幼年丧母的儿子的监护权，说明她当初在太子宫中的得宠程度确实非同一般。加之由于太子妃郭氏死得早，光宗即位之后，并没有人能够自然而然地成为皇后，李选侍就把这国母之尊看成了自己的囊中之物。而且光宗在生前也确实数次提出要封她为皇贵妃，由于没有皇后，皇贵妃自然要主掌后宫。但礼部认为，新天子刚刚登位，连两位太后和元妃的谥号还无暇议及，晋封皇贵妃的事也只宜缓办。谁知光宗在位只一个月就故去了，李选侍不但晋身皇后的梦想成了泡影，就连皇贵妃的名号也没有捞到，实在是又悲痛又懊恼，于是生出一些“妇人之见”，想用手中把持着的小皇帝来作为同朝臣们讨价还价的资本。

天启是一个幼稚晚熟，又从小被娇纵坏了的孩子，虽然他已经16岁，在许多方面却仍然像个十岁出头的儿童，毫无主见和独立意识。小皇帝特

明熹宗天启皇帝

别晚熟，这给了李选侍一个机会。她以为只要能继续控制着这位皇帝，就能从中得到好处。因此，在光宗驾崩的当日，群臣到宫中同遗体告别时，她就把小皇帝藏起来不让群臣见面。后来朝臣同内臣联合起来，连吓带骗，总算把天启弄了出来，于是山呼万岁地顶礼朝拜了一番，继而不由分说，把那吓呆了的孩子簇拥到慈庆宫，从而断绝了李选侍和小皇帝的联系。

皇帝被劫持，李选侍乱了阵脚，只好赖在乾清宫不走。这乾清宫是皇帝的寝宫，按当时的说法，“惟天子御天得居之，惟皇后配天得共居之”，并非什么人都住得的。李选侍先前因服侍光宗而住进乾清宫，现在光宗已死，实在没有再赖着不走的理由。揆其心理，她不过是希望朝臣们能有所妥协，大小给她个封号，也不枉辛辛苦苦监护小皇帝几年。只是在朝中得势的东林党人却不肯善罢干休，他们毫不妥协，今日一本，明朝一本，还几次到宫中吵嚷争执，痛斥李选侍。李选侍手中没有了皇帝，也已泄气，熬了几日，只得悲悲切切离开了乾清宫，搬进临时闲着的哕鸾宫，连行李也顾不上收拾。这一番混乱后来就被称做“移宫”。

身为天子的天启在一群强悍的朝臣手中夺来抢去，除了哭天抹泪之外毫无办法，年幼而又没有一点权势的御弟朱由检自然更不能对宫中朝中的局势发展产生丝毫影响，只好听凭东林党人与他们在宫中的内应——大太监王安的安排。他老老实实地呆在勖勤宫里，对外面的事情从不过问。而朝中的东林党人在“移宫”一役中得手之后，正在以汹涌澎湃之势迅速扩大战果。

还在“移宫”事件纷扰不休的时候，一些东林党人已经在追究光宗的死因了。在他们看来，光宗死得蹊跷，李可灼职非医官，随便为皇帝进药已属大不合规矩，何况服红丸在前，光宗崩逝在后，从时间顺序看，似乎红丸就是光宗的死因。如果真是这样，红丸岂不就是毒药，李可灼进药岂不就是弑君？按照这个思路想下去，问题越来越严重。李可灼能入宫诊视进药，是首辅方从哲带入的。而这个方从哲在当年的“梃击案”中就态度暧昧，据说同郑贵妃颇有瓜葛。再深一步猜想，光宗病体加重是因为吃了内医官崔文升的泄药，而崔文升原先竟也是郑贵妃的属下！显然，光宗之死，死于一连串的阴谋，阴谋的主使，宫中是万恶的郑贵妃，朝中是郑贵妃的同党首辅方从哲。这个关于光宗死因的争辩，被时人称做“红丸案。”

这位年号“天启”的明朝第15位掌舵人，是万历皇帝的长孙子，却没有机会抖一下皇太孙的威风；是堂堂正正的皇长子，却没有时间体会一下皇太子的荣光；是一个流动着尊贵血统的天皇贵胄，却始终没有得到读书的机会，在君临天下的时候，他还是一个大字不识的文盲。尤为不可思议的是，在正式登基前，他还被迫离开过乾清宫，受到一个女人的要挟和挟持，过着惶惶不安的避难生活。

这位被后世戏称为“木匠天子”的少主，其手艺足以用出类拔萃、炉火纯青、无与伦比最后定论。他做的亭台楼阁，精巧细致，美妙绝伦，在市面上可以售到万金之巨。他设计的自动玩具，只要拧几下发条，玩具便会手舞足蹈一番，制作之巧，堪称一流，可谓一绝。他在拆了再做、做了再拆的无休止的忙碌和折腾中，充分体味到人生终极的成就感。不仅如此，这位木匠天子还兴趣广泛，全面开花。爬大树、掏鸟窝、入地洞、捉迷藏、抓蟋蟀、斗公鸡、养猫玩狗、骑马射猎、溜冰划船、拍水戏浪、赏花采草、堆山布景、傀儡游戏，无一不精，无一不通。

对于这位怪异荒谬的“木匠天子”，《明史·熹宗本纪》只用寥寥数语即为其盖棺定论，语极精辟，入木三分，颇值一读：“明自世宗而后，纲纪日以陵夷，神宗末年，废坏极矣。虽有刚明英武之君，已难复振。而重以帝之庸懦，妇侍窃权，滥赏淫刑，忠良惨祸，亿兆离心，虽欲不亡，何可得哉！”

妙哉斯言。

命运多舛，国本之争

万历三十八年（1611）十二月二十四日，京城里一片热闹气象，鞭炮声此起彼伏。这天是立春的日子，又接近岁末，人们刚在严寒中祭过灶神，又忙着准备过年。紫禁城里的嫔妃和宫女、太监们也都随着新年的临近而忙碌兴奋起来，有的蒸点心、办年货，有的裁绸缎制新衣，有的贴春联剪窗花，宫里还要设鳌山，扎彩灯，备办烟火，真是热闹非常。就在这一片喜庆热闹当中，一个男孩在紫禁城东华门内的慈庆宫里呱呱坠地了。

男孩的父亲是慈庆宫这群庞大建筑的主人，当时的东宫太子朱常洛。朱氏家族统治明朝已经200多年，到万历年间已更换过13个皇帝，新诞生的婴儿是太祖朱元璋第11世孙。在200多年间，太祖朱元璋家族的子孙十分兴旺发达，此时各支各脉的男性皇族宗室已多达60万人，但每一位宗室成员由于同代代相传的皇朝天子血缘关系远近不同，地位悬殊，则有着天壤之别。远支别脉的小宗子弟衣食都没有着落，有些人年过半百还娶不上妻室；而大宗的亲王、郡王们却拥有数万顷良田美宅的资产，并且在王朝中有着至尊至贵的崇高地位。作为太子的朱常洛在整个宗族以及天下百姓之中又是地位仅次于当今天子的第二号人物，一旦万历帝去世，他就将继承皇位成为帝国最高的统治者。

小王子正好在立春这一天出生，按皇家取名制度和等级体制的森严，在这个男孩出世后不久，宗人府就根据太祖皇帝钦定的子孙排行字序为他择定了一个郑重其事的嘉名，叫做朱由检。

在幼年时代，小王子朱由检一直生活在一种沉闷而又严峻的气氛中。太子地位不稳定造成的人心惶惶使东宫中的姬妾、宫女和太监们宁可明哲保身，也尽量少出头少说话；前途的莫测则又加剧了宫廷中本来就层出不穷的勾心斗角、相互仇视和中伤。这位小王子从一出生就注定了命运多舛，他的生母刘氏并没有因为给太子生了儿子而母以子贵起来，相反在哺育儿子的期间遭到太子的冷落与厌恶。刘氏为此郁郁寡欢，竟然积郁成疾，在她的儿子才只有虚岁5岁的时候，就抛下了亲生骨肉死了，她当时只有23岁。朱由检从出生直到少年时期，命运并未特别垂青于他。而且从某种意义上讲，并无多少特殊地位，朱由检的命运真是坎坷。生母刘氏，是其父光宗众多嫔妃中的一位。虽生一男儿，按理当母以子贵，无奈有争宠的妃子如号称“西李”的康妃在侧，鼓动如簧之舌，说三道四，使光宗对刘氏渐渐疏远，进而寻隙斥责。忠厚贤惠的刘氏，谨守妇道，毫不辩解，将莫大的冤屈和悲愤深深埋在心里，久而久之，积愤成疾，在朱由检五岁的那年，郁闷而死。光宗得知刘氏死讯，多有悔意，又担心神宗皇帝知道此事，要怪罪于他，便严厉要求宫人守口如瓶，不得向外界泄露只言片语，暗中派人将刘氏埋葬在西山。当时，朱由检住在勖勤宫，每忆及生母，就向近侍询问：“西山有申懿王的坟墓吗？”回答说有。又问：“申懿王坟墓旁有刘娘娘的坟墓吗？”回答说有。这样，朱由检似乎得到了心理上的慰藉。

但终其一生，朱由检都深深怀念生母。而在幼年时对生母刘氏的追忆及对生母抚养恩德的无限思念，常使他情不自禁地盈盈泪下。光宗得知他思念生母，又孤苦无依，怜悯之情油然而生。遂令当时最受宠爱的号称西李的康妃抚养。但她十分清楚皇长子与皇五子的等级差别和分量。所以，对待两位皇子的态度，就有着明显的不同。因此朱由检幼小的心灵，已多少感受到人世间的冷暖和长辈慈爱的厚薄，但由于毕竟仍在皇室子孙气指颐使的高贵血统氛围中生活，因此幼时的朱由检仍过着衣食不愁、无忧无虑的生活。不久，光宗又让号称“东李”的庄妃抚养。

庄妃宽厚仁慈与世无争。她的地位虽列于“西李”之前，因其行事谨慎，恪守妇道，不与人争长论短，不与事较，因此受宠爱的程度却远不能与西李相比。加上膝下无子无女，孤处内宫，十分寂寞。现在奉命抚养皇五子，正是她求之不得的事。朱由检的到来。既可使她冰冷寂寥的心中增加些许温暖，又可使她的爱心有一个确定的倾注对象。而朱由检也从此得到了新的母爱，聪颖活泼的天性随着时间的推移，渐渐地发挥和养成。

朱由检从小酷爱读书，逐渐养成了静坐颐养的习惯。每阅读经籍，长久不动，口中念念有词。小太监也乐于与这位小皇孙亲近，戏游玩耍，说些皇宫内很少听到的新鲜事和乡里习俗，逗得朱由检开怀大笑，欢乐异常。

读书，游戏，欢乐和一点忧虑，伴随着朱由检渐渐长大。而当父皇光宗即皇帝位仅一个月便与世长辞，却给他年仅10岁的心灵上蒙上了一层阴影。生母的早逝，留给他内心的忧伤，因有庄妃的爱抚而得到慰藉；可是父皇又相继离去，双亲尽亡，顿失长辈之爱是谁也不能替代的。尽管父皇的关注，比起皇兄来，自己得到的要少得多，但因其些许的关注和庇护就颇感安全，可现在连这些许的庇护和安全感也失去了。皇父去世，很快皇兄朱由校接替父皇登上皇帝宝座，是为天启。

明思宗朱由检像

天启二年（公元1622年）九月，13岁的朱由检作为当今皇帝唯一的胞弟，被册封为信亲王。亲王在明代的爵位系统中地位是最尊贵、最崇高的，而且以同当今皇帝的血缘远近而论，他在当时在世的四五十个亲王当中又是支脉最近的，这一次封王典礼本应该庄严隆重。但当时宫廷内外正在酝酿着一场严峻的权力大厮杀，没有人真正关心这个少年小王爷，典礼也就极其草率。由于年龄还小，这位信王殿下在受封后仍然住在紫禁城中的勖勤宫里，但已经是寄居的性质。依照明制规定，一个亲王在成年之后他必须移居到远离京城的封地。没爹没娘又不受人重视的信王只能孤零零地蜗居在自己的勖勤宫里，唯一的亲人长兄天启自幼同他并没有多少感情，即使在礼仪性的朝拜活动中能见到一面，也只是机械地下跪磕头，从来没有什么话可说。

崇祯的祖父万历帝有8个儿子，但没有一个是正宫皇后所生，按照传统的嫡长子宗法制继承原则，“有嫡立嫡，无嫡立长”，皇长子朱常洛才被立为太子，成为法定继承人。朱常洛的母亲本来是万历生母李太后宫中的一个普通宫女，生出这位皇长子完全是事出偶然，并非真的得到了皇帝的宠爱。万历最喜欢的是郑贵妃，而且那爱情持久、执着、至死不渝。郑贵妃也为万历生过两个儿子，即皇三子常洵和皇四子常治，因此，万历很想立郑贵妃所生的常洵为太子。这样，皇帝的意图就同传统的封建礼法发生了激烈的冲突。

不论儒家的经典理论还是祖宗的经验与实践，都明确规定了“无嫡立长”的继承原则。对于儒学的信徒和皇朝的忠臣来说，这一原则也具有绝对真理的性质。可皇帝竟然想违背这一普遍原则，在朝臣看来，这就是溺于私情，很不光彩，很不道德，而且对于政治局势有着极大的破坏性。为了伸张天理正义，也为政治的稳定，朝臣们同皇帝的荒谬意图进行了长久的斗争。因为事关太子的确定，而太子又是嗣君，被认为是国家之根本，所以这场斗争被称做“国本之争”。这“国本之争”大约从万历十四年（1586）起直到万历四十八年（1620）光宗继位，前后断断续续地闹腾了30多年，给明代后期的政治生活带来了深远的影响。

在“国本之争”中，坚决站在立长原则一边，同皇帝进行无情斗争的，是一群在朝廷中虽然地位不高，却是势力浩大的自命为“正人”、“清流”的文官官僚。由于这个集团中的首脑人物顾宪成等人曾在家乡无锡的东林书院中聚众讲学，当时又称他们为“东林党”人。

早在万历二十二年（1594），去职的吏部郎中顾宪成同他的好朋友高攀龙、钱一本等人就在无锡宋代的东林书院旧址聚众讲学，一时名声大噪。许多在野的士绅闻风趋附，以至于书院的学舍常常拥挤不堪人满为患。东林书院名义上是探讨经义，讲求学问，真正关心的却是时事政治，在书院的楹联上也分明写着：

风声、雨声、读书声，声声入耳；
家事、国事、天下事，事事关心。

东林书院在学术上高谈性理，以维护和发扬光大程朱理学为己任，提倡“存天理，灭人欲”。在政治思想方面，他们对于自张居正以来出现的内阁集权的倾向十分不满，以为内阁的“擅权”造成小人争权竞进，严重损害了士大夫阶层的整体利益，也给国家和天子的权益带来损失。有一次，顾宪成去拜访内阁大学士王锡爵，后者对他说：“近来朝中出了一件怪事，内阁以为对的，外论必以为非；内阁以为不对的，外论必以为是。”顾宪成却回答说：“外间也有一件怪事，外论以为对的，内阁必以为非；外论以为不对的，内阁必以为是。”两个人相对一笑而罢，政治理念和政治利益上的对立却表露无疑。

东林书院的主持者和参与者以及在全国各地同他们志趣相投，声气相通的人，再加上他们在朝野上下的支持者和同情者，逐渐形成了一个宗派。在有意无意间就会利用各种手段为自己的宗派争取利益，特别是政治权力，于是展开了一系列的政治斗争。

万历皇帝金丝冠

东林党人中占比例最大的还是号称文明繁华之区的江南一带的士绅，特别是苏州、淞江、常州三府的士绅，因此东林党人在政治方面的要求常常体现着江南士大夫的实际利益。这样一个松散的社会集团中包含了不少社会名流，也有些是达官贵人，社会影响和政治实力都在与日增强。

而那些在观念上与利益上同东林党相冲突的人，反过来也被东林人士看成“奸佞”或叫做“邪党”，在不同的时期又有“齐党”“楚党”“浙党”等不同名目。为了各自的政治利益，东林党人与“邪党”之间在各种各样的问题上争斗不休，朝中的官僚也形成了相互对立的两大政治派别。两个政治派别的隔阂越来越深，到后来，所谓“正”“邪”两派已经到了水火不相容的地步，不论大事小事，原则问题还是非原则问题，双方都要赌气争胜，朝廷自然也就被闹得乌烟瘴气。到万历后期，朝中党争已经成为一个对国事活动破坏性极大的问题。

晚明的政治斗争也因官僚们的拉党结派各自为政而愈加复杂难辨。到崇祯朝时，明党之争愈演愈烈，无论在朝政、军事问题上都或隐或现地暴露了明末党争的激烈。

在“移宫”的那些日子里，一向平静的深宫里接连出现了少有的喧闹，也惊动了宫中上下一切当事的和不当事的人们。一月之间已由皇孙升级为御弟的朱由检自然也要耳闻目睹其中的许多细节。光宗即位之后，他跟随着李选侍同父皇和长兄一道搬进紫禁城中路的乾清宫，在九月初群臣们进宫的那次“哭临”（遗体告别仪式）中，也就亲眼看见了东林党人们那副捋袖擦拳的样子，还见到已经成为皇帝的长兄像个傀儡一样听凭朝臣的摆布，凄凄惶惶，不知所措，多少次流着鼻涕掩面而泣。

他自己的生活也因为这次“移宫”而受到了极大的影响。李选侍被迫搬出乾清宫标志着她的彻底失势，皇帝从此独立，不再由她监护，对皇五弟朱由检的监护权也被宫中掌握着实权的大太监，东林党人的好朋友王安给剥夺了，转交给了光宗的另一个侍妾，也姓李。当年在太子宫中，地位最高的侍妾正是这两位李选侍，因为居住位置不同，宫里的人们分别把她们叫做“西李”和“东李”，在“移宫”中倒霉的是西李，后来被封为康妃，而这一次接手监护朱由检的则是东李，后来被封为庄妃。

那时候，未来的崇祯朱由检还搞不清宫中的那些非常事件同政治大局的关系，他只是感到，大臣们一旦闹起事来实在是可怕而难缠。这一段生活经历也使他对于东林党人有了一种难以改变的成见，觉得东林诸臣见识偏激而又肆无忌惮。在以后的日子里，尽管社会舆论普遍给予东林党人较多崇高的评价，成为皇帝的朱由检却持强烈的保留态度。

转眼到了天启六年（1626）初，依照当时习惯的说法信王已经17岁了，即使是平民百姓家的子弟到这个年龄也该娶亲了，天启只好张罗着先给这个弟弟娶一房妻室。但皇宫内除了皇帝和太子可以迎接自己的新娘进来之外，是不能容纳其他女眷的，于是只好为暂时无封国的信王在宫外安排一处临时府邸，也是临时抢修出来的，再加上监工的太监克扣工款中饱私囊，建造得很粗陋。但对于信王来说，只要远离皇宫一步，也就少了一分政治风险，所以他对搬家的事情仍然感到很是欣然。

信王妃是这年六月选定的。明朝制度，天子和诸王的后妃一律从清白平民家的女儿中选出，为的是防止世家大族通过与皇家的姻亲关系干政擅权。信王的王妃也是从平民家庭中选出来的，父亲叫周奎，祖籍苏州，是京城里的普遍居民，家境相当清贫。选择王妃的事最初是由外朝和内府中的有关衙门联合主持，照例定出候选者，再由太后最后定夺。天启时宫中没有太后，掌管太后印信的是万历的一个妃子，昭妃刘氏。但宫中的一切有关事务都由张皇后定夺。因此，选信王妃之事实由张皇后与刘昭妃做主。这年五月十八日，礼部奏报五城两县77名。一月之后，正式选婚。当此之时，由熹宗的张皇后主持，两位贵人陪同。然后，礼部选入宫中的民间淑女，一一在皇后面前亮相。选中的，则由皇太后幕以青帕，取金玉跳脱系其臂上；未选中的，则将年日贴子放在淑女的袖中，赐予银币，劝慰一番，遣送回家。最后，选中大兴县生员周奎的女儿。张皇后觉得周奎之女身体太弱，刘昭妃说："现在看起来稍微瘦弱，过一段时间就会长得丰满健壮。"遂册周氏为信王妃。此女年16，生于三月十八日子时。

天启七年（1427）四月初七日，皇兄熹宗皇帝命兴建信王府第，遣工部尚书薛凤翔行礼。次日，内官监太监李永贞请求修理惠王府，以备信王住居。熹宗皇帝鉴于国库乏困，加上瑞王、惠王、桂王前往藩国的花费，重建信王府第，的确有点力不从心，而将惠王府加以修理令信王居住，是省财之举，而以国家安危为重的信王自然也会接受。于是同意太监李永贞的请求，下令将惠王府第大行修理。

经过一番紧张的施工，惠王府内外焕然一新，信王朱由检与娇妃周氏迁住其中。王府官属、护卫，先后搬入，各执其事，一切按其固有的规律运行着。

这位被选中的信王妃周氏生于万历三十九年（1611）三月，名义上比信王小一岁，实际上只小3个月。一对小夫妻年纪相仿，出身经历却极为悬殊。周王妃是小家碧玉，受的是规范的淑女教育，但一时很难习惯帝王之家严格的礼数和奢华的气派。好在她对自己这位高贵的新郎相当满意，作为一个平民少女，一下子有了王妃之尊已属不易，何况夫君又是一个品貌才学都十分优秀的青年。出嫁之后，周氏对丈夫的感情一直相当深厚，直到最后与他同日而死。而新婚的信王却从新娘身上感受到了一些民间的清新气息，好像一下子打破了多少年的愁闷。妻子又是他身边的第一个亲人，给了他爱，给了他热情，抚慰了他过于寂寞的心灵。所以他对这位妻子也始终热爱、尊重，这同明朝的绝大多数皇帝与结发之妻极为冷寞的关系形成了很鲜明的对照。

信王与新婚妻子周氏过着平静而恩爱的夫妻生活，使他的亲王生活从此有了一点亮色。至于信王成了后来的崇祯皇帝，这在当时却是想也不敢想的事。因为按照当时的实际情况，信王能够继承帝位的可能性也确实是微乎其微。明代实行严格的父子相承的继承制度，除了初年成祖通过“靖难”用武力夺取了侄子的政权外，200多年来实际上只有嘉靖是以堂弟的身份正常继承皇位的，那是因为正德根本就没有生育能力，又死得过早，没来得及安排过继嗣子。信王作为天启唯一的弟弟，在天启突然死亡而且没有亲生的或过继的儿子的情况下是可以继承皇位的。但是，嫔妃们实际上已经为天启生育过三男两女，只是都没有养大就夭折了，天启又正值盛年，才不过20岁出头，只要不出意外，再生养几个儿子应当是没有什么问题，所以直到天启七年（1627）的夏季之前，从来没有人想到过会由信王来入承大统。

登金銮殿，殚心治理

在外人看来，崇祯从其皇兄那里继承皇位颇为顺利。其实，在崇祯继位前后，宫廷里经历了一番云谲波诡的激烈斗争。

天启比崇祯大5岁，至天启七年才22岁，正值年轻时。但是，天启于这年八月初就一病不起。原来，在上年秋季的某一天，天启和几个宦官在西苑泛舟游玩。这天本来风和日丽，但当天启的船游至水最深处时，却忽然狂风骤起，将船打翻，皇帝和两个小宦官都落入水中。幸赖其他随从紧急抢救，将天启救上岸来，那两个可怜的小宦官则溺死水中。经这一番惊吓，天启的身体便一天不如一天。这样勉强坚持了大约一年，到第二年秋天便一病不起了。天启自知自己不久于人世，便召皇五弟朱由检入宫，意在托以后事。魏忠贤闻知后也加紧了活动，经与同党密议，打算要某宫妃假称有孕，要天启不必匆匆地将皇位传给朱由检。待天启死后，将侄子魏良卿的儿子领入宫中，由魏忠贤摄政，就像王莽挟立两岁的孺子婴那样。魏忠贤自恃大权在握，各地又纷纷为自己建生祠，其淫威足以箝天下之口，于是便依计而行。

如果要某宫妃说自己怀有身孕，这必须要得到张皇后的认可。魏忠贤命心腹去张皇后处，婉转劝谕，但张皇后却拒不听从。张皇后心里很清楚，天启无子，自然就应由皇五弟朱由检继位，而她对皇五弟印象极好，对魏忠贤却非常厌恶。如不按魏忠贤及同党的意愿行事，说不定就会遭到陷害。可张皇后不为所动，激愤地说道："从命亦死，不从命亦死，等死耳！不从命而死，可以见二祖宗在天之灵。"魏忠贤等见此情景，一时无可奈何，只好承命将朱由检召进宫来。

关键时刻，天启的皇后张氏站在了朱由检一边，使魏忠贤一党无机可乘。这位张皇后，天性严正，多次在熹宗面前指斥魏忠贤和客氏的过恶，又曾召客氏前来，准备根据其罪，绳之于法，被魏忠贤、客氏怨恨，便到熹宗面前诬蔑张氏不是张国纪之女，而是重犯孙止孝的女儿，几乎被熹宗信以为真。待张氏怀孕后，魏忠贤和客氏密谋，将张氏周围的宫人全部换掉，另派依附自己的私人，迫使张氏流产。一次熹宗到后宫，张皇后正在读书，熹宗问读什么书？张皇后回答说："读的是《赵高传》。"熹宗默然，无言以对。此后，魏忠贤和客氏不断指使爪牙寻隙闹事，妄图废去张皇后，令魏良卿之女取而代之。只是事关重大，且有大臣谏阻，才不了了之。

信王知皇兄病重，急在心里，由于惧怕魏忠贤迫害，不敢轻易入宫探视。及奉召，他急忙进宫，见皇兄危在旦夕，双目泪下，饮痛听取皇兄的遗嘱。

从朱由检被册封信王，到搬出皇宫、成婚五年间，时时谨慎小心。因有皇兄的关照，倒也平平安安。可是，由于尊贵的信王地位，奢侈舒适的生活，特殊的宫廷环境，养成了特殊的性格：为求自全而生性猜忌多疑，形似谦恭而刚愎自用，兼及为发泄胸中愤怒而凶暴蛮横。

幼年时代的生活环境对朱由检性格的形成起了很大影响，成年以后他在治理天下时这种性格也不时表现出来。

当朱由检来到乾清宫时，他见到内阁、六部和科道大臣都在场。天启见皇五弟来到，精神顿时有所振作，招呼五弟到跟前来，拉着他的手，颇为动情地说："弟日后当为尧舜之君。"他随后用目光扫视了一下群臣，见大臣们都纷纷点头。他心里一阵高兴，因为这表明大臣们认可了这位未来的皇帝。他接着又对皇五弟端详半天，说道："弟弟怎么这么瘦呢？以后可要善自保重。"在古代，皇帝瘦预示着百姓肥，是吉利话，因为唐玄宗曾说过："我虽瘦而天下必肥。"可惜的是，天启的话并未完全应验，因为日后的崇祯一再加征，老百姓并没有从他那里讨到好日子。朱由检听皇兄这么说，非常惶惧，好大工夫不敢回答，只是连声问安，说皇兄的身体很快就会康复。天启要他不必谦让，并又叮嘱道："皇后德性幽闲，你为皇叔，嗣位后要善为保全。"随后又看着王体乾和魏忠贤说："王体乾、魏忠贤皆恪谨忠贞，可任大事。"朱由检只是连连点头。王体乾是司礼监掌印太监，魏忠贤是秉笔太监，兼提督东厂，故当时都习称他为"厂臣"。王、魏二人听天启如此安排，心里自然高兴，以为有了天启的这番嘱咐，在新皇帝登基后仍可受到重用。实际上，受益最大的却是朱由检，因为这番话使魏忠贤产生了侥幸心理，没有在朱由检继位时为乱，从而使朱由检能比较顺利地继承了皇位，并有了充裕的时间进行准备，以待时机成熟时将其铲除。

朱由检听了皇兄这番嘱咐后，泪眼汪汪地退出宫去。天启的心情这时却平静了许多，大概觉得已没什么牵挂，只隔了一宿，即八月二十二日即驾崩，共在位7年。于是，朱由检遂继承了皇位。

天启的短寿给权臣魏忠贤造成极大的不安和恐惧，因为他正是靠着天启的宠信而专横跋扈的，况且他与信王的关系一向疙疙瘩瘩的。信王继位，对魏忠贤来说前途未卜。因此，魏忠贤试图利用自己在宫中的权势，阻挠信王入继大统。

魏忠贤像

第二天，魏忠贤面奏信王说："大行皇帝某贵妃有遗腹，请宽延登基之期。"信王不露声色应诺，暂受监国，以待圣嗣诞生。大臣们为防有变，据理力争，终在二十四日，信王即位于中极殿，受百官朝拜。

天启死后，本应将朱由检这位新皇帝立即召入宫中，但魏忠贤要同党不要马上外传，当然更不会立即派人去召朱由检。他将兵部尚书崔呈秀和左都督田尔耕召至秘室，密商趁机夺位之事。二人是魏的死党，崔是"五虎"之首，田是"五彪"之一，都握有兵权。在此事关重大的关键时刻，田尔耕唯唯诺诺，表示可行，但崔呈秀却一直不说话。经魏忠贤一再追问，才不无忧虑地说："恐外有义兵。"魏忠贤见崔呈秀持这种态度，田尔耕虽然允诺，但也吓得瑟瑟发抖，只好作罢。众人见他们三人密议那么好大一阵子，都提心吊胆，恐宫中有变。魏忠贤从密室出来后，命自己的心腹宦官涂文辅迎朱由检入宫，众人这才松了一口气。

朱由检来到乾清宫，面向西坐下，心里惶惧不安。他原以为，在这大丧的日子里，宫中一定百官凑集，熙来攘往。但实际情况大出他的意外，宫中冷冷清清，空空荡荡，除了几个小宦官以外，看不到一个大臣的影子。自己虽然马上就要继位称帝，但身边却没有一个可供驱使的人。他偶尔看到两个小宦官耳语一阵，也不知他们说的什么，却很少有人前来与自己搭话，这更增加了宫中的阴冷和恐惧气氛。原来，魏忠贤这时仍举棋未定，没有马上向群臣公布天启的死讯，虽将朱由检召入宫中，而宫中各色人等基本上都是他的私党，仍有机会除掉朱由检。只是碍于各种原因，他一直没有下定决心。百官大臣因不知死讯，所以没有立即赶来。朱由检在空荡荡的皇宫中一人独坐，某个角落稍有一点动静就吓得心惊肉跳，坐一会站起来，站起来又坐下，心神不定。

天渐渐黑下来，宫中似乎显得更加阴森可怖。对朱由检来说，在这里的每一分钟都是种煎熬，随时都可能出现生命危险。他渐渐地感到有点饿了，但他却没有让宫中的人为自己上饭菜，而是自己从袖中拿出块干饼，慢慢地吞下充饥。原来，朱由检预感到宫中险恶，便听从了张皇后的劝告，不食宫中食物，入宫时便自己带了些干粮。到了晚上，朱由检也不敢躺下睡觉，一直秉烛独坐，时刻保持着高度的警惕。大约半夜时分，朱由检忽然发现门口一个身影，仔细一看，原来是个小宦官带剑走过。朱由检心里猛地一怔，马上喊住那个小宦官，从他手里要过剑来，端详了好大一阵，然后把剑放在案上，要小宦官尽管放心，过几天赏给他数倍于这把剑价值的银两。小宦官见这位新皇帝这么说，也就不再说什么，随便聊了几句就走开了。朱由检心里暗自庆幸，现在身边放着把剑，正可以作为自卫的武器，因而心里也踏实了许多。

不大会，又走过来几个巡逻的人。朱由检又把他们叫到跟前，对他们的劳苦慰劳一番。接着又问他们，自己想赏给他们酒食，应该从哪里去取呢？他们说应到光禄寺去取。朱由检于是传出令旨，命光禄寺马上备桌酒食，以犒劳这些巡逻的人。这些巡逻的人从来没得到过这种犒赏，这时忽然得到这位新天子的如此礼遇，都十分高兴，顿时欢声雷动。一天来，宫中总算有了点欢乐的气氛，多少排除了些内心的孤寂和恐惧。

第二天，百官才得到天启的死讯，天一明便纷纷入朝。大臣们到殿门口，守门人不让进去，说是要按丧礼，穿丧服。大臣们急忙返回，改穿丧服前来，守门人又说未举丧，大臣们应穿平时的服装，如此往返奔波了三四次，弄得大臣们茫然不知所措。后来，大臣们向守门的宦官苦苦哀求，这才得以入宫，向天启梓棺行吊祭礼。这时大臣们看到，王体乾和魏忠贤都在场，只有王体乾吩咐各部准备丧礼，而魏忠贤站在那里一声不吭，两眼浮肿，也不知是哭泣所致，还是连夜未睡和内心煎熬所致。王体乾和几个宦官商议，说天启的梓宫应停在乾清宫，就像神宗和光宗时那样，让朱由检从乾清宫移出，暂时住在殿下的廊房中。这显然有压低朱由检身份的用意。一些阁臣立即表示反对，谓天启和殿下朱由检是兄弟关系，与父子不同，梓宫可停别殿，让朱由检御文华殿，就像世宗嘉靖皇帝继位时那样。幸赖王体乾等宦官没有再争，于是就按阁臣的意见办理。

八月二十四日，也就是天启死后的第三天，朱由检正式登基称帝。礼部拟进年号，以供新皇帝选定，分别是：永昌、绍庆、咸宁、崇贞。朱由检用笔将“贞”字改为“祯”，于是便以崇祯纪元。这位皇帝也就被人们习称为崇祯。巧合的是，“永昌”后来竟成了李自成用的年号。

典礼是在紫禁城中心最宏伟庄严的建筑群体三大殿举行的。三殿在明代原来叫“奉天殿”“华盖殿”“谨身殿”，嘉靖中改为“皇极殿”“中极殿”“建极殿”，但在万历年间遭火灾被彻底焚毁，常年废弃，泰昌帝和天启的登基典礼都是在文华殿举行的。直到天启五年（1625），在魏忠贤的主持下，才又重新展开了再建三殿的工程，由于工程浩大，这项工作进行了两年多，到天启临死前，八月二十日才初步完成，却正赶上为新皇帝的登基大典提供一个相当气派的场所。从某种意义上说，这新完工的三大殿也可以算是魏忠贤送给新皇帝的一份厚重的见面礼。

刚刚修复的宫殿金碧辉煌，高高坐落在三层汉白玉的丹墀上，显示着天朝君主的威风和气派。新皇帝戴上天子的冕旒，先在建极殿接受群臣的朝拜。但主持仪礼的鸿胪寺因为多年没有举行过三殿的正式典礼，调度失措，弄出了许多岔子，皇帝已经在御座上就坐了，朝臣的队伍却还没有排列好，乱轰轰地挤作一团。新皇帝对这种乱糟糟局面当然很不高兴，但在刚刚登上皇帝宝座的时候又不便于追究，只能带着一脸的严肃等着朝臣们调整阵容。冗长的典礼让皇帝和朝臣都非常疲惫，但无论如何，仪式总算进行完了，朱由检从此正式成为明朝的第16位皇帝。

这一天，还向全国颁布了新皇帝的即位诏书，颁诏的仪式同样隆重而富于戏剧性。

在正式登基之后，他的一家人全都按惯例搬进紫禁城里。正妻周氏住在皇后居住的坤宁宫，田氏住东路的承乾宫，袁氏住西路的翊坤宫。这三位就成了民间所谓的正宫和东宫、西宫娘娘。居住的分散和宫廷里刻板的制度打断了信王邸中的那种平静充实不乏热闹气氛的生活，但三位娘娘的关系总的说来还不错，崇祯对几位曾在信王邸共“患难”的妻妾的感情也始终不渝，和睦稳定的后宫不会让他在险恶的政治斗争中分心费神，还能在精神上给他提供一个安乐的避难场所。

九月二十一日，以日代月计算的27天的国丧期刚满，他就为自己的生母刘氏追尊谥号，谥为“孝纯渊静慈肃毗天钟圣皇太后”，封刘氏的弟弟刘效祖为新乐伯，另外几个弟弟和侄子也都封了世职，并且命令将刘氏的棺木迁移到光宗的陵寝“庆陵”。于是在地宫中陪伴光宗的就有了他的三位妻妾：结发嫡妻郭氏、天启的生母王氏和崇祯的生母刘氏。这样也算是了结了他多年来思念生母的一件心事。紧接着，在二十七日，崇祯又主持举行了册封信王妃周氏为皇后的大礼，再次祭告天地祖先，周皇后在后宫中也接受了朝廷命妇和宫中上下百官的朝拜。

十月初一日，他第一次以皇帝的身份参加了太庙里祭祀列祖列宗的典礼。初七日，在他的主持下又完成了对大行皇帝（天启）谥号和庙号的确定，全部称号是“熹宗达天阐道敦孝笃友章文襄武靖穆庄勤哲皇帝”。尽管天启既不“庄”又不“勤”，更谈不上“章文襄武”，但得到一大堆鲜明耀眼的好听字是每个已世皇帝极尽哀荣的一个组成部分，给大行皇帝献上大堆好听字眼儿又是嗣皇帝应尽的义务，历来如此，没有人过分计较。对先帝的遗属张皇后也作了妥善安排，让她住进了宽敞的慈庆宫，后来还为她上尊号为“懿安皇后”。崇祯对这位曾经为自己主过婚的寡嫂一直很尊重，在重大节日和她的生日都要到慈庆宫亲自拜祝，因为叔嫂之间的不方便，崇祯只在殿堂门外行礼，张皇后也隔着竹帘在殿内回拜。但不知为什么后来竟有绯闻传出来，说崇祯同张皇后有某种暧昧的亲昵关系，朱由检一登上皇帝宝座，就表现出与皇祖、皇兄不同的风格，“不迩声色，忧勤畅励，殚心治理”。

在崇祯登基时，魏忠贤怀着十分复杂的心情，和众大臣一起向他“三呼万岁”。这时，空中忽然响起一阵尖利的轰鸣声，连响三四次，使行礼的大臣们顿感毛骨悚然。不少大臣心里犯嘀咕，这可不是好兆头。

崇祯初即位时，整个皇宫仍处于魏忠贤势力的包围之中，所以崇祯仍不得不处处小心。刚即位没几天，魏忠贤就向这位新皇帝献上4个美女。崇祯本不想接受，但又转念一想，这或许是魏忠贤在试探自己，如不接受，可能会引起魏忠贤的疑心，于是便接受了下来。这4个美女入宫以后，崇祯命人将她们遍体搜查一遍，没有发现别的东西，只发现她们衣带中各有香丸一粒，就像黍子粒般大小。原来这就是人们平时所说的“迷魂香”。人闻到这种香味后，就会心神荡漾，魂不守舍。崇祯遂命此后不得再带此物。

一天晚上，崇祯和几个词臣讨论治国之道，很晚还没有休息。忽然闻到一股异香，令他心神不定，只想近女色。崇祯忽地站起来，命内监点上蜡烛，查看室内有什么异物。查看了好大一阵，什么东西也没有发现。崇祯坐下后若有所思，也不说什么，几个词臣也不敢贸然进言。不大会，崇祯忽地看见殿角处有火星闪现，遂立命内监毁掉墙壁，看墙后到底有何物。原来，墙后有一个小宦官在那里端坐不动，手中拿着一支香在焚烧。经询问，知道是魏忠贤所遣。这个小宦官还说：“凡临幸之所，例焚此香。”崇祯感叹道：“这正是皇父、皇兄早逝的原因啊！”立命撤去，今后不得再用。从历史上看，宦官们如果想要弄权，都希望皇帝荒淫，耽于享乐，不理政事，这样才可以窃权行私。魏忠贤正是用这种手段将天启玩弄于股掌之上。他感到崇祯才是个17岁的青年，用这种手段也可以将他迷惑，自己仍可以继续作威作福。于是，他又是向崇祯献美女，又是焚异香，尽量诱惑崇祯多近女色。但他对这位年轻的皇帝并不完全了解，他的那些故伎未能将他俘虏，反而使他更加提高了警惕。崇祯当时那么年轻，能做到这一点是很不容易的。

二十八宿神形圖

第二章　拨乱反正除阉妖

阉党作乱，呼之曰“九千岁”

在移宫案中出尽风头的李进忠，原是万历年间河北肃宁的一名无赖之徒。娶妻冯氏，生一女。后醉酒狎妓赖账，被凌辱一番后扒光衣服踢出门外。李进忠又羞又恨，回到家后操起菜刀，一咬牙将是非根割下，只身进入北京，投靠了总管太监王安属下的魏朝。移宫案结束后，李选侍被打入冷宫，李进忠唯恐天启怀恨责罚，于是改名换姓，冒称姓魏，改名忠贤。这就是天启年间活建生祠、令天下谈魏色变的“九千岁”魏忠贤。

魏忠贤日后的发迹，“奉圣夫人”客氏功不可没。客氏与魏同乡，定兴人，原为本乡民人侯二之妻。天启诞生之年，客氏刚刚生下儿子，因奶水充足，被征召为天启的乳母。两年后，其夫一命归西，客氏便成为事实上的寡妇。天启16岁时，已是半老徐娘的客氏不知施放出何种手段，终于成功将小皇帝勾到了自己床上。有了床笫之欢，客氏就不仅仅是单纯意义上的乳母了。

客氏入宫时，宫中正盛行“对食”，即宫女与太监彼此结为“夫妇”，在生活上彼此照顾，情感上相互依托，也称“菜户”。按照这一旧习，客氏与太监魏朝配成一对假夫妻，虽然不能行将鱼水之欢，但这一对亦真亦假的夫妻却爱得欲仙欲死，死去活来。魏忠贤的横空插入，终于使客氏移情别恋，并最终导致夫妻感情的破裂。然而魏朝亦非等闲之辈，竟然在庄严的乾清宫东暖阁中，为争夺客氏而对魏忠贤破口大骂。天启刚刚入睡，突被二魏的吵闹厮打声惊醒，顿时龙颜大怒，喝令二魏跪在床前，劈头盖脸将他们臭骂一通。客氏借此良机，在天启面前诉说魏朝无能，天启自然明白其中曲折，下令将魏朝赶出宫中，发配到凤阳为太祖守陵。魏忠贤至此犹不放过魏朝，又与客氏秘密合谋，暗中派人到凤阳用绳子悄悄勒死了魏朝。此后二人明铺暗盖，俨然一对露水夫妻。

魏、客二人初始干扰朝政，即遭到御史王心的猛烈弹劾，朝廷上下为之一惊。随后，御史方震孺等人相继上书，极力主张驱逐客氏，严惩魏忠贤。慑于群臣的威势，天启不得不忍痛将客氏逐出宫门。但离开客氏的日子却令天启坐卧不宁，饮食不进，没过几天又将客氏请进皇宫。而交由总管太监王安发落的魏忠贤，由于王安心存善良，只对其不痛不痒斥责一通。事后，魏忠贤不但不思悔过，反而在内心加剧了对王安的仇恨，必欲除之而后快。

由于王安在为天启顺利登基前立下功勋，即位后的天启不久即晋升其为司礼太监，但王安却以德才菲薄而婉言谢绝了天启的美意。魏忠贤立即抓住这一难得的良机，唆使自己的党羽弹劾王安专权自负，目无皇上。客氏也不甘寂寞，在天启面前百般诋毁王安。前后夹击，天启信以为真，于是革去王安总管太监一职，罚往南海子充当苦役。没过多久，魏忠贤即派自己的心腹党羽刘朝，将王安秘密处死。

王安死后，再无人可以制约魏忠贤。随着客氏多次的蜜语甜言，目不识丁的魏忠贤竟然堂而皇之地成为司礼秉笔太监，掌握了“批红”的特权。他笼络王体乾、李永贞等心腹太监，终于将朝政完全把持在自己手中。每当天启短衣薄衫、大汗淋漓地锯木凿榫时，魏忠贤都不失时机出现在面前，呈上一叠急需批答的奏章，恭请圣裁。天启最讨厌干活时外人添乱，每每不耐烦地打断魏忠贤：“朕正忙着呢，你们自行处理吧！”言毕，又开始了新一轮的敲打。

随着魏忠贤的渐渐走红，魏氏一门也借光生辉，沐浴在一片金光灿灿的圣恩中。魏忠贤乳臭未干的侄儿魏良栋、胎毛未退的重孙魏翼鹏，分别受封东安侯加太子太保、安平伯加太子少师。另一侄儿魏良卿受封肃宁伯，居然担当起替皇帝出席祭天祀地大典的重任。

与魏忠贤相比，奉圣夫人客氏似乎更风光、更体面，她不仅拥有豪华气派的私人府邸，居然还有大批的贴身侍卫，每次路过乾清宫，车舆照行不误。在她的身边，聚集了一批寡廉鲜耻的大臣，为了保住自身的地位或再上一个辉煌的台阶，他们不惜出卖自己的人格，真心或不真心地拜伏客氏的石榴裙下，“老祖”“太太”“千岁”不绝于口。更有甚者，一些大臣感到不加封客氏为皇太后不足以平民愤，不加封客氏无以面对列祖列宗神灵，居然大着胆子为其请封。天启昏则昏矣，但在这大是大非的问题上却颇讲原则，上疏的大臣最终被骂了个狗血喷头，落了个充军边塞的凄惨下场。

为了有效地震慑群臣，树立自己绝对的威信，魏忠贤竟然在庄严肃穆的紫禁城中开设内操。他亲自挑选了精壮阉人三千名，在五凤楼设立内营，演练兵马，操持火器。一时，紫禁城内钟鼓齐鸣，人喊马嘶，戈矛相交撼天震地，京师上下人人自危。

一日，天启正与妃嫔一起在便殿上谈笑，魏中贤竟然身披戎装，骑着高头大马，趾高气扬地自便殿傲然驶过，对天启不理不睬。天启怒极，随手弯弓搭箭射毙魏忠贤的坐骑。魏忠贤猝不及防，一下摔翻马下，等缓过劲来，居然狠狠瞪了天启一眼。

禁宫中大肆演练内操，呼天抢地，鸣枪放炮，必然导致一系列非正常死亡。皇长子出生不足满月，竟被活活惊吓而死。内监王进斗胆在天启面前填药试枪，结果枪筒爆裂，当场炸了个满脸开花，余火乱飞，差点伤及天启。但天启居然不避不闪，异常镇静，谈笑如常，毫无惧色。最后，内操人数增至万人，每日呼呼隆隆披甲出入，肆行无阻，成为一道独特的风景。

魏忠贤手握王爵，口含天宪，顺之者生，逆之者亡。在他的麾下，渐渐聚拢了“五虎”、“五彪”、“十狗”、“十孩儿”、“四十孙”等大小爪牙，从内阁六部到四方督抚，遍及党羽。其中的“五虎”指文臣崔呈秀、吴淳夫、李夔龙、田吉、倪文焕；“五彪”指武臣田尔耕、许显纯、崔应元、杨寰、孙云鹤；“十狗”指周应秋、曹钦程等人。这些奸佞之徒又各引呼朋类，称之曰“十孩儿”、“四十孙”。一时，群魔现世，妖孽辈出，搅动得四海不宁，八方难安。

就在魏忠贤权势熏天，威势日隆之际，朝中忠义大臣压抑不住满腔怒火，禀然挺身而出。虽然未伤及魏逆的一根毫毛，但毕竟将其惊出了一身冷汗，差点昏死过去。

明思宗崇祯

天启四年（1624）六月初一日，由礼科给事中迁升为左副都御史的东林党人杨涟，怀揣一腔愤怒，一气为魏忠贤开列出24条大逆不道之罪。疏文罗列魏逆种种罪状，畅快淋漓，无恶不彰。在疏文的最后，杨涟愤然指出："积威所至，致掖廷之中，但知有忠贤，不知有陛下，都城之内，亦但知有忠贤，不知有陛下。陛下春秋鼎盛，生杀予夺，岂不可以自主？为何受制幺幺小丑，令中外大小惴惴莫保其命？伏乞大奋雷霆，集文武勋戚，会刑部严讯，以正国法，并出奉圣夫人于外，用消隐忧。"

此疏一上，举朝响应，弹劾魏忠贤的奏章一时竞达70余份。国子监师生更是拍手称快，遥相呼应。魏忠贤惶恐不已，立感大祸临头，急趋御前，哭天抢地，寻死觅活。奉圣夫人客氏亦在御前摇唇鼓舌，煽风点火。天启被这对情侣搅得寐食难安，懵然不辨，竟然稀里糊涂下旨慰问魏忠贤，将杨涟大加申饬一番。杨涟不服，欲早朝时当面弹劾。魏忠贤获知这一惊人凶讯，竟然阻止天启三日不朝。后来虽然上朝，数百名全副武装的太监团团护卫住皇上，下令监察官员不许奏事，杨涟的计划终又落空。

同月，工部郎中万燝再次上疏弹劾魏忠贤。是时天启又一皇子被内操惊吓而死，正沉浸在连天数子悲痛中的天启，阅毕此疏勃然大怒，立命将万燝逮至午门杖责一百，革职为民，永不叙用。

纶音一出，数十名东厂缇骑立即疯狗一样窜至万燝宅第，一顿拳脚将万燝打落床下，随后将其拖至午门，猛力杖责一百大棍。万燥忍受着钻心的剧痛，咬紧牙关一声不吭，渐渐昏死过去，醒来后又是一番踢打，于杖后四日死去。死前留诗一首，以示与阉党势不两立，不共戴天——

自古忠臣冷铁肠，寒生六月可飞霜。
漫言沥胆多台谏，自讦批鳞一部郎。
欲为朝堂扶日月，先从君侧逐豺狼。
愿将一缕苌弘血，直上天门诉玉皇。

万燝惨死后，举朝震惊，舆情大哗。杨涟与左都御史左光斗再行弹劾魏逆之举，但此疏却被魏忠贤压下，不仅如此，魏忠贤竟然矫旨斥责杨、左"恣肆欺瞒，大不敬，无人臣礼"，将二人削职为民。左光斗怒极，冒死草疏魏忠贤32斩罪，结果遭到反诬，被天启痛骂一通。

两员干将同时被罢免后，东林党人遭受了前所未有的重创，继杨、左之后，内阁大臣叶向高、韩爌、朱国桢相继受诬被罢。此前，被魏忠贤赶出朝廷的东林党人还有吏部尚书赵南星、侍郎陈于廷、左都御史高攀龙等实力派人物。

东林党人

最初，魏忠贤对谁是东林党人并不十分清楚，内阁大臣顾秉谦、魏广微为讨好主子，特意编撰《缙绅便览》一册，将叶向高、赵南星、杨涟、左光斗、高攀龙等60余人目为邪党。“邪党”重者用墨笔圈加三点，次者加二点。不久，魏广微又呈上一份儿名单，将魏忠贤的心腹黄克缵、贾继春、霍维华、崔呈秀等六十八人目为正人。“正人”目录亦由三点至二点。两份儿名单，用以魏忠贤进退百官的参考依据。以后，诸如此类的黑名单不断增加，其中最著名的有《天鉴录》、《同志录》、《东林点将录》、《伙坏封疆录》等。以《东林点将录》为例，该名录系仿《水浒传》编东林党人一百单八将，按天罡、地煞排列分类，天罡星列36人，地煞星列72人。录其前几名为例，可观此单排列款式——

东林开山大元帅

托塔天王晁盖——南京户部尚书李三才

东林总兵头领二员

天魁星呼保义宋江——大学士叶向高

天罡星玉麒麟卢俊义——吏部尚书赵南星

其他诸如：缪昌期为智多星，文震孟为圣手书生，杨涟为大刀手，惠世扬为霹雳火，顾大章为神机军师，等等。

魏忠贤正苦于东林党人名字记不胜记，有了点将录再配以梁山泊绰号，正好相互印证，容易记忆，于是心中窃喜，将其目为圣书。

一日，魏忠贤得意忘形，竟将《东林点将录》呈送御览。天启首先看到“托塔天王”四字，懵然不解其意，于是魏忠贤代为解释：“古有托塔李天王，能东西移塔，李三才善惑人心，能使人人归附，亦与移塔相似。”天启听后不禁大喜，脱口赞叹：“勇哉！”魏忠贤内心猛然一惊，再不敢轻易将名单示出，只在暗中使用。

天启五年（1625）三月，魏忠贤下令锦衣卫及东厂逮捕杨涟、左光斗、魏大中、袁化中、周朝瑞及顾大章六人。六人下镇抚司狱后，受尽种种酷刑，先后毙命。史称“六君子”。此年论干支为乙丑，又称“乙丑诏狱”。

在阉党的淫威面前，“六君子”宁死不屈，显示了东林党人的亮节高风。杨涟虽铁钉贯耳，土囊压身，但宁折不弯，临终前留下血书：“大笑、大笑、还大笑，刀砍东风与我何有哉！”魏大中在刑讯之日，昂着怒目，指向问刑的“明心堂”疾声呼曰：“此即昧心堂！”顾大章“每被拷掠，切齿不发一声”。遇难前数日，在右手仅存食指和拇指的情况下，仍奋笔作书：“吾以五十岁，犹胜死耆寿而无子者；吾以不祥死，犹胜死牖下而无闻者。吾故作风波翻日月，长留清白照人心。”

受刑最惨的当属左光斗，炮烙过后，面额焦烂几不可辨，左膝以下，筋骨尽脱，只有席地倚墙而卧。其门生史可法买通狱卒，乔装探视，竟然认不出自己的恩师。左光斗虽然目不能视，但凭声音能断定是史可法前来探监，于是厉声将其叱退：“庸奴！此何地也？而汝前来，国家之事，糜烂至此，老夫已矣，汝复轻身而昧大义，天下事谁可柱者？不速去，无俟奸人构陷，吾今即扑杀汝！”史可法闻言肝肠欲断，含泪拜别恩师，一步一回首离开了这个人间地狱。

左光斗含冤被杀后，史可法冒险为恩师收尸。因尸体已溃烂变形，无法辨认，幸识其带，始得收殓。在检索遗物时，发现一纸血书，上书22个血淋淋的大字："苦极！污极！辱极！痛极！唯有呼天而已，呼天不应，唯有叫天！"史可法涕泪长叹："吾师肺肝，皆铁石所铸造也！"

东林党人被残酷镇压后，魏忠贤终于攀上权力的顶峰，并以无人可以企及的地位，遥遥俯视天下苍生。天启六年（1626）六月，浙江巡抚潘汝祯头脑一热，居然大着胆子上疏请求在西湖胜地为魏忠贤建立祠堂。天启当即应允，并赐名"普德"。此后，各地官吏纷纷效尤，一股为魏忠贤活建生祠的旋风迅速波及全国。不到一年，魏氏生祠几乎遍及天下。

各地所供魏忠贤之像，皆以沉香木精心雕就，五官四肢宛如活人，腹中肠肺皆用金玉珠宝妆成，髻上留一空隙，根据时节簪以香花。每祠落成，以上疏奏闻，疏中之言，与称颂皇帝无二，称之"尧天舜德，至圣至神"。"至圣至神"犹不满足，国子监监生陆万龄竟然又提出以魏忠贤配享孔子的荒唐之举。

不仅如此，魏忠贤每次出巡京畿，随从侍卫动辄万计，一路笙鼓不断，气势灼灼。所经之处，士大夫遮道拜伏，呼之曰"九千岁"。当真是上帝令其灭亡，必先令其疯狂！

小心安抚，逐渐剪除

登基之后，新天子照例要在乾清宫正殿接受内官的朝拜庆贺。以往举行的三呼庆贺礼，都由魏忠贤居于首位，头戴公侯品级的簪缨，名曰"貂蝉冠"。但这一次的庆贺典礼，魏忠贤却为是否戴缨顶冠踌躇不决，再三权衡，最后还是换上了太监礼服，顶戴四品补子。这一服饰的微妙变化立即引发内外廷臣的侧目。显然，魏忠贤的收敛和顾忌，表明他更希望得到新主子的理解和信任，意欲以卑微臣服的姿态来保住目前的权势和地位。

崇祯似乎也注意到了这一切，但他不动声色，只是在心中默默等待朝局的自然变化。而魏忠贤则心存某种侥幸，希望在新天子的麾下继续得宠，于是在崇祯面前毕恭毕敬，极尽奴才之能事。两人都在小心试探，又在小心地予以回避。

崇祯继位后，对魏忠贤仍予优容，大体上仍沿用天启对魏忠贤的态度和做法，使魏忠贤尽量不过早地产生疑心。对魏忠贤的羽翼则对其逐渐剪除，通过潜移默化，在稳固自己统治的同时，慢慢削弱魏忠贤的势力。

崇祯入宫之初，在身边侍奉他的人大多是魏的私党。崇祯将这些人逐步撤换，用自己信王府中的旧人来代替他们。这正如《烈皇小识》中所记："信邸承奉，尽易以新衔，入内供事。"这就逐渐摆脱了魏忠贤私党对自己的监视，身边有了一批自己可信赖的人。与此同时，对魏忠贤的私党则逐渐予以削夺。像李朝钦、裴有声、王秉恭等人，都是魏的心腹，有的被调换到新的衙门供职，换个不那么重要的角色，有的则"准其乞休"，将其提前打发回家。至于他们是否曾"乞休"，并不重要，这只是将他们打发开的托辞而已。

崇祯还有一个很关键的举措，即"遣散内丁"。这实际上就是一支由宦官组成的内廷武装，或者说就是魏忠贤的私人部队。就像外廷士兵要进行操练那样，这些内丁也经常进行"内操"，以便能迅速高效地执行特殊任务。这些内丁常住内廷，就在皇帝的肘腋之间，如作起乱来，危害自然就特别严重。因此，遣散这些内丁是一项特别重要的措施，使崇祯既稳定了宫廷统治，又使魏忠贤失去了作乱的重要资本。

魏忠贤掌管东厂，这是他作恶的最主要的阵地。东厂是令人毛骨悚然的特务机构，自永乐年间成立以来一直不废，且机构越来越庞大，权势也变得越来越重。大臣们都称魏忠贤为厂臣，而不敢直呼其名。按照旧例，魏忠贤应该位在掌印太监王体乾之下，但王体乾为了免除魏忠贤的疑心，主动地让魏忠贤居自己之前。二人互相配合，胁制和打杀群官，气焰熏天。他们还创设了一种大枷，如对哪个大臣不顺眼，就让他戴上大枷，站着受惩罚。不少大臣因不堪其苦，当场毙命。用这种大枷当众惩治大臣，既不用下刑部审讯，又达到了惩罚异己的目的，手段残忍，令人望而生畏。有一天问及此刑，魏忠贤默不作声，王体乾回答说："对那些大奸大恶，用普通的刑法不能惩治，就用这种大枷来惩治他们。"崇祯露出很难过的样子，慢慢说道："话虽这么说，但还是觉得这种刑罚太残忍，不是盛世所应该有的事。"话中显然不无责备之意。魏忠贤默不作声，只是和王体乾一起叩头，连呼万岁。

对魏忠贤来说，这次当众责备无疑是种信号，反映了崇祯对自己态度的变化。再联想到自己的党羽乞休的乞休，调走的调走，显然不是好兆头。从表面上看，崇祯对自己客客气气，谁知道他什么时候翻脸不认人，说不定会突然将自己当条赖皮狗杀掉。想到这里，魏忠贤油然升起一种危机感。他又看到崇祯的皇位一天天稳固，自己已没有力量将他废掉。他想来想去，决定以退为进，向崇祯请求免除自己的职任。这实际上也是对崇祯的一种试探，如果崇祯立即表示同意，那就证明崇祯对自己的确已起疑心；如崇祯不允许自己辞任，就说明崇祯还信任自己。于是，魏忠贤在九月间就提出了辞任的请求。崇祯稍加思索，便予拒绝，说自己刚即位不久，正需要厂臣同心协力，以共安社稷。另外还安慰了他一番，要他尽心国事，不要有他意。魏忠贤见崇祯对自己还颇信任，态度也很真诚，因而安心了许多。

王体乾看魏忠贤辞任未许，自己也如法炮制，也提出辞任，也被崇祯拒绝。这似乎进一步表明，崇祯对魏忠贤及其同党并未起疑心，他们的荣华富贵并没有真正受到威胁。

兵部尚书崔呈秀是魏忠贤的死党，其母一年多以前死去，崔呈秀本应辞官，回乡为母守制三年。在少数情况下，确因公务紧急，一时没有合适的人可以代替，可以由皇帝发特旨，即所谓“夺情”，不回乡守制。崔呈秀由于受到魏忠贤的庇护，就由天启颁旨“夺情”，仍照旧掌管兵部。这时他看到魏忠贤和王体乾都曾辞任，都未被允许，况且自己也隐隐地有种危机感，于是也向崇祯提出辞任，其理由似乎更充分，即回乡为母守制。在崔呈秀提出辞任的同一天，太仆寺少卿陈殷也提出回乡守制。崇祯许陈殷辞任回乡，但却没有答应崔呈秀。崇祯这样做，显然有深意存焉。

在崇祯即位的头两个月，不断有各地大臣上疏，有的称颂厂臣的功德，有的请求为厂臣再建生祠。在中国古代，如果一个人有大功德于人民，人民群众便往往为他建祠，以供瞻仰和纪念。但这种祠大都建在其人死后，其人活着时为他建生祠的事极其罕见。魏忠贤身为一个宦官，居然在生前就使各地为自己广建生祠，其气焰熏天的景象由此可以想见。尤其是在天启死后，崇祯已继位一两个月，仍有些大臣继续称颂魏忠贤功德，请为魏忠贤再建生祠，真令人哭笑不得。例如九月中旬，在汉中督工的工部郎中王惟先入朝，“奏颂厂臣”。贵州总兵官鲁钦继续请建生祠。崇祯对此十分厌恶，但为了不打草惊蛇，对这类奏请都“优旨褒答”，对正在施工中的生祠也未遽令停建。但魏忠贤对这类奏请颇有些坐卧不安，遂向崇祯奏言，请明谕各地，禁止再为他建造生祠。崇祯答应了魏的请求，但以前颁赐的祠额仍予保留，以后不再颁赐新的祠额。尽管如此，有的地方官仍旧不时上疏，称颂厂臣，并请求为魏忠贤再建生祠。例如，在九月底，江西巡抚杨邦宪和巡按御史刘述祖分别上疏，极力称颂魏忠贤的功德，请允许在当地为魏建生祠。这使崇祯十分感慨，深感魏忠贤的党羽之多，势力之大，也更加坚定了尽快除掉这个祸害的决心。

为了既能除掉魏忠贤，又不致引起大的动荡，崇祯必须小心行事，在未行动前对魏尽可能地安抚。魏忠贤的侄子魏良卿已被封为太师宁国公，魏良卿的儿子魏鹏翼还是个呀呀学语的婴儿，但在这年春天被封为少师安平伯，位极人臣。崇祯为了安抚魏忠贤，于九月中旬赐给魏良卿和魏鹏翼以铁券。所谓铁券，是明初朱元璋设立的，用以赏赐开国功臣。铁券形状“如覆瓦”，正面刻着皇帝的制词，背面刻着受赐人及其子孙的免死次数，字都用金粉填成。铁券分左、右两券，一券交功臣本人，一券藏内府印绶监备查。所谓免死也不是绝对的，犯谋反罪者不免，其余罪过皆可免，但免死后要除掉爵封和俸禄。除时初洪武年间以外，后来很少有给铁券者。这时崇祯赐给魏忠贤的侄子和侄孙以铁券，这是极重的赏赐。铁券上明确规定着他们可以免死，按理说应该放心了。实际上，这正是崇祯从思想上解除魏忠贤疑虑的一个重要措施。

另外，崇祯在从重要部门撤换魏忠贤党羽的同时，在不那么重要的部门也提拔了一些魏忠贤的私人。像已故大学士魏广微，廷臣都知道他是魏忠贤的私党，十月初被崇祯追赠太师。这样有升有降，既有效地迷惑了魏忠贤，又不动声色地削弱了魏的势力，为日后铲除魏忠贤做好了准备。

潜移默化，魏客伏法

朱由检以信王入继大统，迎接他的是“毒雾迷空，荆棘遍地，以孑身出入于刀锋剑链之中”，被阉党所包围，形势极为危险和严峻。然而，他处危境而不乱，以少有的冷静，不动声色，坐以待变。是其“天纵英武”的表现，抑或另有苦衷？

事实上，朱由检对魏忠贤、客氏相互勾结，狼狈为奸，擅权作恶的行径，在其做信王时，早已目睹耳闻。因此，当他被皇兄召入宫中，临床接受皇兄的委托时，其紧张、畏惧的表情，就是很好的说明。此时的心情，十分复杂、矛盾：一是能否顺利地按兄终弟及的祖训继承皇位？二是继承皇位之后该怎么办？受其挟制，还是清除阉党之祸？当前者变成现实之后，朱由检集中考虑的首要问题，是如何对待以魏忠贤和客氏为首的阉党集团和势力。按照朱由检的性格，他很可能凭借皇帝手中至高无上的权力立即下达圣旨，即日可除。可是，他清醒地认识到，就目前阉党势力之大，超过皇祖、皇父及以前的任何朝代，而且所有衙门都被其牢牢把持，几乎到了牵一发而动全身的程度。若没有充分的准备，其结果将适得其反，不仅不会达到预期目的，而且会为其所害。同时，朱由检心中另有苦衷：皇兄尸骨未寒，“忠贤宜委用”的嘱托，犹言在耳。既然胸怀雄图大略，使大明王朝在自己的手中重新振兴，万万不能置皇兄的嘱托于脑后，给廷臣、军民留下任何口实。于是，他只能从长计议，根据情势的自身发展和变化，相机而行。

正当朱由检一步一步地将潜移默夺阉党势力的计划付诸实施之时，突然收到了新任南京通政使杨所修的奏疏，弹劾“崔呈秀夺情，周应秋贪墨。”其实，这份奏疏的背后是极为复杂的。原来，杨所修由给事中升迁为太仆寺少卿，亦属阉党中的一员。后被推升为南京通政使，这本来是迁官晋秩，只是由于南京是个清闲之地，比起京师来，其权力范围相差悬殊，因而，极不高兴。所以，看到其党必将失败，便与同党吏科都给事中陈尔翼及李蕃等密谋，准备把多年以来的劣迹都推到崔呈秀身上，并上疏参劾，借以逃脱罪责，又以周应秋任吏部尚书，贪秽无耻，趁机一并铲除，由孙杰代其任，再将杨所修调回京师，“然后纠合众力，共持残局。故所修先发，陈（尔翼）继之，李（蕃）又继之。”这就是杨所修首先呈进奏疏“内征点崔呈秀，后入应秋”的个中奥秘。当崔呈秀得知其谋之后，径直到都察院斥骂李蕃，李蕃不敢还口。他又指孙杰骂道：“尔身从何得？尔官从何得？乃大家相图如此！”孙杰惶恐，无言以对。接着，崔呈秀借清查经管钱粮之事要挟孙杰，且说：“必令（陈）尔翼出驳所修，差可恕耳。”孙杰唯唯诺诺，连声答应。于是，吏科都给事中陈尔翼依照崔呈秀的旨意送上一份奏章，他说“南京通政使杨所修奏，仰体圣孝，诸部臣屡疏乞去。夫君臣上下，可相安无事，而播弄多端，葛藤不断。闻东林余孽，遍布长安，欲因事生风，忧不在小。乞敕下厂卫、五城缉访。”目的是扰乱朱由检的视线，掩护阉党。朱由检得此奏章，虽然不知其背景和幕后的密谋策划，但首先想到的是这会不会影响他清除阉党计划的实施。如果按陈尔翼的请求，派遣厂卫校骑，四出缉访，势必又生事端，引起混乱，尤其是在即位伊始，政局还未稳定之时，取此举动，不仅搞得人心惶惶，且直接影响阉党的清除和朝政的治理。朱由检经过仔细考虑后，下达圣旨：“群臣流品，经先帝分别澄汰已精。朕初御极，嘉与士大夫臻平康之理，不许揣摩风影，致生枝蔓。”谈迁对朱由检的这一决策大加称赞：“甚哉佥人之过虑也。睆见将销，兔窟欲避，遂以缇校箝结将来之口。李斯督责，姑试新主，幸未中其说，薄示优容，彼辈益自为得计矣。逐渔者濡，逐兽者趋，无足怪也。”

就这样，朱由检不动声色地实施着他的计划。

朱由检的冷静，使作恶多端的阉党集团更觉畏惧，时刻都可能大祸临头。而首恶魏忠贤，虽有此感，但还心存侥幸。尤其是经他多年经营而盘根错节的势力，又使他有恃无恐，当他试探朱由检的动向后，再次相信自己的估计：新皇帝还没有能力与自己较量。然而，魏忠贤万万没有想到，朱由检之所以没有立即采取行动，是在寻找有利时机，取静以待变的策略。更出魏忠贤意料之外的是，朱由检居然等到了机会，而且是原来追随自己而没有被重用的云南道御史杨维垣上书弹劾兵部尚书兼左都御史崔呈秀，他指出："崔呈秀与相辅冯铨争权，嗾吴淳夫攻之。淳夫一郎官，不数月已跻卿贰。于是群趋其门。未几，河南道缺，越次用倪文焕，其弟凝秀为浙江总兵。尤可异者，以不祥之人经理三殿工程。""盖厂臣有王掌家者，呈秀交结甚密，以故誉言日至，而秽状未彰，厂臣遂诚信而贤之，而呈秀方且内谀厂臣，外擅朝政。见今吏、兵二部革去文书房常例，方为先帝第一美政，而不知无骨大臣乃私为呈秀居奇地，指缺议价，悬秤卖官，其状可胜道乎。恳皇上急正两观之诛，或薄示三褫之典。"此疏虽未直指魏忠贤之名，但所罗列的罪恶涉及厂臣。朱由检觉得时机还未成熟，便下达圣旨说杨维垣"率意轻诋"，不予追究。尽管如此，对当事者崔呈秀无疑是一个沉重的打击。他便一面上疏辨白，一面请求回家守制。朱由检未予批准。三天之后，杨维垣再次上书弹劾崔呈秀，指其"贪淫横肆及吴滇夫、倪文焕、李应荐等。"还揭露崔呈秀"以臣明目张胆之举为挟愤泄怨之事。"朱由检"未即罪。"令"静听处分。"仍在寻求时机。直到十月二十一日，朱由检在崔呈秀三上辞呈之后，才"温旨令乘传归"家守制。

因有杨维垣首次弹劾崔呈秀的奏章，无异于在平静的水潭中投一大石，顿时引起反响，涟漪渐渐扩大。十月二十三日，工部都水司主事陆澄源上书言四事，即正士习、纠官邪、安民生、是国用。钱嘉征具疏赴通政司封进，而通政使吕图南以"字划称谓不如式"，命其重新誊写。钱嘉征又弹劾吕图南"党奸阻抑。"吕图南不服，上疏争辨。朱由检令"以原驳二疏呈览。"朱由检阅完嘉征奏疏，批道："魏忠贤事体，朕心自有独断。青衿书生，不谙规矩，姑饶这遭。"比起钱元悫的批语，应该说缓和得多了。况且，钱嘉征仅仅是一贡生，有此批语，实意味着充分的肯定和赞评。次日，魏忠贤得知此疏，极为愤恨，在朱由检面前痛哭流泣，连呼冤枉。朱由检不为所动，命内侍当廷诵读钱嘉征奏疏，让魏忠贤亲耳聆听，魏忠贤"震恐丧魄。"之后，魏忠贤以"患病不能供辙"为由，请求辞职。徐应元本起于信王府第，因魏忠贤与其相勾结，且"力任善后之讬"，但见魏忠贤将要失势，也以有病，请求疗养。朱由检批准魏忠贤、徐应元“私家调理”。遂命王体乾掌东厂印、高时明掌司礼监印。同时改宁国公魏良卿为锦衣卫指挥使、东安侯魏良栋为指挥同知、安平伯魏鹏翼为指挥佥事。太监涂文辅请求解职，准其辞监视仓库之任。直到十月末，因言官劾奏频繁，且舆论统一，才将崔呈秀的情罪交付“吏部勘处。”罢免工部尚书吴淳夫、太仆寺卿白太始、尚宝司卿魏抚民以及东厂太监张体乾的官职。如此处置，真可称是不急不躁，步步为营，谨慎妥切。

天启七年（1627）十一月初一日，朱由检在一切准备妥当之后，即着手处置巨奸魏忠贤，他告谕道：“朕闻去恶务尽，驭世之大权；人臣无将，有位之炯戒。我国家明悬三尺，严惩大憝，典至重也。朕览诸臣屡列逆恶魏忠贤罪状，俱已洞悉。窃思先帝以左右微劳，稍假恩宠，忠贤不报国酬遇，专逞私植党，盗弄国柄，擅作威福，难以枚举，略数其概：皇兄怀宁公主生母成妃李氏，假旨革夺，今冤未雪；逼裕妃张氏，立致弃生；借旨将敢谏忠直之臣，罗列削夺，又同心腹酷刑严拷，诬捏脏私，立毙多命。他若謇谔痛于杖下，柔良苦于立枷。臣民重足，道路以目。而身受三爵，位崇五等，极人臣未有之荣。通同客氏，表里为奸，先帝弥留之时，犹叨恩晋秩，亡有纪极。赖祖宗在天之灵，天厌巨恶，神夺其魄，罪状毕露。朕思忠贤等不止窥攘名器，紊乱刑章，将我祖宗蓄积贮库传国奇珍异宝金银等朋比侵盗几空，本当寸磔，念梓宫在殡，姑置凤阳。二犯家产，籍没入官。”

曾经风云一时，令天下谈魏色变的超级巨阉，终于被年少气盛的崇祯一举踢翻在地，紫禁城上空历经了阴雨霾风之后，终于迎来了一个短暂的黎明。一封封奏请将魏逆腰斩、寸割、抽筋、剥皮的上疏几乎压断了御案。崇祯也想斩草除根，赶尽杀绝，但念及先帝，仍然网开一面，为魏忠贤留条活路。权衡再三，批曰：“着内官刘应选、郑康升将魏逆押发凤阳看守皇陵。”

对于高级太监，发往凤阳是仅次于死刑的一种最严厉的惩处，不仅意味着政治生命的彻底终结，还将意味着从此以后只有伴着几根毫无生机的死人骨头可悲地了此残生。但此时的魏忠贤早已方寸大乱，只要能够留条老命，也就顾不上许多了。他丝毫不敢拖延，带上辛辛苦苦积攒的珍宝财物四十余车，马千余匹，壮士八百余人匆匆上路，恨不能一步飞离这个是非之地。

通政使杨绍震闻知一个戴罪发配的太监仍然如此风光，按捺不住一腔愤怒，立即上疏崇祯，将此情予以通报。崇祯闻报大怒，十一月初四日告谕兵部："朕御极以来，深思治理，而有逆恶魏忠贤，擅窃国柄，蠹盗内帑，诬陷忠直，草菅人命，狠如狼虎。本当肆市以雪众冤，姑从轻降发凤阳，不思自惩，将素畜亡命之徒，身带凶刃，不胜其数，环拥随护，势若叛然，朕心甚恶。着锦衣卫即差的当官旂前去扭解，押赴彼处，交割明白。所有跟随群奸，即擒拿具奏，勿得纵容贻患。若有疏虞，责有所归。尔兵部马上差官，星驰传示。"此时，魏忠贤行至阜城，而其心腹爪牙李朝钦得知这一圣谕，立即前往阜城，密告魏忠贤设计自处，众随从纷纷逃散。魏忠贤见此情势，知不可免。

是夜，魏忠贤神情恍恍惚惚，一道道冥光不时在眼前闪过。时有京城白姓书生正好投宿隔壁房间，见大奸大恶、万人痛恨的"九千岁"竟成为一只待死的困兽，一时兴起，按"桂枝儿"曲调，即兴填词，边饮边唱。从一更直唱到五更，曲调哀婉凄切，极似一首挽歌，细听词句又是极度的恶毒和幸灾乐祸。在这样一首奇特的丧曲声中，魏忠贤的精神防线彻底塌溃，当听到最后一句唱词"随行的是寒月影，吆喝的是马声嘶。似这般荒凉也，真个不如死"时，魏忠贤骤然大彻大悟，纷乱如麻的心绪竟然一下平静下来。他与随行的心腹李朝钦相视一笑，从容地用一根绳子吊死在这家客栈中。

同月初九日，据言官弹劾奏疏，"命削呈秀籍，追夺告身。"而已归至蓟州的崔呈秀接到这一圣旨之时，得知魏忠贤自杀身死，便"列姬妾，罗珍宝，呼酒痛饮。尽一卮，即掷坏之。饮已自缢。"朱由检再敕部院："巨恶魏忠贤，窃先帝之宠灵，擅朝廷之威福，密听群奸，矫诬善类，稍有触忌，肆行惨杀。数年来蔑诬不知几许？削夺不知几许？幽周蔽日，沉累弥天，冤抑所积，上干玄象，致星陨地裂，岁祲兵连。今魏忠贤、崔呈秀天刑已殛，臣民之愤稍舒，而诏狱游魂犹郁，锢籍誉髦未伸，岂所以昭朕维新之治。着该部院并九卿科道，将已前斥害诸臣，从公酌议，采众评定。有非法禁死、情最可悯者，即与褒赠荫恤；其削夺牵连者，即与复官起用；当有身故控赃难结、家属波累犹羁者，即与开释。勿致久淹，伤朕好生之心！”

崇祯既开杀戒，客氏自是在劫难逃。当签发收捕魏忠贤的逮捕令时，他同时命太监王文政收审客氏，抄没其家后，得怀孕宫女八名。这是魏、客在天启病重时偷偷裹挟出宫的，意在令宫女怀孕而生子企图嗣继大位。崇祯闻讯勃然大怒，立命浣衣局对客氏实施杖杀。浣衣局的宫人们早已受够了客氏的凌辱，立即操杖猛打，直打得客氏血肉横飞，一命呜呼。

魏、客伏法、其党羽或死或谪，各地生祠全部捣毁。后来崇祯感到魏忠贤死得过于轻松，又下诏磔其尸体，将其头颅割下后悬于河间示众。

与此同时，朱由检先后处死、罢免、削籍、降用魏忠贤、客氏、崔呈秀的党羽和爪牙，计有内阁首辅黄立极，阁臣施凤来、张瑞图、李国槽；吏部尚书周应秋，户部尚书张我续，礼部尚书孟绍虞，兵部尚书田吉、闫鸣泰、刘诏，刑部尚书苏茂相，工部尚书杨梦衮、孙杰、孙贞、薛凤翔、刘廷元、吴淳夫，李夔龙，锦衣卫左都督田尔耕、孙云鹤，巡抚单明翊、朱童蒙，提督操江右佥都御史刘志选，太仆寺卿张凌云、陈大同、梁梦寰、白太始，尚宝司卿魏抚民，太监李永贞、李实、涂文辅、王国泰、崔应元、王莅民、魏持衡等。十二月二十三日，将吴淳夫、田吉、李夔龙、倪文焕“追赃遣戍”，田尔耕、许显纯“论死”，崔应元、孙云鹤、杨寰“戍边”。另外处斩魏良卿，永戍客光先、客璠、杨占奇等。

曾经威势赫赫，不可一世的魏氏集团，谈笑间灰飞烟灭，永远沉入历史的黑洞。但历史留给天启君臣们的，却是永远抹不掉的羞辱。那些受尽凌辱的穷苦百姓和久遭压抑的东林党人，历经了一番番荣荣辱辱和生死歌哭后，当然不会忘记新天子的勇武圣明。从崇祯初年出版的一些著作中，不难发现如下溢美之辞：“新帝挟上天之威，立铲邪恶势力，正人君子得以复苏，乾坤宇宙为之一清，日月星辰为之重朗。否极泰来，万象更新。每一道圣旨下发，人人都在额手称庆；每一道上谕颁行，处处都在讴歌颂扬。”

当然，最为畅舒和兴奋的还属崇祯本人。在一举除掉了魏忠贤这个硕大无朋的巨阉后，他对自己是经邦治国的能力更加深信不疑。面对天下蠢蠢欲动的一切敌对势力，面对白山黑水间八旗劲旅的迅猛崛起，他的略显幼稚的头脑里，却时时萌动着一个狂妄的念头——一个中兴盛世将在扳倒魏忠贤之后的不久到来！

在这里，还应该说说朱由检裁撤镇守内臣之举。

当朱由检削夺了魏忠贤、客氏及崔呈秀的权力，且做了相应适当安置之后，即下达诏书，撤回各镇内臣。他告谕兵部长贰官："朕惟军旅，国之大事也。必事权一而后号令行，人协和而后胜算得。然势敌则交诿，力均则相击，自非审口以期，何由出令制胜。先帝于宣、云、关、蓟、宁远、东江等处督抚而外，分遣内臣协同镇守，一柄两操，侵寻滋弊。比来内外督臣，意见参商，嫌疑萌搆，彼此自命，咸称赘员。得且相蒙，失且相卸。封疆重事，其能堪此！宦官观兵，自古有戒。朕今以各处镇守内臣一概撤回，一切相度机宜，约束吏士，无事休备，有事却敌，俱听经、督便宜调度，无复委任不专，体统相轧，以借其口。各镇督抚诸臣及大小将领，务殚精竭忠，以副朕怀。各内臣都着回京，将原领军械、马匹，如数交与督抚官分给诸将，以备战守，开数具奏。其自备器械、马匹。带回毋阻。又谕关、蓟、宁、锦等处内外文武吏士，并力一心，益图后效，毋怀私意，致误军机。"崇祯元年（1628）正月，朱由检再次下达诏书，"命内臣俱入直，非受命不许出禁门。"二月，又"戒廷臣交待近侍。"他说："朝廷设官分职，内外各有攸司，人臣守正奉公，交通甚为非法，昨魏忠贤、崔呈秀，表里为奸，变乱祖制，贻祸生灵，业已殛诛。人臣苟无私心，何必巧营别窦。若夫特立独行之风节，自可上结主知，天高听卑。朕方广询博谘，达于逾阶历位，尔后宜各爱身名，倘蹈前辙，许科道纠参，务醒积习。"这虽说是对祖训的重新申述，但在宦官之祸愈演愈烈，且得到相应惩处，其祸稍除的时日，朱由检能注意到并采取措施加以谕戒，不能不说是难能可贵的，表达了他对这一祸乱根源的认识，以至从根本上消除的愿望。固然，从朱由检对待宦官及其与外廷交通的态度上考察，前后多有变化，而且变化极大。这固然有来自朱由检本身的因素和客观环境的影响，实践证明是朱由检的一大失误。尽管如此，我们还是应该对朱由检即位之初的举措给予应有的肯定。

毁《三朝要典》，“清议渐明”

崇祯虽然除掉了魏忠贤、崔呈秀等首恶，但由于魏忠贤经营多年，朝廷上下内外无不遍植党羽，故潜藏在各衙门的阉党成员仍然很多。尤其是天启年间曾钦定《三朝要典》，丑诋东林，美化魏忠贤及其阉党。在常人看来，“要典”乃老皇帝所钦定，已成铁案，不容非议。这成了扣在东林党人头上的紧箍咒。于是，崇祯初年围绕着“要典”问题又展开了一场激烈的斗争。最后终于毁掉了“要典”，由崇祯钦定“逆案”，基本上摧垮了阉党集团。

緒名正言順猜忖曷庸
不意群姦巧于構疑也
疑梃擊則託護東宮者
進矣疑紅丸則援不嘗
藥者進矣疑移宮則造

《三朝要典》书影

《三朝要典》是由魏忠贤操纵编定的。这里的所谓“三朝”，是指神宗在位的万历朝、光宗在位的泰昌朝、熹宗在位的天启朝。自万历中期出现“国本”之争以后，万历后期发生了“梃击案”；光宗在位仅一个月即死去，一些人说是误服“红丸”所致，称为“红丸案”；熹宗继位时斗争激烈，一些大臣力请抚养天启的李选侍移出乾清宫，史称“移宫案”。这三案成为东林党人与阉党斗争的焦点，长期争论不休。天启年间，魏忠贤利用其煊赫的权势，按照阉党的需要记述三案经过。《三朝要典》仿照嘉靖时《明伦大典》的体例编成，共24卷，阉党成员之一的顾秉谦为编书总裁。此书于天启六年六月编成，天启又加上御制序言，随后颁行全国。书中极力贬损东林党人，为阉党涂脂抹粉。关于“梃击案”，“要典”中称张差实属疯癫，并未受人指使要谋害太子。刑部侍郎王之寀审理此案时，谓张差受人指使谋害太子，是离间骨肉之亲，有负先帝。关于“红丸案”，书中说孙慎行第人妄疑光宗未得寿终正寝，大逆不道。关于“移宫案”，书中谓杨涟等人与司礼太监王安等相结，有意加重李选侍的罪过，想借以谋取拥戴之功。天启还颁旨，在重修实录时，凡涉及“三案”内容，都按《三朝要典》的说法予以改正。

《三朝要典》编成之日，也就是东林党人遭灭顶之灾之时。这是以魏忠贤为首的阉党集团对东林党人斗争胜利的结果。明眼人都很清楚，魏忠贤还想借此将东林党人永远打入十八层地狱，使其永世不得翻身。

崇祯即位后，一些人弹劾魏忠贤的章奏中也提到《三朝要典》。崇祯鉴于“要典”乃先帝所钦定，未敢马上废除。在赐死魏忠贤半年之后，这才下令毁掉《三朝要典》。这期间，朝廷上围绕着《三朝要典》之事展开了一连串的斗争，崇祯也只能对受魏忠贤等迫害的人们进行局部的平反。例如，崇祯在刚除掉魏忠贤和崔呈秀之后，立即下令，由部院、九卿和科道共同负责，对以前冤死诏狱中的诸臣从公酌议，该赠爵的赠爵，该荫亲的荫亲；被削职的人，“应复官即复官，应起用即起用”；被诬陷仍系狱中者，“应开释即予开释，勿致久淹，伤朕好生之心。”这些被平反的人有许多就是受“三案”的牵连。崇祯这时只能一个一个地为他们平反，还不敢重新评价“三案”，也不敢触动《三朝要典》。

当时朝中各衙门仍遍布阉党成员，其势力仍然很大。尤其是科道言官，几乎是清一色的阉党成员。在魏忠贤被赐死前后，很少见到言官中有弹劾魏忠贤及其阉党成员的。崇祯心里很清楚，这对整肃朝政是极为不利的。为此，崇祯特颁谕旨，考选言官。于是，先后授曹师稷、颜继祖、宗鸣梧、瞿式耜、钟炌等为给事中，授吴焕、成章、任赞化等为御史。他们在魏忠贤擅权时都是不得志之人，有的还受过阉党的迫害，这时升为言官，弹劾阉党罪恶的章奏渐渐多了起来。

在《三朝要典》被毁以前，阉党的势力仍然很大，这突出地表现在崇祯元年（1628）正月的“大计”中。所谓“大计”，指的是考核各地方长官，分出优劣，优者升迁，劣者贬谪。崇祯本来打算，通过这次大计彻底清除阉党成员，肃清朝政。主持这次大计的是吏部尚书房壮丽，左都御史曹思诚、考功郎中李宜培等人，另有杨维垣协助这次大计。人们本来对这次大计满怀着希望，认为这是“圣天子第一新政，宜将媚珰诸奸痛加扫除”。但大计的结果并不令人满意，许多阉党成员并地未被扫除，而是仍然盘踞在各衙门。这是因为，像房壮丽、杨维垣等虽貌似公允，实际上也是附和阉党人员，他们“互为容隐，咸逃吏议，人心颇为不平”。对这类不平的议论，崇祯自然听到不少，他感到要彻底肃清朝政还有很多事要做。

促使崇祯下决心毁掉《三朝要典》的是倪元璐的奏疏。倪元璐是翰林院编修，他看到杨维垣在弹劾魏忠贤的同时，也攻击东林党人，将东林党人和魏忠贤阉党并称为邪党，心里十分不平。实际上，杨维垣这种做法代表了不少人的态度，他们害怕受牵连，想及早摆脱阉党，但又深怕东林党人翻案，故貌似公允，在弹劾魏忠贤的同时也攻击一番东林。倪元璐看穿了杨维垣等人的企图，便上疏辩驳，言词颇为激烈，一时成为舆论的中心。倪元璐在疏中说：“如果说东林是邪党，那又该怎么样评价崔呈秀、魏忠贤等人呢？崔、魏是邪党已明，那未反对崔、魏的人怎么也能说是邪党呢？如果说东林攻击邪党言辞过激，还说得过去，如果说东林狂狷则不可。以前那么多人向崔、魏颂德不已，建生祠不已，这时又说无可奈何，不得不那样。对这种人尚且以宽厚之心百般原谅，那末，对东林那点过激的言辞又为什么如此苛求呢？”疏中还对韩爌的相业极力称许，还特别提到，崇祯本人也曾说过：“韩爌清忠有执。”但一些人仍百般诋毁，唯恐韩爌复起。

由于当时朝廷上仍有许多阉党余孽，他们极力诋毁倪元璐，而且倪疏中还提到熊廷弼一案，崇祯反而责怪他“论奏不当”。杨维垣也上疏反驳倪元璐。于是，又有了倪元璐的第二次上疏。

倪元璐在疏中承认，自己上次上疏就是针对杨维垣而发。随后，针对杨疏中攻击倪元璐盛赞东林，而主要依据是曾推举李三才而保护过熊廷弼，倪尖锐地反击道：“杨维垣是否知道，东林中还有冒死弹劾魏忠贤的杨涟，有首劾崔呈秀的高攀龙！魏忠贤罪大恶极，杨维垣还尊称他说：‘厂臣公’，‘厂臣不爱钱’，‘厂臣知为国为民’，何脸面责怪李三才呢！“五虎”、‘五彪’罪恶累累，刑官却只拟削职，杨维垣却不上疏驳正，为什么对熊廷弼却必杀而后已！”杨疏中攻击倪元璐态度矫激，倪元璐反驳道：“当天下都为魏忠贤颂德建祠之时，如果有一人态度矫激，不颂不建，天下岂不以此人为赖！”杨疏中说：“今天下如果一个人忠直，便不应以崔、魏为对案。”倪元璐反驳道：“今天正应以崔、魏为对案。正因反崔、魏，所以才有东林之名……今天以崔、魏辨邪正，正像用明镜辨美丑！今日不以此辨忠奸，又用什么来辨忠奸呢？”崇祯感到倪元璐所言为是，遂将他提升为侍讲。但当时内阁和各重要衙门还有许多崔、魏安插的旧人，大臣们还没人敢公开称赞东林。自倪元璐这两次上疏后，“清议渐明”，才渐渐有人敢公开为东林说话了。

崇祯元年（1628）四月，倪元璐再次上疏，请毁《三朝要典》。他在奏疏中说：“《三朝要典》一书，成于魏忠贤等阉党。即使其议有可兼行者，其书必当速毁……自门户之说起，于是魏忠贤等杀人则借三案，群小求富贵则借三案。经此二借，三案的面目就全非了……关于三案，天下自有公议，而《三朝要典》则是魏忠贤的私书。三案自三案，《要典》自《要典》。如果要全翻，过于纷扰，改亦多事，只有毁之为宜。”崇祯遂下令毁《三朝要典》，从而除掉了加在东林党人头上的紧箍咒。

当时，有的人公开反对毁《三朝要典》，其中态度最坚决的是孙之獬。他是翰林院侍讲，当得知有人请求毁《三朝要典》时，他上疏坚决反对：“《三朝要典》，近来有人称之为魏忠贤禁锢人才之书，如祖宗在天之灵知道此事，定会愤然不安。”他请求崇祯亲自为“要典”作序，置于篇首，由史馆附上崔、魏之事，这样就可使“要典自明，逆党自正矣”。很明显，孙之獬在这里仍在为阉党张目。只因他在天启时不那么锋芒毕露，没干多少坏事，故人们对他并未深究。

当崇祯下令毁《三朝要典》时，孙之獬又大哭着当廷力争，谓“要典必不可毁”。御史吴焕当即弹劾他对皇上无礼，许多人对他的这种举动感到吃惊，有的感到可笑，致有许多人当场对孙之獬大加嘲弄。但是，在孙之獬所列举的理由当中却令人有难言之苦。例如，孙之獬说道，崇祯对天启曾“北面事之，见有御制序文在，‘朕’之一字，岂可投之火！”他还说道，崇祯与天启乃“同枝继立，非有胜国之扫除，何必如此忍心狠手！于祖考（神宗）则失孝，于熹庙（天启）则失友。”这种以祖宗先帝的名号压人的做法，足以使许多人望而生畏，弄不好就是掉脑袋的事。似乎要毁《三朝要典》，那就是对祖宗先帝的背叛，岂不是大逆不道！先帝在序中有自称的“朕”字，怎么能投之于火呢！一些人明知他的说法荒谬，但也不敢反驳。幸有御史吴焕上疏纠驳，说孙之獬“明以‘御制’二字压皇上不敢动”。这实在是击中了问题的要害。吴焕又以其人之道，还治其人之身，谓“不孝不友”之说，明明是在诬崇祯不孝不友，罪莫大焉。吴焕还指出：“孙之獬亦知今日要典之毁，丝毫无损于圣祖神孙之孝慈”，孙之獬这是故意“以辩言乱政，邪说横行”，请崇祯严加惩处。崇祯鉴于孙之獬已经辞官回籍，遂传旨“不必过求”。这段小插曲表明，当时阉党仍然有不小的势力。

钦定逆案，隐蔽矛盾

崇祯元年五月毁《三朝要典》，崇祯二年一月才钦定逆案，对阉党的处置才算有了最后的结论。这中间经历了七八个月的时间，东林党与阉党进行了反反复复的或明或暗的斗争，促使崇祯终于下决心将阉党要员列入“逆案”，使其永不得续用。

起初，崇祯并不想以门户分贤奸。他从各方面了解到，附和东林的人也并不都是贤才，其中也不乏沽名钓誉之人；附合阉党的人中也有的是出于不得已，有的人有才可用。所以他一再申谕群臣："分别门户，已非治征。"他要臣下"化异为同"，以"天下为公"，同心一德以共安社稷。但实践证明，门户之分已根深蒂固，不是他三两句申谕所能消除的。自毁《三朝要典》之后，不断有阉党成员或明或暗地试图翻案，臣下的言行大都有门户色彩。为了除恶务尽，他要像天启年间钦定《三朝要典》那样，也要钦定"逆案"。所谓"逆案"，大意是处置阉党逆臣的定案，或说是铁案，通过钦定的形式使人不敢轻易翻局。

如果说促使崇祯毁《三朝要典》的首功是倪元璐的话，那末，促成钦定"逆案"的首功则是御史吴焕。他在毁《三朝要典》后不久上疏，说不少阉党成员虽明旨受到惩处，但这种惩处就像一纸虚文，这些人仍然逍遥法外。他在疏中说："往年被魏忠贤迫害诸臣，朝闻命而夕就逮，以至他们不敢回家与妻子告别一声。现今五虎五彪诸奸恶，屡奉明旨惩治，但诏书挂在墙上，他们仍任意优游。像刘志选、梁梦环、曹钦程等人，都是大奸大恶，有的燕处于园亭之间，有的潜藏于京邸私宅，奥援有人，朝廷无法。更有甚者，薛贞本是庙堂执法之人，却敢公然抗旨，为那些奸恶开脱！"薛贞是崇祯朝的第一任刑部尚书，他本来就和阉党有着千丝万缕的联系，自然极力为阉党开脱。崇祯察知薛贞有那么多奸情，遂下令将他处死。但是，在惩治阉党的过程中，有旨不行或有旨难行的情况仍时有发生。

崇祯元年大计，考察地方官员，不少作恶多端的阉党要员未受到惩处，人心颇不平。崇祯二年又要进行"京察"了，即考察京师各衙门官员。人们本来希望，通过这种对地方官和京官的考察，彻底清除阉党余孽。由于大计考察地方官的效果并不很好，所以有的官员担心，这次京察也可能搞不好。正是出于这种担心，御史吴甡于崇祯元年十二月上疏说："马上要进行京察，恐怕崔、魏遗奸还没有尽除，借京察以掩盖奸情。他们的过恶为考功之法所不载，加倾陷皇后，力促三王并封、助崔、魏肆虐，以门户坏封疆大事，借刀杀人，建生祠，修'要典'，矫旨如衔，这些人如混入京察官员之列，执法自然不平。宜命部、院、科道官会勘，对犯有前罪诸人注明事实，于京察前赐予处分。”崇祯深以为是，遂于第二年初就着手定逆案。

崇祯元年十二月，大学士韩爌被召回，代黄立极为内阁首辅。关于考察阉党定逆案之事就交韩爌主持。韩爌是元老重臣，天启时被魏忠贤斥逐，处事沉稳，极有声望。崇祯二年正月二十四日，崇祯召见大学士韩爌、李标、钱龙锡和吏部尚书王永光，明谕定附逆诸人之罪，魏忠贤、崔呈秀和客氏为首逆，其余为附逆，分出轻重等级，分别治罪。崇祯将以前称颂、建祠的奏疏发下，要他们和左都御史曹于汴一起在内阁详加评阅，“如事本为公，而势非得已，或素有才力而随人点缀，须当原其初心，或司责其后效”，只是对那些“首开谄附，倾陷拥戴及频频颂美”之徒，还有那些“阴行赞导”之人，都要列入。崇祯还要他们“数日内确定，不许中书参预”。韩爌等遵旨详审后，拟出入逆案诸人名单，名后附上其主要罪过。韩爌为人端庄宽厚，不想广加株连，以免树怨，所以第一次只列入四五十人。崇祯看了后大不高兴，命韩爌等再广加搜求，并说，这些人“皆当重处，轻则削籍”。这时有人指王永光即附逆之人，王永光很害怕，便自请退出。过了几天，韩爌等又加入了数十人呈上。崇祯看后大为震怒，谓所定“不称旨”，还说：“魏忠贤一人在内廷，如不是外廷诸臣逢迎，哪里能作那么多恶。内臣中那些协同作恶的，也应一并列入。”韩爌和几个大学士则回答说：“外廷不知内廷事。”崇祯面有怒色，严厉地说道：“怎么能说都不知道呢！只是害怕树怨罢了。”第二天，崇祯再一次将诸阁臣召入，指着一个黄包袱说：“这都是红本，内臣作恶的实证都在这里，宜一一详查列入。”韩爌等人知道事关重大，内臣凡是稍参与其事的都不能逃脱。这里所说的“红本”，即“批红”的奏章。臣下上疏，先由内阁票拟，然后由皇帝用御笔“批红”，随后即发下执行。但皇帝往往懒于此事，故大都由司礼太监代批。于是，这些内臣借机行私，倾陷异己便得心应手。对这些“红本”进行细查，内臣行私之事自然能一一查出。这样一来，牵连面自然就会很大。韩煅回答崇祯道：臣等的职责是掌票拟，三尺法非所习也。”实际上是在推脱此事。吏部尚书王永光也不敢掌此事，便回答说：“吏部只熟习考功法，不习刑名。”崇祯便又召刑部尚书乔允升，要他对这些人“按律定罪。”

乔允升无奈，只好与内阁诸臣一起处理此事。经过一番详查，又列上一个名单。崇祯看了后问道：“张瑞图、来宗道等人怎么没列入呢？”韩爌等回答说没有事实。崇祯说：“张瑞图因善书而受魏忠贤宠信，来宗道为崔呈秀之父上衄典，称什么‘在天之灵’，实在可恶之极。”又问贾继春怎么未列入，王永光回答道：“贾继春曾请求善待李选侍，不失厚道。后虽改口，稍觉反复，其所言亦多可取。”崇祯马上厉声说道：“正是因为他反复，所以才是真小人！”并明令这些人都要被列入。

从崇祯这一次又一次的召见和谕旨中可以看出，第一，崇祯对处治阉党的态度十分坚决，务求一网打尽，不留后患。第二，崇祯的态度时有变化，前后并不一致。他起初说过，有些人原出于不得已，“当原其初心，或可责其后效”。韩爌等人正是按照这种原则处理的，而崇祯的谕旨却一次比一次严厉，所以也不能全怪韩爌等人害怕树怨。崇祯后来甚至说，对以前那些颂德、建祠的章奏，“其原不列名者，不妨酌定。”这就使得株连面十分宽了，比起初的谕旨大为严厉。惩处阉党，消除其影响，对于崇祯来说，无疑是必行之事。但从策略上考虑，应严惩首恶，对那些“事本为公而势非得已”，没有明显的过恶，则不宜株连过广。实际情况也表明，自逆案颁布第一天起，就有许多人力图翻案。当南明福王政权建立时，崇祯的钦定逆案果然被翻了过来。历史事实告诉人们，崇祯本来想通过此举彻底消除门户，但门户并未消除，而且门户之争更隐蔽，更激烈，与崇祯一朝相始终。从某种意义上来说，崇祯朝和南明政权一个接一个地灭亡，都与这种门户之争有着密切的内在联系。

崇祯二年（1629）三月，崇祯将“钦定逆案”正式颁布天下。前边有崇祯的“圣谕”，先讲了一通定“逆案”的必要，后边说道，经这次处治后，“纵有漏遗，亦赦不究。自今惩治之后，尔大小臣工，宜洗涤肺肠，恪修职业，共遵王路。”崇祯的“圣谕”后附有韩爌等人上的一道“本”，实际上就是对定逆案前后经过的一篇说明。随后是对入逆案诸人分等治罪。

第一等，“首逆”，魏忠贤和客氏，凌迟处死。

第二等，“首逆同谋”6人：崔呈秀、李朝钦、李永贞、魏良卿、侯国兴、刘若愚，皆处死不待时。

第三等，“交结近侍，秋后处决”19人，像田尔耕、许显纯、薛贞等都在此列。

第四等，“结交近侍，次等充军”11人，像魏广微、周应秋、阎鸣泰、霍维华、李鲁生、杨维垣等人都在此列。

第五等，“交结近侍又次等，论徒三年，输赎为民”129人，像大学士顾秉谦、冯铨、张瑞图、来宗道，尚书王绍徽、吕纯如，总督黄运泰、郭尚文，巡抚李精白等都在此列。

第六等，“交结近侍减等，革职闲住”44人，刚罢职家居的内阁首辅黄立极就在此列。

另外，还有魏忠贤“亲属及内官党附者，又五十余人”。

在崇祯一朝，定逆案是崇祯整肃吏治的重大举动。这件事实际上有得有失。

张瑞图塑像

从得的方面来看，它使依附于魏忠贤的阉党遭到毁灭性打击，对肃清各衙门中的崔、魏余孽起到了决定性作用。从此以后，朝中再没人敢公开为崔、魏涂脂抹粉，不少阉党成员虽有许多过恶，但以前一直得不到惩罚。经这次细查老账，这些人都受到了严厉的处治。事物都具有两面性，崇祯定逆案也有“失”的一面。这主要表现在打击面过宽。“逆案”二字已很严厉，一个人的名字一旦被录进去，就如同乱臣逆子，大有十恶不赦的味道。再加上崇祯“钦定”，这就更增加了问题的严重性。后人所说的“阉党”，是后人对崔、魏以及依附于他们的官员的泛称，实际上当时并没有一个组织严密的这样一个“党”。就列入“逆案”中的一些人来看，不少人只是在当时与他们有些瓜葛，也没想到真要加入这个“党”。但是，经这么一定“逆案”，凡是列名其中的人似乎真的成了一“党”，翻案也成了他们共同的目标。除了受崔、魏迫害和斥逐的东林党人以外，前朝各衙门的大臣和各地的督、抚几乎都在其中。他们的人数那么多，虽曰闲住，但影响尚在。连名将袁崇焕也差点列入逆案，因为他也曾不得已而为魏忠贤请建生祠。大概是因为他后来被魏忠贤斥逐，所以才免入逆案。即使这样，后来还有人说他漏网，“亦俱建祠”，也应与逆案中人一样论处。夏允彝在举了几个例子以后说道：“……草草罗入，致被处者屡思翻局，持局者日费提防，纠缠不已。至南都再建，逆案翻而宗社墟矣。此则当局者之咎也。”另外，在对逆案中人处置的轻重上，人们也有许多微词。在逆案中拟处死者大都已死，未死的人列入逆案者又大都未拟处死。这些人散处各地，自然为日后埋下了不安定的种子。

逆案定后不久，御史张捷就疏荐吕纯如，说他才器可用。因吕纯如名列逆案，张捷反而因此被弹劾。崇祯见有人公然荐用逆案中人物，十分生气，立命将张捷免职，逐出朝廷。实际上，通过或明或暗的手段力图翻案的不乏其人。在崇祯前期任过数年内阁首辅的温体仁也暗中支持翻局。只是因为崇祯态度坚决，所以逆案在崇祯时未能翻成，而对荐用逆案中人物的大臣处置也极严厉。例如，都御史唐世济曾推荐霍维华，福建巡抚应喜臣推荐闲住的原通政使周维京，而霍、周都是逆案中人，崇祯立命将唐世济和应喜臣“谪戍”。人们看到崇祯态度如此坚定，才不敢再推荐逆案中人。但这种深刻的矛盾并未消失，只是变得更隐蔽罢了。当李自成农民军进入北京后，崇祯自缢，福王政权于南京建立，马士英、阮大铖以拥立有功，逆案遂彻底翻了过来。但这样一来，党争更加激烈，更加表面化，这成了南明政权一个接一个很快灭亡的重要原因。

平反昭雪，申冤洗耻

对于魏忠贤的倒行逆施，一些刚直不阿的官员并没有束手坐视。天启四年（1624）六月初一日，左副都御史杨涟首先开炮，向皇上呈进弹劾魏忠贤24大罪状的奏疏，以无所畏惧的姿态指出，这些罪状昭然在人耳目，廷臣畏祸而不敢言，外廷结舌而莫敢奏；掖廷之中但知有忠贤而不知有陛下，都城之内亦但知有忠贤而不知有陛下；陛下春秋鼎盛，生杀予夺岂不可以自主？何为受制幺幺小丑，令中外大小惴惴莫必其命！这种义正词严的声讨，使平素肆无忌惮的魏忠贤顿时慌了手脚，惊怖累日，在皇上面前大哭道："外边有人计害奴婢，且谤皇爷"。接着，吏科都给事中魏大中，御史黄尊素、李应昇、袁化中，南京给事中杨朝栋，南京兵部尚书陈道亨、右侍郎岳元声等人，接二连三地上疏弹劾魏忠贤，掀起了颇具声势的倒魏风潮。在熹宗的支持纵容下，魏忠贤不但平息了这一风潮，而且变本加厉地打击报复。天启五年的六君子之狱，逮捕了杨涟、左光斗、魏大中、袁化中、周朝瑞、顾大章；天启六年的七君子之狱，逮捕高攀龙、周宗建、缪昌期、李应昇、周顺昌、黄尊素、周起元，非刑拷打，诬陷栽赃，无所不用其极，这些正直朝臣都被迫害致死。

现在魏忠贤既然已倒，往日的旧事就有重新审理的必要。崇祯元年正月，翰林院编修倪元璐先后连上两疏，议论此事。他首先从"邪党"谈起：以东林为邪党，将复以何名加诸魏忠贤、崔呈秀之辈？既然魏、崔是邪党，那么以前弹劾魏、崔者还可称为"邪党"吗？东林乃天下人才之渊薮，它所宗主者大都禀清梃之标，它所引援者也每多气魄之俦、才干之杰，只是绳人过刻、持论太深。其中也不无匪类，那是屈指可数的几个，现在称为邪党，那就无人不是邪党了。他还对诸臣深防报复的顾虑做了分析，说近年来借打击东林以献媚崔、魏者，其人自败，何待东林报复！如其人不附崔、魏，又怎么能攻而去之？崇祯看了，对他牵扯到韩爌、文震孟的起用阻力重重，以为是影射自己，便批驳道：“朕屡旨起废，务秉虚公酌用，有何方隅未化，正气未伸？”

其实，倪元璐旨在为东林翻案，无意影射崇祯。对此，阉党分子十分敏感，杨维垣上了《词臣持论甚谬》一疏予以反击，责难倪元璐盛称东林，说今之忠直原不当以崔、魏为对案。倪元璐上疏驳斥道：东林中有首劾魏忠贤的杨涟，以及提审崔呈秀的高攀龙，而时至今日，杨维垣对于穷凶极恶的魏忠贤仍口口声声称赞，什么“厂臣公，厂臣不爱钱，厂臣为国为民”。东林自邹元标、高攀龙、杨涟外，如顾宪臣、冯从吾、陈大绶、周顺昌、魏大中、周起元等之真理学、真气节、真清操、真吏治，赵南星

倪元璐像

之真骨力、真担当。总之，东林在今日，当曲原其高明之概，不当毛举其纤介之瑕，而代逆珰分谤。崇祯以为他们仍在纠缠旧账，斤斤计较于门户之见，便劝诫道："朕总览人才，一秉虚公，诸臣亦宜消融意见，不得互相诋訾"。

随着魏、客、崔三犯的戮尸于市，五虎五彪的分别惩处，崇祯对东林的态度逐渐明朗化，决定对遭到阉党迫害的官员平反昭雪。

崇祯元年（1628）二月，崇祯先是宣布免去杨涟等人在狱中被强加的诬赃，接着又指示吏部对遭阉党冤陷诸臣复原官，给还诰敕，涉及到大学士刘一璟、韩爌，吏部尚书周嘉谟，礼部尚书孙慎行，以及詹事钱谦益，翰林文震孟、陈子壮等90余人。崇祯指出："废籍诸臣沉沦已久，朕此番昭雪，非徒弘旷荡之恩，正欲考其进退始末，以衡人品。周嘉谟等九十余员削逐情节，还著分别项款细开具奏"。这意味着对遭阉党迫害而革职的诸大臣的平反昭雪，然后分别情况逐步起用。在斥逐阉党奸邪官员之后，必将出现官僚队伍空缺的状态，及时更新官员，有破有立，有退有进，有黜有陟，这才是为政之道。不久，他宣布恢复这九十余人的原先官职，补给诰命，品望年力可用者酌情起用。显现了改元崇祯以后，万象更新的气象，以及维新之治的初露端倪。

对于已经冤死的官员们，崇祯以为必须平反昭雪，申冤洗耻，只有这样才能宣扬士大夫崇尚气节的伦理道德。他接受了工科给事中颜继祖提出的关于为被迫害致死的万燝、周起元、周顺昌、周宗建、李应昇、黄尊素、缪昌期等人恢复名誉的建议，命有关部门研究此事。几天后，他根据部议，正式公布对原都察院左都御史邹元标、高攀龙，左副都御史杨涟，左佥都御史左光斗，工部尚书冯从吾，应天巡抚周起元，给事中魏大中，太仆寺少卿周朝瑞，御史周宗建、黄尊素、李应昇，吏部员外郎周顺昌，工部郎中万燝，左谕德缪昌期等人，恢复名誉，各赠荫有差。并且对逮捕、拷打、诬赃直至谋杀上述仁人志士的凶手李实、李永贞、刘若愚及许显纯提审追究。这一褒一贬一奖一惩，以明显的反差向人们表明正义与邪恶的大是大非是不应颠倒也不应含糊的。

崇祯这种是非分明的表态，立即在社会上激起强烈的反响。被阉党迫害致死的志士仁人的后辈及主持正义的官员们，掀起了哭诉伸冤的浪潮。

首先上书皇上的是浙江诸生黄宗羲，他为已故的父亲、原山东道御史黄尊素鸣冤。黄宗羲是当时的著名才子，日后成为赫赫有名的思想家，他写给皇上的颂冤疏文自然值得一读：

“父尊素中万历丙辰进士，授宁国府推官，壬戌除山东道御史。直节自持，入班未踰一载而疏十三上。时魏逆与客氏表里为奸，形如厝火，势如燎原。臣父预抱隐忧，因灾异示警，直陈时，政得失，谓阿保重于赵尧，禁旅近于唐末，萧墙之忧惨于戎敌……当奉严旨切责。此甲子三月初六日也。

至初九日，复上《圣断不可不早》一疏。谓忠贤与其私人，柴栅既深，螫辣谁何！势必台谏折之不足，即干戈取之亦难，请先予默察人情，自为国计，即日罢忠贤厂务。于是，忠贤不杀臣父不已。

至七月初七日，业已杖死工部郎中万燝。臣父首上《士气已极》一疏，论奸人必借廷杖以快其私，将为所欲为而莫所顾忌，而祸移诸臣。时尚众正在朝，虽逢所盛怒，得不即同燝死。

未几，逆徒曹钦程首发大难于内，腹心李实罗织无端于外，交口蔑诬，倏而削夺，倏而逮系矣。时值缇骑激变于姑苏，留滞不前。臣父闻之，即拊心自念，忠臣总人臣之义，生死皆臣父之恩，即日投呈按臣，赍本步行至京就系。迨下镇抚司打问，许显纯、崔应元承顺逆指，酷刑严拷，体无完肤，诬坐赃银二千八百两。臣痛父血，此遍货臣乡之商于京者，并父之同年、门生，差足交赃将完，而杀机遂决矣！

一日，狱卒告臣父曰：内传今夜收汝命，汝有后事可即书以遗寄。臣父乃于三木囊头之时，北向叩头谢恩，从容赋诗一首，中有‘正气长留海岳愁，浩然一往复何求’等语。自是而臣父毕命于是夕矣……。

黄宗羲为父颂冤的疏文，声声泪字字血，读来令人扼腕，令人叹息，令人拍案而起！

黄宗羲像

几天后，户科给事中瞿式耜上疏，为冤死狱中的杨涟、魏大中、周顺昌三人大义凛然的风节叫好，并为他们伸张正义，堪称当时拨乱反正的一篇佳作。

关于杨涟，他说："自为诸生，孝友端方，慨然以澄清天下为己任，其筮仕臣乡（常熟）也，铁面冰棱，吏胥不敢仰视，而爱民如子……入计时，欲送其母归楚，至不能治装以去。及居言路（出任给事中），扬清击浊，屏绝馈匮。但言及国家之事，未有不耳热面赤……临死之日，旁无一语，但呼高皇帝陛下而已……夫人臣抗节直言，慷慨杀身，历代常有，如涟之贫不言请，劳不言功，从容就死，无怨无尤，斯亦可谓人臣之极致矣"。

关于魏大中，他说："成进士以至授行人，擢选谏职（给事中），从未尝受人一钱。官至吏垣（吏科都给事中），犹赁屋以居。逮之日，阖郡哭声震天，呼冤踊地……至其诣镇抚（司）也，大中受诛刑未死，狱吏以藁席卷其肢体，倒置于他三日，启而视之，犹目睛彀彀如转轮。既死，魏贼令狱卒投其尸以饲狗，所存者狗之余耳……大中之下狱也，严戒其子学洢，不令至狱门。此学洢扶柩而归，犹未知大中之死状。至病中，忽然闻之，一号而绝。"

关于周顺昌，他说："顺昌赋性清严，嫉恶如仇，官福州司理（推官），墨吏望风咸解绶去。值税党高寀肆毒，顺昌挺身抗其凶锋，民赖以静。擢居吏部，一洗陋习，四方竿牍绝勿敢通。请告归籍，肩舆一乘，行李二担而已。魏大中逮于阊门，顺昌以大中必死，亲诣其舡，以女许大中之孙。缇骑以闻，（魏）党啣之最毒，遂假手李实，一疏逮贤臣七人，而顺昌与焉。顺昌居乡，不畏高明，不侮鳏寡，以故俄顷之间，吴阊数万士民狂号乱哭，众愤所激，击死官旗，几成大变……至镇抚司，极口唾骂，而昌因此被刑尤烈。昌已死，狱卒以磁锋割其股，血溃而苏，复枷至锦衣堂上。昌触石碎首，血溅几案，复加重刑，立时陨命。使诸臣之死尽如顺昌，魏贼亦为之寒心也”。

读了这一声泪俱下的疏文，令人义愤填膺，杨涟、魏大中、周顺昌这些官僚队伍中的精英分子，清正廉洁，刚直不阿，贫贱不能移，威武不能屈，为国为民与邪恶势力搏斗，赴汤蹈火在所不辞。他们的这种高风亮节不独令当时也令后世的佞臣贪官们羞愧得无地容身。瞿式耜所说，其实仅仅刻划了魏忠贤指使爪牙残害忠良罪行之一二。杨涟、魏大中、周顺昌等君子在狱中所受到的凌辱折磨，实在惨不忍睹，笔者不忍转述。倘读者欲知其详，不妨读一下黄煜《碧血录》、朱长祚《玉镜新谭》吧！

到了十月，生员魏学濂刺血上书，为父亲魏大中鸣冤，请求严惩凶手。他说：“阮大铖兄傅应星、傅继教以固援于内，并率傅櫆兄事应星，继教以植党于外。既夜，叩忠贤于涿州，进《百官图》，导之杀人，以肆毒于外。又嗾傅櫆道旁伏谒忠贤，借汪文言为阱于国中，以授题于内。陈九畴以谢应祥之推故，逐臣父于前，倪文焕以周顺昌之订婚促杀臣父于后。乞下所司提鞫，魏忠贤、许显纯已正刑章，以其首赐臣，俾臣偕惨死诸臣之子孙，于镇抚司牢穴之前呼其先人，痛哭浇奠”。

崇祯阅后下旨：令看议学濂。又讼其兄学洢死父之孝，请得附祠，允之。赠魏大中太常寺卿。他还为此事写了一道制文：“……尔魏大中，其生有自，视死如归，原其至清绝尘，大刚制物，可以贪绳蝉蚓，肉视虎狼。故累百知一鹗之可尊……今者世灰大涤，天宇重晶，朕是用章阐幽忠，崇敷显秩，震雷一夕……追赠尔为太常寺卿。以尔忠臣，彰为子孝，洢濂之义，生死同揆……”这是崇祯对于受阉党迫害致死的仁人志士高风亮节的表彰，希望在他急于求治的当口，大臣们能以这些清正廉洁、刚直不阿的官员们为榜样，弘扬这种大义凛然的正气。

几天后，杨涟之子杨之易向皇上呈血书，并递上了父亲临死前在狱中所写的绝笔：

杜死北镇抚司杨涟绝笔于狱神之前：

涟以痴心报国，不惜身家，久付七尺于不问矣！日前赴逮，不为张俭之逃亡，杨震之仰药，亦谓雷霆雨露，莫非天恩，故赤日长途，锒铛不脱，欲以身之生死归之朝廷……

不意身一入都，侦逻满目，即发一揭亦不可得。下情不通至于如此……生死顷刻，犹冀缓死杖下，见天有日。乃就本司不时追赃，限限狠打，此岂皇上如天之意，国家慎刑之典，祖宗待臣之礼！不过仇我者立追我性命耳！

这份绝笔，原本是杨涟写给当时的皇上——熹宗的，希望有朝一日能付之实录。现在送到了崇祯手上，使他的遗愿获得了实现，多少可以瞑目于地下了。

据说这篇两千余言的绝笔，杨涟在狱中草成后，又亲自誊清，在床褥上叩首托付给同狱难友顾大章。狱中耳目严密，顾大章把它藏在关圣大帝画像后面，以后又埋于狱室北壁下。一个偶然的机会，才得以从狱中传出。

杨涟死前还写了一篇280字的血书，藏到枕头里，死后随尸体抬出，才落到家属手中。血书中流露了他视死如归的凛然气节：“仁义一生，死于诏狱，难言不得死所，何憾于天，何怨于人？惟我身副宪臣，曾受顾命，孔子云：托孤寄命，临大节而不可夺。持此一念，终可以见先帝于在天，对二祖十宗，与皇天后土，天下万世矣！大笑大笑还大笑，刀砍东风，于我何有哉！”

两个月后，周顺昌之子周茂兰也上血书为父讼冤。崇祯接二连三收到血书，批示说：“血书原非奏体，以后悉行禁止”，以示下不为例。不过他对于这些被害朝士们是深为感愍的。

这不仅是崇祯对周顺昌为官时能择节取苦，被迫害致死能慷慨从容，给予高度评价，比喻为屈原、岳飞，也是对天启年间受阉党迫害的诸君子的普遍赞扬。因此在崇祯二年（1629）三月定逆案时，他特别强调指出，魏贼得势，一时外廷朋奸误国，阴谋指授，肆罗织以屠善良。这笔账在惩处逆案中人时已作了清算。

到了这年九月，崇祯正式下旨，为已故诸君子追赠官衔、谥号，其中就有：

故都察院左都御史赠太子太保高攀龙，谥忠宪；

故都察院左副都御史赠右都御史杨涟，谥忠烈；

故吏科都给事中赠太常寺卿魏大中，谥忠节；

故吏部员外郎赠太常寺卿周顺昌，谥忠介。

这些谥号的共同点是突出一个“忠”字，即忠于大明王朝及其象征——皇帝，其中不免带有若干愚忠成分，但他们无所畏惧地与邪恶势力搏斗以捍卫大明王朝的根本利益，这一点总是值得赞许的，崇祯表彰他们的动机也正在于此。在正义与邪恶的较量中，提倡这种精神，让人们看到在与邪恶势力搏斗中献身的价值。若干年后，这些仁人志士的后人为国家的生死存亡而赴汤蹈火，再一次演出了可歌可泣的一幕，支撑他们的仍是这种精神。

第三章　夙夜忧勤图新政

朝政混乱，危机四伏

大明皇朝传到崇祯手里时，已是败象四出，腐朽不堪，曾经是艳光四射、辉煌夺目的紫禁城，已是黯然失色、王气不再；威加四海、声震八荒的皇朝大厦，在凄风苦雨中左摆右晃、摇摇欲坠。朝廷政治混乱黑暗；民间疾苦无人过问，农民揭竿而起，波及全国，后金势力的日益强大，大明宫军的将骄卒惰等等，处处潜伏着严重的危机，大有一触即发之势。如此危机和破败的局势，这是朱由检无论如何也没有想到的。

党争愈演愈烈。宦官与外臣的矛盾十分尖锐。天启朝，宦官得势。魏忠贤把持朝政，魏忠贤以司礼太监掌东厂，以“五虎”、“五彪”作爪牙，又有“十狗”、“十孩儿”、“四十孙”等名目的党羽，一些阿谀之徒，纷纷投其门下，形成庞大的阉党集团，左右朝政。人们都知道，天启朱由校，“性好走马，又好小戏，好盖房屋，自操斧锯凿削，巧匠不能及。又好油漆匠。”因此，每天与亲近之臣涂文辅、葛九思等，从早到晚营造，造成之后，喜不自胜，不久又将期毁弃，再造而成，从不厌倦。魏忠贤、王体乾之流，就在天启专心致志地挥斧动刀的时刻，即从旁传奏文书。奏听毕，即曰：‘尔们用心行去，我知道了。’所以太阿下移，忠贤辈操纵自如。”由此使明王朝的朝政更加混乱和黑暗。

政治上的腐败与黑暗，与凋敝的社会经济紧密地联系在一起。

自明神宗以来，国库空虚，催租加税不断为了弥补国用之不足及边军的粮饷，户部大臣受“不得请发内帑”敕令的限制，不得不向穷苦百姓开刀，采取加重赋税的杀鸡取卵的办法。此类的加派，“有因事而增者，若户部草料之类是也；有用不足而增者，若工部火炭之类是也。”在财诎民穷，正常的赋税尚不能如期交纳的情况下，又有此额外的加派，百姓怎能承受？除此之外，因战事频仍，军马的调动，所费颇多，都转嫁到百姓身上。其中加派最多的要数为抵御后金进攻的所谓辽饷，先后三次加派；第一次是在万历四十六年（1618）九月，浙江等十二省及南、北直隶府州，按照万历六年（1578）《会计录》所定田亩数额，每亩再加赋三厘五毫，总计加派白银二百万余两。第二次是在万历四十七年（1619）十二月，采纳阅视辽东士马吏科给事中姚宗文的请求，“再于直隶田地按亩加派”，每亩“复加三厘五毫”，共增二万余两。第三次是在万历四十八年（1620）三月，神宗皇帝“命各省直田地每亩再加派二厘”，又征银120万两。三次共加派520万余两。天启年间，继续加派，而且名目更多，除了加派于田赋的辽饷，还有杂项银、关税银、盐课银及其他税收银，而且逐年增加，至天启五年（1625），上述各项共收银771万余两，比万历末年超出220余万两。如此繁重的苛捐杂税，使本来就穷困潦倒的百姓，更加衣食无着，四处逃亡，沦为流民，加剧社会动荡不安。进而为糊口活命计，揭竿而起，举行反抗和起义。

晚明规模巨大的农民起义，就是在这种深刻的社会经济危机下爆发的。同时，军队战斗力下降，军饷拖欠，士不乐战。军纪松弛，缺额严重，临时招募的士卒，又缺乏训练，其战斗力可以想见。另有国内此伏彼起、日益壮大的农民起义军攻城掠县，占地为王，明军只有招架之功；尤其是后金的兴起，其势可畏，不断南下入侵，明军毫无还手之力，望风后退，辽阳、沈阳先后归其所有，且以辽阳为新的都城，虎视眈眈，威胁和影响着明王朝统治的安危。

这就是崇祯所面临的严峻形势。

满腔热血，以图新政

崇祯战战兢兢地登上皇帝宝座之后，为大明王朝的巩固和发展，有着不凡的构想。也就是说，他要运用手中的权力，驾驭大明之舟，渡过种种艰难险阻与急流、暗礁和险滩，到达理想的彼岸，且为此付出了全部心血和努力。可是，严酷的现实把他的不凡的构想击得粉碎，处于内忧外患的焦虑之中。

从大量的史料中可以看出，朱由检对“大厦欲倾”的大明王朝的恢复和巩固，是有着具体的筹划和不凡的构想的。如果说他在《即位诏》中所说的“祖功宗德，惟只服于典章；吏治民艰，将求宜于变通”略嫌空洞抽象的话，那么，他在政务的处理过程中所表示的意向，就显得具体多了。

崇祯治理朝政的不凡构想是：人主除奸赏俊，人臣毕力竭忠，借劝绳以维法守，戒覆辙以励新图。具体说来，主要有如下几个方面。

第一，百官大臣，各司其职，忠于职守，一心为公。这类训示，似有老生常谈之嫌。诚然，任何一位封建统治者，在其即位之初，都会有如是戒谕。可是，对处在正常历史时期的封建统治者和处在非常历史时期的封建统治者来说，同一训示和戒谕，有着本质的不同。前者当为平庸之辈的平庸说教，而后者却可透露出其非同一般的不凡气象。这是因为，由于魏忠贤集团的长期经营，窃夺权柄，胡作非为，已将朝廷政治搅扰得混乱不堪，正常的封建秩序遭到严重破坏。百官大臣唯魏忠贤之命是从，根本无心为朝廷的稳固和发展尽忠职守。尤其是一些奸佞之徒，趁机钻营奔走，以谄媚为能事，企求高官厚禄。这种反行邪念像瘟疫一样，蔓延于朝廷内外的百官大臣之中，侵蚀着已经衰朽的国家肌体。所以，朱由检在剪除魏忠贤及其党羽之后，在“职掌还之有司”之时，要求百官“致忠竭节”，其目的在于将封建秩序纳入正常轨道，从而加速国家机器的正常运转。从这一点说，朱由检的训谕就有着不凡的特殊意义。

第二，大恶既除，加强吏治的同时，更重要的是选拔廉能之士，充任重要官职。这也是朱由检不凡构想的重要内容。这是因为，文武之政，布在方策，人存政举，人亡政息。兴亡治乱之由，多在于用人的得失。朱由检从皇兄宠任魏忠贤的失误中，深深懂得了这个道理。他从整饬朝政出发，在选拔官员过程中，注重实效，对祖制多有变通。诸如阁臣不专用翰林，选官不分甲科、乙科及先才后守、推行久任之法等。

第三，注重用封建法律条例约束官吏。在朱由检的心目中，祖宗成法，诸司职掌，条理分明，尤其是各种法律条例，十分细密。他相信依靠这些法律条例来约束各级官吏，可以收到扭转危局，迈向朝政清明的效果。因此，他在朝见、议政、告谕、戒敕诸活动中，反复强调，“三尺具在，断不尔贷”，等等，不一而足。

应该说，朱由检即皇帝位于危难之时，有上述不凡的构想，就其动机而言，是极好的；对一位年仅十七八岁的青年来说，的确难能可贵，也为此付出满腔热情和心血。然而，是其操之太急，抑或对面临的具体历史环境认识浅薄，甚至有所隔膜，终于使其不凡的构想在严酷的现实面前变得软弱无力，勉强延续王朝17个年头，才走投无路而命归煤山。这又不能不说是时代的悲剧。

忧勤惕励，夙夜焦劳

崇祯曾对廷臣说：“朕自御极以来，夙夜焦劳。惟兹封疆民瘼，图维在念，而边备积驰，闾阎久困，臣工习俗相沿，尚牵情面之故套，政事奉行不实，徒夸纸上之空言。故屡召平台，时厪商榷，期振惰窳之弊，一新明作之猷。”

所屡“谓召平台”，即皇上召见群臣议政，称为召对。自万历中以迄天启年间，久已废弛，朱由检把它重新恢复。崇祯元年（1628）正月，他在文华殿讲读完毕，召见内阁辅臣、六部及都察院堂上官，责问日前因月蚀他曾下诏，要诸臣条陈政事利弊，为何不见部院大臣条议？辅臣施凤来等颂扬道：“召对之典久废，皇上励精举行，真圣朝第一美政，天下何忧不治！”从此，召对便成为朱由检处理朝政的重要方式，一次召对往往要花好几个时辰。当时的内阁及部院大臣大多在其位而不谋其事，召对常流于形式。朱由检又偏偏是一个认真的人，对诸臣颇有不满之意。一日，召对诸臣，无一语令他叹服，便反问道：“此就是召对了么？”他要使召对正规化，并载之史册，以此给诸臣施加压力，让他们认真对待，于是宣布：“左右史记言动，及谏官随宰相议事，皆史册美规。以后除文华殿商榷外，召对诸臣仍用记注及谏官二员。”以后的召对极其郑重其事，内阁、五府六部、都察院、通政司、大理寺、六科、十三道以及翰林院记注官、锦衣卫堂上官都得参加，议事认真而细致。

他鉴于召对过于频繁，恐滋耽搁，决定：今后除盛暑严寒时日，他坚持每天到文华殿处理公务，一切章奏与辅臣当面参详，分别可否，务求至当。

于是乎，他成了自开国皇帝太祖以来罕见的勤劳皇帝。太祖朱元璋大小政务都要亲自处理，生怕大权旁落，每天天不亮就起床办公，一直到深夜，没有假期，也从不讲究调剂精神的文化娱乐。他成天成月成年看文件，以洪武十七年（1384）九月为例，从十四日到二十一日，八天内看了内外诸司奏札共1660件，平均每天要看或听两百多件公文。

在勤劳这点上，明朝的开国皇帝与末代皇帝之间的确有着惊人的相似之处，整日忧勤惕励，寝食不安。朱元璋定下来的每日视朝的祖制，后来的皇帝大多视为虚文，特别是到了隆庆末万历初，公然改为每逢三、六、九日视朝，以后索性连三六九日也免朝。崇祯恢复了每日视朝的祖制，十几年如一日地坚持。崇祯十五年（1642），他说，与群臣共同裁决政事，只有照例应免日期之外，每日都视朝不辍，视朝完毕后，文武大臣如欲奏报，可以报名候召，敢有壅蔽阻挡者，以奸欺论斩。所以他要慨叹自己御极以来夙夜焦劳了。

除了视朝，作为皇帝还要参加日讲与经筵，接受讲官们关于传统文化与历史的教育。他于天启七年八月即位后，到十月十五日就开始了日讲，听讲官们讲解《大学》、《尚书·尧典》、《帝鉴图说》各一章。按照惯例，日讲官中有一人读书，一人讲解，读五遍后，帝随读，然后开始讲解。朱由检免去进读，命径直开讲。日讲完毕，他退入便殿，把自己写的字出示给内阁辅臣，大家都对皇上的书法赞美备至，他却谦逊地说："书有不如法处，卿等当为改正。"

崇祯元年二月，开始了经筵，以英国公张维贤、大学士施凤来充任知经筵官，大学士张瑞图等充任同知经筵官，侍读学士温体仁等十人充任讲读官，编修倪嘉善等八人充任展书官。首次经筵，开讲《尚书·尧典》《大学》各一章。皇上御文华殿后，内阁辅臣率讲官行五拜三叩头礼毕，内侍举桌安放，皇上发话："先生们来！"讲官、展书官进入。讲毕，皇上说："先生们吃酒饭！"并赏赐银币、钞锭，讲官们谢恩而退。

其实经筵与日讲并无多大差异，所不同的是，经筵大抵春讲、秋讲各举行一二次，隆重而讲究礼仪。春秋经筵开讲后，进入日讲——日日进讲阶段，如有特殊情况传免，须在隔日薄暮前传旨。经筵开讲时，翰林院词臣无不毕至，讲官与皇上各自分坐两桌，还有展书官在旁为皇上翻书。日讲时皇上与讲官同坐一桌，不拘泥于形式。

按往例春讲从二月开始，崇祯三年（1630）因为边事不宁，推迟至三月初十日才开始。日讲官文震孟讲《论语》中君臣之义，反复规讽。朱由检若有所悟，讲毕后，即把已逮入狱中的刑部尚书乔允升、侍郎胡世赏予以释放，阁臣们都拱手感谢文震孟启沃之功。一日，朱由检参加日讲时，显得疲惫不堪，随意把脚搁到台楞之上。文震孟正好讲到《尚书》中“为人上者奈何不敬”一句，便抬眼注视皇上翘起的脚，朱由检不好意思地用袍袖加以遮掩，然后徐徐放下。时人称文震孟为真讲官，也足见朱由检对于讲筵并非敷衍，而是认真的。

朱由检是一个十分好学的人，平生笃学博览，举凡“四书”“五经”《资治通鉴》、《通鉴纲目》、《大学衍义》、《大学衍义补》、《贞观政要》、《皇明祖训》、《帝鉴图说》等典籍，几乎朝夕不离于手。他曾要司礼监把《洪武正韵》《玉海篇》《字汇》总成一书，共收字四万有余，可惜由于战事频繁，未及刊行。他又命武英殿中书，画历代明君贤臣图，写《正心诚意箴》，制成屏风，分别安放在文华殿、武英殿，以时时警策自己。他以这种勤奋好学的精神对待廷臣的章奏，凡廷臣章奏有关朝政大事的，一概命人抄录装钉成帙，不时披阅。为这样认真的皇帝充当讲官，是一件苦差使。

少詹事姚希孟在讲筵上颇为皇上赏识，每次讲毕归班，皇上都目送，以示尊敬。对于滥竽充数的不称职讲官，他也毫不掩饰自己的不满情绪。崇祯十一年（1638）经筵讲官王铎讲经书时，解释“敬”、“信”、“悦”等字时，过多地运用反诘语气，联系近事时，又有“白骨如林”等不恰当的语句，引起崇祯反感，责怪他“敷衍数语，支吾了事，全不能发挥本义”。吓得王铎赶忙离案跪下待罪。朱由检命他起来，又忘了谢恩。轮到第二个讲官出讲时，见此情景有点心寒，讲解时声细而哀，竟然令在场的人元一字可辨，听不清在说些什么，朱由检面有怒色而罢。

经筵有二案，一在御前，一在讲官前，讲官可以准备好讲义，照本宣科。而日讲只有一案，只放一本经书，不能放讲义，讲官用手指书随口而讲。讲官韩四维屡次忘了讲词，崇祯虽不满意，还是宽恕了。过了几天，他指示内阁："日讲可照经筵例，亦置讲章，朕有所疑，可据以问难，而讲官亦不至遗忘。"从此以后，日讲都采用讲义，在御前用牙签指讲。

某次日讲，朱由检对《论语·子罕言》章颇有一些感想，便召来内阁辅臣一起讨论。

他问："夫子论仁，如欲立欲达，克己复礼，天下归仁，及出门使民等语，言仁尽多，何云罕言？"

周延儒解释道："此即性与天道不可得闻之意。"这种言不及义的说法当然不能令皇上满意。

蒋德璟补充说："圣人未尝不言仁，只门弟子悟者以为言，不悟者以为罕言耳。"这样解释多少触及到了本题。

朱由检又问："命与仁如何分别？"

蒋德璟说："总是一理，在天为命，在心为仁。"

朱由检对此表示首肯，又说："一日克复，天下归仁，便是修己以安百姓意思。"

辅臣们极力称赞，都说"圣见明彻"。

吴甡说："帝王学问，总只是明德新民。"

蒋德璟说："明明德于天下，便是天下归仁。"

第二天，朱由检写了手谕给辅臣们，说："昨先生等论仁诸说，深当朕心，著即撰写进呈，以便观览。"他对于儒学精义的钻研精神，并不比进士出身的儒臣们逊色。

某次，由于讲官姜回广误读《通鉴》引罪，朱由检传谕：停讲《通鉴》，改讲《春秋》。当时翰林院词臣只有文震孟通《春秋》经，因而以文震孟为《春秋》日讲官，破例地把日讲官从六人增为七人。开讲后，连讲四月，开创了皇上御讲筵连讲四日的纪录。讲官们对皇上如此重视历史上朝政失宜的教训，肃然起敬，感叹：真不世之英主也！

如此认真地对待日讲与经筵，使朱由检获益匪浅。日后他在召对著名儒臣黄道周时，谈起自己的学问，谦逊地说："朕幼而失学，长而元闻，时从讲筵启沃中略知一二"。可见讲筵之于崇祯，并非徒有形式的虚套，而是他从政生涯中不可或缺的一个组成部分。

作为皇帝要焦虑的事情实在太多，何况朱由检是个事必躬亲的人，事无大小巨细都牵挂在心，不仅吏治、民生、夷情、边备要操心，就连水旱这类人力无法左右的灾变，他也抱着责无旁贷的心情认真对待。

崇祯四年（1631），开春以来京师一带久旱无雨，他为了感动上天，再次离开乾清宫到文华殿斋居，刻苦修省。多少日子过去了，仍未盼到上天降下的雨泽。对儒家天人感应学说深信不疑的他，下了一道诏书，旨在检讨朝政的缺失。他说，近来为祈雨泽已虔诚修省，但亢旱越来越严重，难道朕的精诚未至，还是臣下事多蒙蔽？

臣下被皇上虔诚之心所感动，浙江道御史王道直以甘霖不应人怀危疑，与皇上共同探究原因，直言不讳地说，皇上应运中兴，先前手提魁柄以诛元凶，用了重典，现在正宜养天下以和平，使春生之意常多于秋杀。但是现状却不尽如人意，谳狱者往往不遵照法律，任意轻重，这与仰承天意的主张背道而驰。

朱由检其实和他的老祖宗朱元璋所见略同，主张治乱世用重典，以重典驭臣下。此时此地，他倒被御史王道直感化了，真有点担心是否重典过于滥用。两天后，便借口天气日渐转热，下令释放判处笞杖罪的囚犯，至于判处徒流以下减等的重囚，可酌情卸下枷铐，以示宽大。

云南道试御史王象云也因皇上下诏征求直言，上疏说旱灾太甚的原因就在于民主太困，而民生之大困的根源不外乎官府私派太多，养盗太宽，衙蠹太纵，赋税加耗太重，忧民之情太冷，敛财之术太急。朱由检本来对这种批评最为反感，此时也从善如流，认为此疏切中时弊，命有关部门即行查明，予以纠正。

为了表明自己的赤诚之心，朱由检在五月初率领文武百官从紫禁城步行到南郊崇雩坛，举行隆重的祷雨仪式，同时派出官员代表他到北郊、社稷、山川、风云、雷雨等坛，以及龙神、太岁、东岳等庙，去行礼祈祷。

一路上，他不用轿辇，全程步行，只是在正阳门至昭享门中间设帐篷二处，稍事歇脚饮茶。

总算朱由检福星高照，到了六月间果真下了一场大雨，没有使这次步行祷雨活动成为笑语。

朱由检始终把天变作为上帝的一种惩戒来认真对待，敬而畏之，从不懈怠。崇祯八年（1635），大旱兼有风暴，他又一次斋戒修省，说这是“皇天不弃，以象示教”，便在中正殿丹墀，在烈日暴晒之下跪祷。说来也巧，次日风息雨降，他到中左门对诸臣说：“虽然得雨，而禾苗多损，惟反躬修己，诚心爱民，庶可挽回天意”。

然而，从宏观视角看来，朱由检的夙夜焦劳，似乎并没有带来太明显的成效，令臣下也令朱由检本人感到困惑。

崇祯五年（1632）二月，光禄寺丞许鼎臣对这种现象发表了意见：今皇上之督责愈急，而臣下之担当愈缓，效忠者谁？皇上之焦劳愈勤，而封疆之偷安愈怠，宣力者谁？皇上之忧民至矣，民愈思乱；皇上之兵饷厚矣，而兵愈思逃……这一系列矛盾，实在令人费解。朱由检看了这一奏疏，颇有同感：为什么朕督责愈急臣下担当愈缓？朕焦劳愈勤臣下偷安愈怠？他诚恳地表示：敷政和平是朕本愿，但欲臣下不敢偷安，振醒积玩，当以何法？鼎臣其更毕陈所怀。他希望许鼎臣能提出解决矛盾的良方妙策，使臣下不敢偷安积玩。其实许鼎臣也非圣手，大明王朝到了今日这地步，犹如一个病入膏肓的衰朽老人，决非任何灵丹妙药可以起死回生的了，朱由检的悲剧就在于，他始终没有清醒地认识到这一点，总想以自己的焦劳换来些许成效。

朱由检开出的药方是一帖帖猛剂，以求旦夕奏效，其结果是欲速则不达。江西道试御史贾多男意识到这点，对皇上说，厘剔宿弊，固然是美政，然而积习既久，旦夕操切何以奏功？伏愿皇上徐提天下之正性，而勿骤夺一世之锢情，在因袭之中默寓变革之妙，使人在不知不觉中而自行转移。看来，贾多男是主张潜移默化的，因此他希望皇上在雷霆发作之前先施以雨露滋润，在威猛之前先济以宽仁，给官员开辟荣显之途，然后才怵之以辱，使人不转蹈于屈辱。

朱由检看了此疏，虽然认为“其语多可采”，但他最欣赏的还是贾多男提到的“富豪之家奢僭成风，以致民穷盗起”，他认为这才是需要认真对待的救时急务。仍然是过于旦夕操切。旦夕操切的结果，必然是臣下禀承太过。这一点，不少官员都有共识，其中尤以华允诚讲得最为透彻。

兵部主事华允诚向皇上直陈朝政可惜与可忧之处，其主旨在于：三四年来，皇上焦劳于上，群臣匆匆孜孜，目不暇给，而法令滋章，臣民解体，人才荡尽，根本受伤。终于形成皇上焦劳于上，诸臣舞弊于下的矛盾景象。

华允诚当然是有所指的，他不满于皇上力排众议而宠用廉耻扫地包藏祸心的温体仁、闵洪学之流。结果引起了皇上的反感，指责他“出位逞私，妄议朝政，且牵诋不伦，是何主见？必有唆诱之者，可作速奏明！”朱由检的猜忌多疑，使他常习惯于怀疑臣下谏诤的动机与幕后活动。华允诚对朝政弊端的分析切中要害，朱由检如能采纳一二，于朝政肯定不无小补。但是他藉口华允诚影射温体仁，便以“妄议朝政”，予以全盘否定。

朱由检的夙夜焦劳之所以成效不明显，其缘由实在是耐人寻味的。

然而朱由检仍把朝政抓得很紧，毫不放松，使他最为忧心忡忡的仍是吏治与用人。崇祯六年二月初八日在召对时，他责问吏部尚书李长庚、兵部尚书张凤翼、都察院掌院事左都御史张延登，在清除用人的积弊方面毫无起色，很为不满，向跪在下面的这三位大臣说：“吏兵二部用人根本，近来弊窦最多。未用一官，先行贿赂，文武俱是一般。近闻选官动借京债若干，一到任所便要还债，这债出在何人身上？定是剥民了！这样怎的有好官肯爱百姓？”

其实官场贿赂公行，以权谋私、权钱交易成风，早在崇祯元年户科给事中韩一良就已作过深刻的剖析，他的话切中肯綮：今之世局，何处非用钱之地；今之世人，何官非爱钱之人？彼厚以钱进，安得不以钱偿！此后不少大臣都触及到这个吏治的要害。崇祯三年六月工科给事中顾光祖向皇上指出：我太祖首严墨吏，法用重典，累朝相承，惩贪无赦，故人人自爱，良吏为多。此后法轻人玩，阿堵薰心，忍于损廉耻，而不忍于损功名；敢于触法网，而不敢于触津要。众怒而悯不畏，泽竭而渔不休。顾光祖所言句句在理，点到了关键——法轻人玩，阿堵薰心。明太祖朱元璋的惩贪先例确实是值得效法的。这位把“以重典驭臣下”信为圭臬的大明开国皇帝曾说：此弊不革，欲成善政，终不可得。编了《醒贪简要录》，颁布天下，官吏贪赃银六十两以上，枭首示众，再处以剥皮之刑。府县衙门左边的城隍高，就是剥皮的刑场，叫“皮场庙”。把贪官污吏剥皮实草，吊在旗杆上示众，

明太祖朱元璋像

令人胆颤心惊，确实收到了惩贪的实效。历史表明，要惩治贪污，舍此别无良法。因此，顾光祖建议崇祯仿效祖宗成法，惩贪无赦。崇祯虽然也主张以重典驭臣下，但在剥皮实草这点上下不了狠心，只是泛泛地批复：“吏治殃民贪为首恶，赃款既确，重处何辞！各抚按务悉心谘访，毋得轻

寄耳目，顾瞻情面，有负朝廷黜陟大典”。

这种没有切实措施的空话套话再讲一千遍也毫无用处，不久，福建道试御史龚守忠又一次向皇上指出：选法至今日而大坏，吏治至今日而极污，官员补缺以贿赂多寡定好坏，赴任日期以馈赠轻重约早晚，正堂佐贰早选善地定价一二千两，最少也不低于几百两。否则听其株守数年，哀号呈乞置若罔闻。廉污倒置，黜陟混淆，钱神有灵，耳目无主！对于这种严重状况，崇祯当然不能容忍，他批示道：“近来选法败坏，实由奸胥纳贿夤缘，弊端百出，有非局外能悉。所司精心稽察条奏力行，其有意通司者分别究治”。

这样泛泛而谈当然难以奏效，积弊依然如故，所以三年后当他在文华殿召对李长庚、张凤翼、张延登时，再次提出这一弊窦，对他们说：“卿等新任，须把旧弊彻底清厘，情面一毫不顾，才用得好人，才尽得职掌。若别人说的就用，自己温无主见，大悮事情！朕前日为两部尚书费几许推敲，才用卿等二人，须能革去旧弊，用好人才，为国家任事，才不负委任。吏部文选司、兵部职方司尤最紧要，吏部十三省，一省一人，原为要知那一省人才，其实名虽为公，实未必然。他们何曾用心遴访？到了用人的时节，仍旧南直不知北直，北直不知南直。今后若司官不堪，有徇情的作弊的，有抗违的，就要参来！不要说堂属一体，只徇情面，若见有人向部里嘱托把持，也要据实参来！”

这时，内阁辅臣周延儒从旁启奏：“吏兵二部须是自己能参别人，不怕别人参，方能任怨任事。”

朱由检继续说：“各尽职掌，朕自鉴裁，浮言岂能动朕！”

李长庚、张凤翼跪奏道：“臣自田间特恩起用，敢不尽心图报，今蒙圣谕，督率司官，如有不遵的，自当参奏，臣等或有错谬，望圣明宽宥。至于情弊，不敢曲徇。”

朱由检说：“情弊须从卿衙门清楚，用人须要自己主张，若推哪一员官，俱凭人说就用，或只凭乡绅保举，这都不是，就是，其中也有人地相宜的，毕竟还该从公慎择。若一味听徇，又何消要部里？今后不许只据旧访单塞责，及情面嘱托，这样事情一定重处。这是甚么时候？内外种种多故，大小臣工也俱不能辞责，推用人才俱在卿等两部，源头清楚，用人自当。若是人才哪一个不堪，就是哪一个源头不清，卿等责任岂轻！如今所做的事，都是天下事，谓之天工，须着尽心心才，若只循旧套，推升的几个官不过执簿呼名一吏足矣！要尚书何用？又如吏部情弊极多，正该责成司官稽查核察，各样事体，不可但委吏书。”

这一席话体现了朱由检的吏治用人之道，他对这方面的弊窦的认识已与言官们渐趋一致，由于他的地位关系，使他看得更为透彻：必须源头清楚，一切用人弊窦的渊薮就在吏部，只有正本清源，事情才有转机。这种抓到点子上的议论使吏部尚书李长庚感到压力沉重，他赶紧表态：“吏书之弊只有小官，至于大僚皆臣等之责，不敢有诿。其谘访旧单，近奉明旨，不得滥用，以后务要新行谘询，仰体圣怀。”

用人情弊吏部固然是个渊薮，兵部也难辞其咎，听了皇上这番训斥，兵部尚书张凤翼也不得不表态：“当今东事未靖，寇贼交讧，只因将不得人，此皆臣等之罪。推官一事，向来武弁原有钻营，皇上神明在御，此弊竟无。”

这种文过饰非的态度引起朱由检的反感，他反驳道：“一毫情面不顾，彻底清起，才能用几个好人，若就说无弊，怎能得彀？先年职方司郎中方孔昭有一个总兵求推，谢银三千两，这是怎么说？一到地方，自然剥军了。卿等身为大臣，须要洁己率属。”说得张凤翼哑口无言。

稍顷，朱由检又对都察院掌院事左都御史张延登说：“都察院风纪重任表率，那御史巡按是朕所行不能到的，要他去巡，何等关系！御史巡方贤否，全在考核，如今一概回道称职，只凭河南道一本文册说举核过文武若干，积过谷石若干，举过节孝若干，便完了事。就是地方有误事的，有奉旨着回道严加考核的，还要替他委曲出脱，或说是前人的事，不是他任；或说是前行各样事都好，只因一时偶误，将就罚俸降级了，不肯处一个，成什么宪体？”三言两语便把巡按御史受贿回护通同作弊的情状揭示得十分清楚，张延登不得不表示：“天下百姓穷困，全是吏治不清，御史激扬无法，臣见奉不时参处之旨，不职者即行奏闻，决不敢从宽。”

朱由检为从宽二字不妥，立即打断他的话，说：“只要当，不是从宽，果能有实绩的是称职，若无大错亦无大功，这是平常，如有地方失事，平日本无整饬，或隐漏不报，或纠举不当，这就不称职了。如今连平常的也没有，都是称职，有些过失，又替他解脱，不担劳不任怨，都察院如此落得做个好人，御中怎肯尽心？御史差出去处，一应吏治贤否俱在举劾，若一失当，下边怎了？”

听完了皇上的插话，张延登继续说：“不敢不严加考核……”

朱由检又打断他的话，插言道：“考核须认真查核，若只凭河南道文册，不过故事。”

张延登接着说：“案呈须由河南道，臣当另行多方采访，不敢全凭他人文书。”

朱由检说：“卿是此院新任，自能尽职，如以前这都察院，却着实不堪。昨日卿上一疏，专讲御史升转，可是御史升转不去是第一紧要么？每见新任都有一个条陈，其实只是套子，不拘得个温旨严旨就是。”

他又说：“考选科道祖制极是慎重，不论方隅，不拘什么人，都可教他做，只要取历练老成。盖为老成则自然正直诚朴，没有那虚嚣诡诈的事情了。如今的考选只凭那一篇文字，你们中过科目的，文字原是会做，专考它何用？试御史原是试他才能果堪，才方实授，今做了试御史就必定实授，再不下来了。科道升惯京堂，视为捷径，就极不堪的也升布政按察两司去了，升知府的都少，这是怎么说？”这些话揭示了考选只凭一篇文字、只能上不能下、视京堂为升官捷径等官僚体制固有的积弊，要纠正却难于上青天，不过说说而已。

最后，他告诫吏、兵、都三位大臣：“文武本原在吏兵，风励在都察院，责任不轻。且莫说用的都是贤才，但六部都察院七员都是贤才便能治平？如今边疆不靖，烽火震惊，流贼蔓延，何等时候！文武诸臣不求勛襄实绩，单借虚名张大其说，落于史册……”

待这三位大臣退回原班后，他又命六科十三道掌印官刘斯埭、李日宣等出班跪下，对他们说：“尔等俱是言官，以言为职，若条奏切实有裨军国，直言谠论，朕甚乐闻。如何动称言路闭塞，又说似通而实塞？你们议论不管行得行不得，只条陈一本塞责，还有只为情面贿赂的，成何言官？

就如各处兵马钱粮，那一处不差尔等查核，何曾肯擿发奸弊，到坏了事，又身处其外，要差尔等何用？平日具疏每隐显闪烁，就是参一人，也不指他实绩，荐一人也不指实他名节，都故意如此。还有做得不好的，就是参堂官一本，叫他不便参劾。”

朱由检对言官是寄予厚望的，希望他们发挥监察廉政的作用，然而他们无法超然于腐败风气之外，也讲情面，受贿赂，图私利，使他不免感到失望。

六科的首长吏科都给事中刘斯𫍽赶忙声辩：“臣等职任言路，有闻必告，一毫不敢瞒皇上。”

朱由检说：“有闻必告这一句话，是从心里说出来，是从你口里说出一来？你们有一疏定有一缘故，与那疏中所说之事不相干。言官为朝廷耳目，不聪明，诸事俱废了。自己作弊倒说别人作弊，自己坏法反说别人坏法，岂成言官？以后如有把持嘱托行贿的，发觉出来，自有祖宗之法在！”说罢，命他们起身归班。然后对参加召对的众大臣说：“既做一官，就有一官职掌，件件都该忧思，件件都该打算，天下方能治平，不可借一虚名，张大说去，徒滋烦渎。”

待内阁辅臣周延儒表态后，朱由检为今天的召对作了总结：“方今民穷财尽，各处盗贼生发，都是从东事起，必须东事平了，百姓方可安宁。这个事不做，如何专做题目，图个名色好听！”

朱由检即位以来，励精图治，为振兴朝政而夙夜焦劳，但积弊已深，大臣们又不肯尽心尽力，使他苦恼、不满，又令他无奈、忧虑，在这个内外交困的当口，皇帝实在不好当！

重用袁崇焕，宁远、锦州兵变

朱由检即位后，倾全力于清算阉党，拨乱反正，其目的在于扭转国运日趋衰微的颓势，求得大明王朝的中兴。万历、天启之际，辽东战局成为心腹大患，明朝政治的腐败、国力的衰颓，在这一事件上得到了充分的暴露。因此，迅速平定辽东便成了朱由检执政的首选要务。

建州女真的努尔哈赤在统一女真各部后，于万历四十四年（1616）建立“后金”。两年后，努尔哈赤以“七大恨”告天，控诉明朝对女真的迫害，煽动军民的反明情绪，随即以突然袭击的方式轻取抚顺城。从此以后，辽东便成了明朝的心腹之患。兵部侍郎杨镐被任命为辽东经略，于万历四十七年二月统率各路援辽军队分四路出击，与努尔哈赤展开决战。由于杨镐的无能，也由于内阁与兵部指挥的失误，不但没有收复失地，反而遭到空前规模的惨败。努尔哈赤乘势攻下了开原、铁岭等地。继任辽东经略的熊廷弼一反杨镐所为，不盲目追求“恢复”、“进剿”，而是以固守为上策，局势渐趋稳定。但是好景不长，熹宗即位后，大臣们集中精力于党争，性情刚直的熊廷弼被卷入这场无谓的内耗之中，遭诬陷而罢官。取代他出任辽东经略的袁应泰不懂军事却又因执己见，导致辽东战略重镇沈阳、辽东政治中心辽阳的相继沦陷。战略性惨败之后，朝廷不得不再次起用熊廷弼为辽东经略，同时任命投靠阉党的王化贞为辽东巡抚，致使经抚不和，酿成广宁战役的溃败。熊廷弼被逮入狱后，又遭阉党诬陷贿赂杨涟等官吏，终于落个被杀后又传首九边的下场。

继任辽东经略的孙承宗大力整顿山海关外的防务体系，修复九座大城、45座堡寨，练兵11万，建立12个车营、5个水营、2个火营、8个前锋后劲营，拓地四百里。不久，他因受阉党攻击，被迫辞官回乡。努尔哈赤趁新任经略高第撤退山海关外守军之机，亲率主力进犯宁远（今辽宁兴城）。镇守宁远孤城的袁崇焕面临强大的压力。

袁崇焕，字元素，号自如，祖籍广东东莞县，落籍于广西藤县。万历四十七年（1619）进士，天启六年（1626）出任辽东巡抚，镇守宁远。在孤立无援的情况下，他拒绝努尔哈赤的诱降，刺血为书，激励士卒。在兵力悬殊之际，他巧妙地利用火器杀伤敌军。一是“万人敌”——把火药均匀筛于芦花褥子及被单上，卷成后抛向城下，点火即爆炸燃烧，扑之愈炽，敌兵无不糜烂。二是西洋“红夷大炮”——这种大炮威力无比，凡放大炮者，必于数百步外掘一土堑，点燃导火线后，立即翻身下堑，才可避免火药爆炸的威胁。形势危急时，袁崇焕命令唐通判亲自发炮，唐通判不晓其法，竟被震死。炮火过处，后金骑兵死伤无数，并伤及努尔哈赤的黄龙幕帐及一名裨王。努尔哈赤以为出师不利，以皮革裹尸，号哭奔回。辽东人有民谣曰：“苦了唐通判，好了袁崇焕！”即指此事。

袁崇焕像

宁远之战使袁崇焕崭露头角，也使屡战屡败的战局出现了转机。连清朝人编纂的《明史》也不得不承认这一点：“我大清举兵，所向无不摧破，诸将罔敢议战守，议战守自崇焕始”。努尔哈赤自从25岁征战以来，自称是战无不胜攻无不克，这次宁远城下败北，忿恨而回，不久就病死于沈阳。

这就给明朝扭转辽东战局提供了一个时机。袁崇焕一方面在锦州、中左（塔山堡）、大凌（今锦县）三城加强防务，另一方面秘密派出使者与努尔哈赤之子皇太极议和。其实双方都无意和谈，不过是缓兵之计而已。皇太极在从朝鲜回师后不久，果然发兵进攻锦州，此时锦州城防已固若金汤，坚不可摧；皇太极转而攻宁远，又遭败绩。

这是继宁远之战后又一次告捷，袁崇焕在给朝廷的报捷奏疏中说：

“十年来尽天下之兵，未尝敢与奴战，合马交锋。今始一刀一枪拼命，不知有夷之凶狠骠悍。职复凭堞大呼，分路进追。诸军忿恨此贼，一战挫之”。熹宗欣喜若狂，在嘉奖谕旨中称：“十年积弱、今日一旦挫其狂锋”。

这样一位扭转十年积弱，力挫敌人狂锋的功臣，竟然遭魏忠贤忌恨，魏忠贤嗾使党羽上疏诬劾其“暮气”，迫使他辞官而去。

朱由检即位后，廷臣纷纷请求召回袁崇焕，朱由检也对袁崇焕寄予厚望，就在天启七年十一月起用他为右都御史视兵部添注左侍郎。崇祯元年四月，兵部署部事左侍郎吕纯如上疏，请求皇上重用袁崇焕。他的奏疏写得别具一格，对袁崇焕的评价也独具只眼：“臣持议必欲朝廷用崇焕者，只认定‘不怕死，不爱钱’与‘曾经打过’十个字耳。强敌压境，人方疾呼而望援兵，而崇焕乃置母妻于军中。纸上甲兵人人可自命也，而实实从矢石锋刃中练其胆气而伎俩较实，此臣所以谓始终可用也”。朱由检接受这一建议，提升袁崇焕为兵部尚书、右都御史督师蓟辽兼督登莱天津军务，把辽东军事全权委托给他。应该说朱由检是有眼光的，袁崇焕确是当时进士出身的官僚中屈指可数的帅才，正如吕纯如所说，他“不怕死，不爱钱”、“曾经打过”，不但有过人的勇气和胆略，置个人身家性命于不顾，而且在运兵布阵、计谋策略上也是行家里手。崇祯即位伊始，渴望扭转辽东的忧患局面，袁崇焕是最恰当不过的人选。

七月十四日，朱由检在平台召见廷臣及督师袁崇焕，讨论平辽事宜。

这次召见是皇上专为听取袁督师的平辽方略而举行的。朱由检一见袁崇焕，便直截了当地问道：建州女真跳梁，已有十年，封疆沦陷，辽民涂炭。卿万里赴召，忠勇可嘉，所有平辽方略，可具实奏来！

袁崇焕奏道：所有方略，已另写奏本。臣受皇上知遇之恩，召臣于万里之外，倘皇上能给臣便宜行事之权，五年而辽东外患可平，全辽可复！

朱由检一听五年可以复辽，很高兴地说：五年复辽，便是方略。朕不吝啬封侯之赏，望卿努力，以解天下倒悬之苦，卿子孙也可世享其福。

在一旁的内阁辅臣韩爌、刘鸿训、李标、钱龙锡等人听了“五年全辽可复”的话，莫不欢欣鼓舞，纷纷称赞道：崇焕肝胆识力实在不凡，真是一位奇男子！

趁皇上暂退便殿少憩之机，兵科给事中许誉卿当面向袁崇焕请教五年平辽的韬略。不料，袁崇焕没有滔滔不绝地陈述，而是不假思索地吐出了四个字：“聊慰上意！”许誉卿听了大为惊讶，悄声提醒他：皇上英明之极，你岂可浪对？到时按期责功，怎么办？

待皇上休息后再次回到殿中，他为了冲淡刚才夸下的海口，急忙对“五年复辽”之说加以解释，提出了许多前提条件。他强调指出，辽东边事是四十年积累下来的局面，原本不容易了结，但皇上励精图治，正是臣子枕戈待旦之秋，所以臣尽心竭力五年复辽。这五年之中，须事事落实才行，第一是钱粮，第二是武器，户部工部一定要悉心措置，以应臣手。

在粮饷、装备得到保证后，袁崇焕又提出了人事问题。他对皇上说：五年之中，事变难以预料，吏兵二部在用人事宜上必须让臣得心应手，当用之人选与臣用，不当用之人立即罢斥。

朱由检立即关照吏部尚书王永光、兵部尚书王在晋照办。

袁崇焕在户工吏兵各部表态之后，又提出了言官的舆论问题：以臣之力制服辽东而有余，调和朝廷众口则不足，忌功妒能之人，虽不致于掣臣之肘，亦足以乱臣之心。

朱由检听得专注，不由得站了起来。听罢袁崇焕的话，他略加思索，回答道：朕自有主持，卿不必以浮言介意！

袁崇焕再也没有什么条件可提了，便说：臣如不能马到成功收复故土，还有什么颜面见皇上！但臣学力疏浅，还望皇上指示教训！

朱由检对袁崇焕的要求无不答应，所提条件一一予以满足，为的是希望他真能实现五年平辽的诺言，随后督促他立即出关，以纾辽东人民的盼望。

内阁辅臣刘鸿训等在一旁提请皇上，赋予袁崇焕便宜行事之权，赐给尚方宝剑，而把王之臣、满桂的尚方剑撤回，把事权统一于袁崇焕。朱由检表示同意。他招呼袁崇焕走近，和颜悦色地对他说：愿卿早平外寇，以舒四方苍生之困。

袁崇焕对皇上如此宠信感激涕零，把手举到额角表态道：皇上念及四海苍生，臣所学何事，所做何官？敢不仰体皇上心意，早日了结辽东战局！臣的作用，仿赵充国则无异，勿烦皇上焦劳，请宽心。

这场召对，充分显示朱由检刻意营求中兴之治，急于平定辽东外患的焦虑，对袁崇焕寄予厚望，几乎是言听计从，全力支持。他即位后着重抓了两件大事，一是清算阉党，二是平定辽东，应该说全都抓到了点子上，确是当时亟待解决的难题。在朱由检看来，只有办成这两件事，中兴才有望，否则一切都成为空谈。现在第一件大事已经大体就绪，他迫切盼望第二件大事能马到成功，因此对袁崇焕寄予厚望。袁崇焕看透了皇上这种急切心情，投其所好，草率地以五年平辽的方略，“聊慰上意”。这是袁崇焕犯下的不可挽回的错误，因为他在以“戏言”搪塞这位办事认真的皇上。或许袁崇焕这名统帅在接连挫败努尔哈赤、皇太极之后，滋长了轻敌情绪；或许是，对他遭阉党弹劾后不得已为魏忠贤建生祠之事皇上不予追究，反委以重任，而感激皇上知遇之恩，故意迎合皇上急于求治的迫切心情，贸贸然立下军令状；或许是两者兼而有之。不管怎么说，以袁崇焕在辽东这么多年的戎马生涯，对敌我双方力量对比的了解，对这场战争旷日持久形势的判断，他无论如何不能违心地在皇上面前许诺五年即可复辽。一位学者指出，平台召对中袁崇焕五年复辽的豪言壮语，如同梦呓。事实上，明与后金力量对比，早在万历末年萨尔浒之役后，即已发生根本性转变，明朝控阻后金凶猛攻击已属不易，更遑论收复失地。俗话说，军中无戏言，君前更无戏言。袁崇焕斗胆在君前“戏言”，当时在场的许誉卿看破了这一点，立即追问他有何韬略可以稳操胜券时，袁崇焕无意中吐露了真心话：“聊慰上意”。所以当许誉卿警告他在英明的君主面前“浪对”，到时按期责查无功如何了得时，袁崇焕怃然自失，自知一言既出驷马难追，况且君前无戏言！于是才以各种苛刻的条件来刁难各部大臣，力图留下回旋的余地。不料未等各部大臣开口，皇上便一一满足，使他再无退路可遁。袁崇焕日后的悲剧下场，就由这场对话而铸成了。后人对袁崇焕有这样的评论：“袁崇焕短小精悍，形如小猱，而性格暴躁，攘臂谈天下事，多大言不渐，而终日梦梦，堕幕士云雾中，而不知其着魅着魇也。五年灭寇，寇不能灭，而自灭之矣！”他的悲剧性结局，也许与这种性格不无关系吧！

两天后，袁崇焕以“钦差出镇行边督师”的身份向皇上呈递奏疏，再次想从皇上那里获得一点宽容的回旋余地。他援引熊廷弼、孙承宗都在辽东经略任上受人排搆，而不得竟其志，从而谈到他自己的顾虑。他说：“辽事恢复之计，不外臣昔年‘以辽人守辽土，以辽土养辽人’；‘以守为正招，战为奇招，款为旁著’之说。法在渐不在骤，在实不在虚。此皆臣与在边文武诸臣所能为，而无烦圣虑者。至用人之人与为人用之人，俱于皇上司其钥，何以任而勿二，信而不疑，皆非用人者与为人用者所得与。夫驭边臣与他臣异，军中可惊可疑者殊多，故当时论边臣成败之大局，不必过求于一言一行之微瑕。盖著著作实，为怨则多。凡有利于封疆者，俱不利于此身者也。况图敌之急，敌又从外而间之，是以为边臣者甚难！”

这一席话，是在回答皇上两天前召见时所提出的问题：“所有平辽方略，可具实奏来”。这个平辽方略，是袁崇焕的一贯主张，他概括为三句话：一句是以辽人守辽土，以辽土养辽人；一句是守为正著，战为奇著，款为旁者；一句是法在渐不在骤，在实不在虚。这个战略方针显示了袁崇焕对辽东局势的透彻认识，固守、征战、和议三手同时并用，而以固守为主，辅之以征战、和议，不求一时一事的得失，而求长远的成功。很明显，他主张在辽东打一场持久战，这与他前天许下的五年平辽的诺言几乎是格格不入的。他自己也知道这一尴尬处境，所以在奏疏中再三强调边臣之难，容易引起朝廷及大臣们的疑虑或怨恨，也容易遭到敌人的离间——这一切不幸而为他言中。他希望皇上驾驭边臣采取不同于一般大臣的方针，应从大局着眼，不必过求于一言一行之微瑕。字里行间流露出瞻前顾后的情绪。

朱由检是理解他的，希望他充分运用便宜从事的大权部署战守机宜，切勿瞻前顾后，尽快完成平辽大业，任之愈专，爱之弥深，一旦失望，则责之愈严。对于袁崇焕而言，权力与风险同在，一旦失误，后果不堪设想。既然做了过河卒子，只有拼命向前。

那时节确是一个多事之秋。袁崇焕还未出山海关，辽东巡抚毕自肃传来了宁远兵变的消息。冰冻三尺非一日之寒，这是长期以来积累的矛盾的一次小小的爆发。前不久，毕自肃就看出征兆，向朱由检报告：辽事之结局无期，而给养装备不足，哪里还谈得上养分外之精神，致敌忾之果敢！驻守宁远的四川、湖广兵因欠饷四个月，向巡抚衙门请愿，毕自肃向户部请饷，户部拒发，士兵因而哗乱，其余十三营也起而响应，抓住毕自肃及总兵朱梅、推官苏涵淳等人，在樵楼上拷打。毕自肃血流满面，幸亏兵备道郭广新赶到，以身体掩护毕自肃，谋求和解，千方百计搜求得二万两银子，又开小票向商民借得五万两银子，补发部分欠饷，才算缓解了危机。毕自肃自知治军无方，上疏引罪之后，逃往中左所（塔山堡）上吊自杀了。

袁崇焕获悉宁远兵变的消息，立即报告朝廷。兵部把欠饷导致兵变的责任推得一干二净，反而指责辽东士兵素质低劣——“援辽之兵皆乌合之众，原无急公效死之心，一有警报，借口缺饷以掩奔溃之实”，这显然是无稽之谈。朱由检似乎并不同意兵部的看法，现在不急于追究责任，而应迅速平定兵变，他指示兵部：“宁远川兵索饷，何遽逞逆干犯？同城中岂皆人人与乱？有能缚叛开门官兵，重加升赏，同党能缚戎首，即宥前罪。尔部马上传与新旧督臣，速为戢定，毋使东走”。

八月初七日，袁崇焕奉命单骑出山海关赶往宁远，未及入督师行辕，径直前往兵营，宣谕皇上德意，哗变士兵陆续返回营伍。他与兵备道郭广新密谋，召见为首的杨某、张某，传达皇上关于“同党能缚戎首即宥前罪”的谕旨，几天后，抓获十几名兵变首领，枭首示众，一场风波才算平息。

袁崇焕抵达宁远平息兵变之后，立即着手办两件事。一是调兵遣将，按自己的意图重新部署将领。他向皇上报告：全辽昔日只有总兵一员，自发难以后更设不定，崔呈秀掌管兵部时，为安插亲信，在山海关外添设总兵三四员，导致权力倾轧，互相掣肘。有鉴于此，他主张山海关内外各设一名总兵为妥。至于人选，现任关内总兵麻登云虽起身行伍惯历战阵，但不如现任蓟镇总兵赵率教熟习辽事，两人可互相对调，加赵率教官一级、挂平辽将军印。关外总兵朱梅与祖大寿二人各辖宁远、锦州，可以合并而属于祖大寿，解除抱病的朱梅之职，由何可纲以都督佥事代朱梅驻宁远。他向皇上表态：“此三人当与臣始而终之，若届期无效，臣手戮三人，而以身请死于皇上”。

朱由检批准了他的部署，几天后下旨：赵率教挂平辽将军印，调任关内；麻登云以原官调任蓟镇；祖大寿加都督同知、挂征辽前锋将军印，辖镇诸路；何可纲以都督佥事仍署中军事。

为了统一指挥权，以免重蹈先前“经抚不和”的覆辙，袁崇焕请求皇上趁辽东巡抚毕自肃自杀之机，取消辽东巡抚的建制，以后又请皇上在登莱巡抚孙国桢免职后，取消登莱巡抚建制，皇上都一一照准。至此，在袁崇焕的督师辖区——辽东、蓟州、登莱（山东登州府、莱州府，与辽东隔海犄角相望），再无一人可与他的权力相抗衡。

第二件事是鉴于前不久继宁远兵变又发生的锦州兵变，他向皇上请求速发山海关内外积欠军饷银74万两，以及太仆寺马价银、抚赏银四万两。以他在辽东多年的经验，以及最近接连发生的宁远、锦州兵变，促使他要坚持这一点。但各主管部门对欠饷及其对策，看法不一。兵部尚书在回答皇上的垂询时，以为兵饷之诎关键在于士兵太多而岁饷太浮。言官们则认为，近年以来，兵籍空悬，蠹饷已达极点，有鉴于此，对策只有一个——“兵清自然饷足”。所谓“兵清”，即清汰虚冒的兵籍，核实贪并隐冒的军饷。这些议论或多或少点到了当时军队中普遍存在的弊端，但毕竟是纸面上的空谈，实际操作起来并不容易，尤其是对于辽东前线的军队也借口贪并隐冒而故意拖欠粮饷，是十分危险的。从实际出发，崇祯还是批准了袁崇焕补发欠饷的请求，以振作士气。

他指着袁崇焕的奏疏对大臣们说：崇焕前疏说安抚了锦州，兵变可以制止，今疏又说军队意欲鼓噪，请求批发内帑（内宫积蓄），为何自相矛盾？卿等奏来！

大臣们纷纷启奏，同意袁崇焕的请求。朱由检诘问户部尚书毕自严，毕自严刚履任不久，对情况不太了解，敷衍道：户部缺乏，容当陆续措给。

朱由检似乎不太满意，对群臣说：崇焕疏中说，初三日将发生兵变，今已初二，此时即使发去已迟，无济于事。其实他不太赞成用发内帑的办法消弭兵变，便进一步分析道：将与兵如能像家人父子，兵自不敢叛，也不忍叛。不敢叛者畏其威，不忍叛者怀其德，如何会有鼓噪之事？内帑外库俱系万民脂膏，原用来保封疆、安社稷，如发去实在有用，朕决不吝惜！

礼部右侍朗周延儒善于察言观色，附和皇上意思说：前此宁远兵变不处治，流水般地发饷，今又鼓噪，请发内帑。各边效尤，将成无底洞。

朱由检对周延儒颇为器重，便询问：卿以为如何？

其实周延儒并没有什么高见，泛泛而谈：臣不敢阻止皇上发内帑，如果处于安危呼吸之间，急于治标，当然要发。然而不是长策，还望皇上从长计议，画一经久之策。

朱由检一听，正中下怀，说：朕每次下旨严催各地钱粮，通不解来。如此拖欠。粮饷何时得足？看得出来，他对大臣们不下功夫征解钱粮，一味请发内帑十分反感，因为内帑毕竟是他的内府积蓄，岂可轻易调拨！他希望户部等衙门在外库方面多动脑筋，却又毫无成效。

说到这里，他有点激动了，借题发挥道：“你们每每上疏求举行召对，文华商榷，犹然事事如故，召对都成旧套，商榷俱属虚文，何曾做得一件实事来！”

他愈说愈气愤，忧形于色：“朕自即位以来，孜孜求治，以为卿等当有嘉谋奇策，召对商榷时，朕未及周知者，悉以入告，俱推诿不知，朕又何从知之！”

这一番训斥，吓得阁部大臣及文武百官个个战惧不能仰对。反映了君主孜孜求治而群臣碌碌无为的明显反差，这种矛盾的演化，预示着他日后的朝政决不会十分顺利。不过，他还是按照阁臣的提议，准发袁崇焕饷银三十万两，把袁的请求之数打了个四折。

重视西学，崇尚科技

明清之际，一大批崇尚实学的科技著作的人也均与崇祯时代分不开。

士大夫讲究时弊革除、兴利求新的思想，西方先进科技传入后给中国科技所形成的反差，崇祯科技救国的思路等等，都给实学思潮的形成注入了活力。判断崇祯时期的科技文化成就，如果脱离了中西文化交流这个前提，就很难对它有中肯的评价。诸如徐光启的《农政全书》、方以智的《物理小识》、宋应星的《天工开物》等绝世名篇，既是对中国古代相关科技成就的一次大总结，也是传教士所带来的西方科技影响之下的产物。

徐光启像

集古代农业科学之大成的《农政全书》是徐光启的代表作，也是中国古代农业科技的经典之作。他拥有强烈的“富国强兵”的抱负，力主“富国必以本业，强国必以正兵。”尤其是在认识了传教士利玛窦、邓玉函、汤若望等人之后，对西方科学产生了浓厚的兴趣；在学习与介绍西方科技的同时，极力把中西学科融合贯通起来。这一革新，求实的态度为他在事业上的成功奠定了坚实的基础。

在这部古代农业百科全书式巨著中，人们可以找到许多闪耀着思想光辉与技术魅力的东西。徐光启逝世后六年即崇祯十二年（1639），经陈子龙、徐孚远、谢廷桢等人的整理，《农政全书》付印面世。陈子龙在所撰

“凡例”中说：“其生平所学，博究天人而皆生于实用，至于农事，尤所用心。盖以为生民率育之源，国家富强之本，故尝躬执耒耜之器，亲尝草本之味，随时采集，兼之访问，缀而成书。”可以说是对徐光启治学风格的概括。

崇祯对徐光启的学识是十分赏识的。在徐光启患病欺间，崇祯还特地遣内使司侯，并赐猪、羊、米、酒、酱、瓜、茄等物。徐光启的孙子徐尔斗进呈《农政全书》，崇祯立即下达圣旨：“故辅徐光启经济忠谟，事久弥验……这奏进《农政全书》，有裨邦本……仍着该抚按梓印广传，以重民事。”

崇祯时，还有一部有名的农书，即戴羲的《养余月令》。安以月为经，记述农事，包括测候、选种、栽博、收采、畜牧等项；兼述经作、烹制、调摄、药饵、避忌等日常生活。其中多处引述了徐光启撰《农遗杂疏》。反映了明末小农经营的特点。崇祯十三年（1640），作者又增辑了蚕、鱼、竹、牡丹、芍药、兰、菊等部分附于本书之后，使之充实、丰富，并加以刊行。

崇祯十年（1637）刊行的《天工开物》，是明末科学家宋应星于崇祯七年出任江西分宜县教谕期间所撰的又一部著名的科学技术著作。

宋应星，字长庚，江西奉新县人。生于万历十五年（1587），崇祯年间才任江西、福建、安徽等地的地方官。在明代政坛上，他不象徐光启那样官高位显，有机会接触西方科技；但他有条件了解下层群众的生活和生产状况，对生产领域的工艺流程尤为熟悉。《天工开物》体现了作者的崇尚实学之风，以及改革的愿望，使之在世界科技史上也是一部珍贵的百科全书，宋应星有“技术的百科全书家”之誉。

与宋应星立足于总结中国农业、手工业传统工艺不同，方以智是崇祯继徐光启、李之藻、王徵诸人对西洋物理学深有研究之后的又一位贯通中西科学的物理学家。天启、崇祯年间，王徵著有《新制诸器图说》、《额辣济亚牖造诸器图说》、《忠统日录》和《两理略》，收录了他发明的和根据西方物理学原理加以改进的各种水利、兵工、天文等方面的器械，如虹吸、自行磨、自行车、轮壶、龙尾车、恒升车、千步弩、生火机等。堪称为16~17世纪中国伟大的发明家。

中国的地理学这时也有了新的发展。自从利玛窦编制了《山海舆地全图》之后，人们心中渐渐有了一种新的世界概念。艾儒略的《职方外纪》和《西方答问》第一次系统介绍了五大洲各国的风土、民俗、气候与名胜。崇祯四年来华的传教士杜奥定著有《东来航海游记》，也作《渡海苦绩纪》。东方与西方的日益沟通，使人们既感到了世界的广袤，也感到了世界的渺小。敏感的中国知识分子在经历着世界观念的变化。不幸于崇祯十四年（1641）逝世的明末出色的地理学家与旅行家徐霞客即是其中突出的一位。

徐霞客，字振之，江阴（今属江苏）人。他厌恶功名，鄙薄空谈，热衷于探索大自然。虽然他与西洋传教士无直接的关系，但是他肯定受到西洋天文学与地理学等自然科学的影响。他交友不多，但挚友中张瑞图、何

山海舆地全图

乔运、曾楚卿、刘履丁、郑之玄、陈继儒、黄景昉、郑鄤、张燮等都与传教士关系甚密。从22岁起，长年游迹于名山大川之中，终于积毕生精力完成了长20卷，约40万字的地理学著作《徐霞客游记》。

西洋传教士所带来的科技文化也确实给人以新鲜的感觉，尤其是在天文历学、地理学、数学等言面所产生的轰动效应更引人注目。一方面，中国科技落后的局面为西洋科技的渗人提供了一个空间；另一方面，中国的士大夫中进步分子恪守“一物不知，儒者之耻”的信条，渴求着新的知识。徐光启讲求经世之学，于天文、兵法、农事、屯守、盐业和水利等尤为关注，还对数学、工艺颇感兴趣，可谓博学之士。但当他认识利玛窦时即很快为他的为人与学识所倾倒，“从西洋人利玛窦学天文历算火器以尽其术，遂偏习兵机、屯田、盐爽、不利诸书。”由利玛窦口述，徐光启笔录的欧几里德数学名篇《几何原本》的成功，对当时的中国学界是一个很大的触动。叶向高称此书“发古人之所未发，功在万世。”李之藻与利玛窦合撰了《同文算指》和《圜容较义》，提出了以西洋科学补中国儒学之不足的观点。因此，传教士的教义与科学已在中国一些有影响的士绅心中留下了一种良好的印象。

崇祯在位期间，传教士的地位与影响有了较大的提高。这里，除了传教士自身对自然科学的精通，中国部分官僚对传教士的友善与援引之外，还有重要的一点是崇祯对天主教的兴趣和对西洋科技的重视。

如同历史的桥梁不能割断，崇祯在位的17年虽系弹指一挥间，但它是中国历史巨变漩涡中的17年，崇祯为东西方两大强敌所困扰，为统治集团内部的离心与低效能而焦劳，但他们仍然活动于这个经济、科技、文化都在发生着变化着的时代，他是这个时代特殊的一分子。在中西科技、文化交汇的进程中崇祯在想些什么呢？他是怎样看待这些洋人与洋玩艺的呢？

崇祯即位之初，就将“冠带闲住”、精通西洋科技的徐光启重新召回朝廷，复礼部左侍郎原职，并任詹事府詹事。

徐光启对于科技用之于救世有自己的一套见解。他指出目前修历急要事宜有四项，即修正历法，修历用人，制造急用仪象以及度数旁通。在他看来，明历象之学可以旁通不少有关的科学技术，如可以预知“睛雨水旱”之气象学，“疏浚河渠、筑治堤岸、灌溉田亩”的水利学，“考正音律”的音乐学，“兵家营陈器械及筑治城台池隍等”的兵工学，会计、理财、从事“九章诸算术”之数学，“营建屋宇桥梁等”的土木学，“治水、用水与凡一切器具皆有利便之法”的机械学，明悉天下舆地、纵横、广袤的大地测量学，以及医药学，制时钟术等，试图以历象学的革新带动多门科学技术之发展。然而，这年底，后金兵入兵。京城告急，徐光启发展实学的思想占了主导地位。崇祯于平台召见廷臣之时，徐光启建议兵既要练战，也要练守，而守城全赖火器，非素练不能。“城外列营置炮，万分不可。只凭城用炮，自足不敌。”崇祯对于徐光启的火器论大加赞赏，即一面命锦衣卫佥书吴孟明与礼部左侍郎徐光启分练京营兵，一面将制造火器的任务交给了徐光启。

徐光启受命在北京城内设立一个小型兵工厂，制造火器。他强调要对付后金“惟尽用西术，乃能胜之”。在这种思想的指导下，他提出了建立车营和台铳的方案。试图利用火器和西洋火炮，装备一支精锐的野战军，甚至还配备望远镜以窥敌。正当后金兵集京城外时，葡萄牙人，传教士陆若汉和公沙的西劳等携大铳（炮）等西洋火器自澳门日夜兼程、赶赴京城，行至涿州受挫，便留守于此，帮助制造弹药。徐光启大喜，急请令兵仗局二厂工匠冶铸二号西洋铳、大鸟铳等火器，并迅速决断，往涿州迎取西洋大铳。崇祯对于徐光启的这些主张大加支持，并命“与兵部总理细加斟酌，密奏以闻。”大铳抵京之日，他一阵心喜，命京营总督会同提协诸臣在都城冲要之处设置大炮，精选将士练习西洋点放法，并赐炮名“神威大将军。”崇祯五年（1632），明将孔有德、耿仲明叛变，袭破登州，俘执孙元化，缴获红夷火炮20余门，西洋炮300余门。这些大炮多是孙元化仿制的，后来统统随孔有德献于清军。

徐光启的理想未能实现而与世长辞。崇祯失去了一位真正通晓科技的得力大臣，心里十分难过。随着局势的日益紧张，他深切感到制作大炮事不宜迟，便以汤若望等人来组织领导制造火器和西洋大炮诸务。不过，汤若望虽然于天文历算方面博学有才，可对于制造大炮则完全是个外行。然而，在崇祯看来，能够制作精巧的天文仪器的人必定能够制作精巧的大炮，所以坚持要汤若望负责此事。汤若望只好奉命而行，因此他认为自己是崇祯的臣民，服从则有利于传教。于是他参阅了大量的西文文献，经过一番钻研，终于制造出了40斤重的大炮20门，还有能驮大马背或骆驼背上的小型炮五门（又名“无敌大将军）”。崇祯高兴之至，特地赏给汤若望两块金字匾额，一块匾上刻的是歌颂汤若望的才德，一块匾上刻的是歌颂天主的真理。后来，崇祯还命令汤若望制定京城，然崇祯一向重视历法，而当时国家历书《大统历》与实际天象误差较多。例如：崇祯二年（公元1629年）五月初一日日食，“大统历推食三分二十四秒，回回历推食五分五十二秒，光启依西法，预推顺天府食二分有奇，应天食六分有奇，琼州食既，大宁以北不食。至是光启法验，大统、回回历皆疏”。崇祯严旨切责饮天监。礼部奏请开局修历，当即得到推准，命开设西洋历局，以礼部左侍郎徐光启为监督，追加礼部尚书之衔，以李之藻为协助。并授权徐光启选用熟悉历法的人和匠役等制造仪器。从而开始了明朝史上最有意义的一次修历工程。崇祯有意修改历法。《大统历》应随时修改以合天道。

可是大明朝饮天监官员们没有如此知识，为此礼部尚书徐光启向崇祯建议开设历局，聘用传教士帮助指导修改历法工作。崇祯立即允准。

崇祯三年（1630），征西洋传教士汤若望、罗雅谷进入历局，汤若望，日耳曼人，万历四十七年（1619）作为西方天主教耶稣会传教士来到中国，在广东、西安、北京一带传教。他曾在罗马学过天文历算。汤若望在此次历法修定中密切配合徐光启，使修定工作十分顺利。经过七个年头，到崇祯八年（1635），终于编成《崇祯历》。通过此历西方先进的天文历法知识传到大明朝，使《崇祯历》比《大统历》更加准确，与日月星辰运行及节气的变化都相符合。

今天我们使用的农历，实际上就是《崇祯历》。因此，从一定意义上说，它是西洋科学在中国传播的结果，也是崇祯对人类一大贡献。

崇祯在聘西洋人修历之后，又表示要聘西洋人帮助明朝制造西洋大炮。崇祯十五年（1642），一大臣向崇祯推荐汤若望造大炮，可左都御史刘宗周却反对，说：“国之大事以仁义为本，若望向来倡邪教，堂堂中国，若用其小技以御敌，岂不被世人贻笑？”然而崇祯在学习引进西洋火器方面一点也不保守，反而很开明，他说：“火器是中国长技，若望不比得外夷，朕意已定。”

传教士们进入历局后除了协助编纂历书外，还系统地翻译了西方一些天文学著作和制作了一批用以观察天象的仪器。崇祯五年（1632），徐光启上《奉旨恭进篇三次历书疏》中开列所进书目30卷中就有罗雅谷译撰的《月离历指》四卷、《月离历表》六卷，汤若望译撰的《交食历指》四卷，《交食历表》二卷。

另据《汤若望传》记载：“宫廷中，有一座用汤若望和罗雅谷制造的天文仪器所组织而为内官所管的天文台。”内宫建有天文台恐怕是崇祯皇帝治下才有的事。崇祯七年（1634），李天经曾进星晷、日晷和窥筒，放在宫中用于观测。“窥筒”，是中国自制的第一架望远镜。三年后，又进星球仪一座。

从这里人们也不难发现，明末清初虽然中国的天文学在中西科技交流的场面中显得落后，并且有许多守旧的官员们执着于传统观念，恋于高官厚禄，但是也有一些人敢于接受新的事物，且创造条件让它生根，开花、结果。徐光启、李之藻如此，崇祯同样如此。崇祯时期可以说是中国天文学发展史上不可忽视的一个时期。近代思想家梁启超对于西学的输入给予了很高的评价。他说：“中国智识线和外国智识线相接触，晋、唐间的佛学为第一次，明末的历算学便是第二次”。“明末有一场大公案，为中国学术史上应该大笔特书者，曰：“欧洲历算学之输入。”

崇祯重视西学的另一之举，则是西方火器的引进与应用。

崇祯在他的“中兴”设想中，实现其目的手段之一即是寄希望于科学能助他一臂之力。如果说他青睐西洋天文学是为了更准确地把握上天的旨意的话，那么他对火器的重视即是直接服务于消灭对其构成威胁的内忧外患的强劲之敌。

崇祯十五年（1642）十月，清兵逼围北京，崇祯召见廷臣，商讨方略。御史杨若桥极力推荐汤若望，称汤善火器，请召对一试。而左都御中刘宗周力辟唯武器论之害。他说：边兵不讲求屯守之法而专恃火器。近来城邑多破，难道是因为没有火器吗？我用火器以制人，孰不知人也可以火器制我。治国之要，当“以法纪为主”。刘宗周甚至认为：“唐宋以前用兵，未闻火器，自有火器，辄依为长城，误实在此。”客观而言，刘宗周此言也有失偏颇，把明末军事时局的恶化归之于专用火器显然是不合事实。起决定因素的是人而不是物，但物又决非可有可无。崇祯对于刘宗周的这种说法很不高兴。他意识到，借助于先进的武器与科技或许可以暂纾燃眉之急。因此，刻印于崇祯十六年（1643）的汤若望著《火攻挈要》绝非夸夸之论，而是有关制炮技术和铳炮战术的实学之作。分上、中、下三卷，前有《火攻挈要诸器图》40幅，三卷分别叙述制造火器的方法，列述造铳、造弹、造铳车、狼机、鸟枪、火箭、喷筒、火罐、地雷；制造火药和各铳的试放、装置和运铳；火攻秘要、守城、海战和炮战原则。这应当被视为明末一部重要的军事著作。

崇祯在重视传教士制炮的同时，还特地请传教士赴诸军教导放铳炮之法。他又令官府出资动员民间商匠制造火器。商匠们从西洋火器中得到启迪，制造出三眼枪、五眼枪、夹把枪、五龙枪、神枪、快枪和循环炮等名目繁多的火器。这一时代的军事技术至崇祯末世却有了一个较大的革新与发展，这是一种有趣的现象。

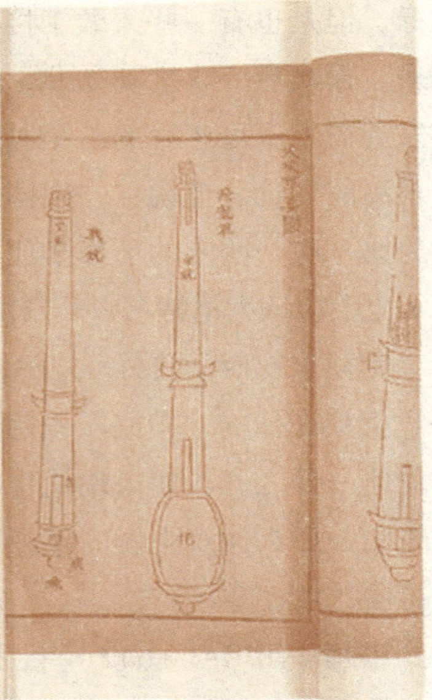
火攻挈要诸器图

崇祯重视

火器在战争中的应用，是其重视西方科技、讲究实效的思想反应。同时也是与传教士、徐光启等一批科学家的影响直接联系在一起。不过，崇祯最关心的是如何挽救明王朝的厄运，因而对于大凡有裨于此的切实建议，他都加以注意或采纳。崇祯十五年（1642），耶稣会传教士毕方济向崇祯上疏称："臣蒿目时艰，思所以恢复封疆，而裨益国家者：一曰明历法，以昭大统；二曰办矿脉，以裕军需；三曰通西商，以官海利；四曰购西铳，以资战守。"对此，崇祯一一加以采纳。如在崇祯十六年（1643），他批准了户部关于地方自行开采矿山的计划，同时通知户部："汤若望著赴苏督军前，传习采法，并火器水利等项，所司知之。"

崇祯十四年（1641），由于汤若望撰修历法有功，崇祯下令加封他为尚宝司卿，专治历法。又感于时局不济，崇祯特别留心天象的变化。但是，当时日食、月食、星变，用中国传统之法来观察都显得不灵。而用西洋方法来测试则十分灵验。无疑，事实消除了他心中的疑窦，从而对西洋科技表现出信任。由一个洋人来专理中国的历法，这是对中国钦天监大大小小的员工们的讽刺。一天，崇祯召见近臣商论政务，阁臣蒋德臻进言："汤若望有何好处，皇上如此优礼？"崇祯毫不客气地说："古帝皇招来远人，汤若望远夷慕化，朕故优待有加。卿言清兵屡次内犯，震惊宗庙，卿何不攆之使去？"崇祯的反唇相讥使蒋德璟无言以对，也从此失去了皇帝的信任。崇祯对传教士的肯定和优礼有加，给当时的西洋科学与中国传统天文学的结合注入了强大的动力。

现代人往往视望远镜为平常之物，可在崇祯年间还是人间的一大奇物，崇祯之喜欢望远镜不亚于万历之喜欢自鸣钟。汤若望用汉文撰写的《远镜说》印行，第一次向中国介绍了望远镜。用望远镜来观测天象比用肉眼观测具有无可比拟的优越性。据传，汤若望与罗雅谷受命入历局，参与改革历法事务，招致了中国天文学家和守旧官员的嫉妒。他们认为由异邦人插足，听从洋人指挥是极伤面子的事，于是合意排斥汤若望参与活动，徐光启却竭力对汤若望等人加以保护。

第四章　刻薄急切乱无常

结党营私，明争暗斗

（一）东林内阁的建立与瓦解

朱由检即位时，内阁首辅是黄立极，次辅是施凤来，阁臣有张瑞图、李国槽。由于魏忠贤的苦心经营，自顾秉谦之后所拣选的阁臣，都是以是否依附和听命于他为标准。黄立极的入阁，就是因其是同乡的缘故。所以，他在内阁的举措当然以魏忠贤之命是从。施凤来、张瑞图，万历时的同年进士，凤来殿试第二，瑞图第三，同授编修，同累官至少詹事兼礼部侍郎，同以礼部尚书同时入阁。前者"素无节概，以柔和媚于世。"后者曾提出"古之用人者，初不设君子小人之名，分别起于仲尼"的谬论。因其善于书法，"忠贤生祠碑文，多其手书。"在黑暗混乱的朝政里，身居揆席，漫无主持。甚至顾命之重臣，毙于诏狱；王等之爵，尚公之尊，加于阉寺；而生祠碑颂，靡所不至。"

崇祯对内阁的状况显然是不满意的。然而，由于他着力于清除魏忠贤的谋划，以及对其余孽的处置，做到除恶务尽，抑或保持即位伊始政局的稳定？并未立即对内阁有所动作。相反，当有人弹劾内阁阁臣时，他毫不犹豫地处置弹劾者，指责其"逞臆轻底"。以"生员不许言事律"，论杖除名。而对被劾的阁臣多听安慰和勉励。

天启七年（1627）十一月中旬，内阁首辅黄立极及阁臣等四人联名上疏乞请增补阁臣。朱由检命沿袭廷推旧例，由九卿科道从公博议。结果，推举孟绍虞、钱龙锡等十二人，待朱由检点用。崇祯突发奇想，采取与孙丕扬的掣签法类似的枚卜法选用阁臣。他从事这一荒唐之举时，显得十分郑重严肃：集大臣和科道民到乾清宫，先拜天祈祷上苍默佑，再将推荐的阁臣姓名一一写出，装入金瓯之中，然后用箸挟出。先挟出钱龙锡、李标、来宗道、杨景辰四人。阁臣纷纷说时局艰难，请扩大群辅数额。便又挟出周道登、刘鸿训二人。此六人就一并被任命为礼部尚书兼东阁大学士，人阁预机务。史书还记载说，王祚远已被从金瓶中挟出，大风一吹，不知去向。事后，才在施凤来身后发现，但为时已晚，阁臣也就做不成了。更增加了朱由检荒唐之举的儿戏色彩。

崇祯首次以枚卜法拣选的内阁，虽说是“借此以破阿党”，但“探枚夹箸，思欲得真才于摸索暗中之间，其为可笑，更何待言。”不过，朱由检以新内阁代替魏忠贤内阁的目的达到了。至崇祯元年（1628）五月，施凤来、张瑞图、李国槽相继致仕，来宗道、杨景辰按时入阁办事，李标、刘鸿训已先后回京到任，天启朝的内阁首辅韩爌已下旨征召。就其主体而言，内阁阁臣的组成，较前整齐，奉公理事者居多。

接替李国槽内阁首辅的来宗道，次辅杨景辰，可以说是枚卜之法不得其人的事例。宗道“事多诡随”。翰林院编修倪元璐屡疏争辨时政，宗道笑着说：“渠何事多言？词林故事，止香茗耳。”当时人称其为“清客宰相。”杨景辰在魏忠贤擅权乱政时，与来宗道同任《三朝要典》副总裁，“一徇奸党指。又三疏颂忠贤。”所以，当廷臣纷纷请毁《三朝要典》之际，来宗道、杨景辰难辞其责，于崇祯元年（1628）六月致仕。

此时的内阁，有二月到任的李标、刘鸿训及六月到任的周道登、钱龙锡。李标为首辅，龙锡、鸿训，“协心辅理。”尤其是刘鸿训，在魏忠贤被诛，其党羽犹盛，而其他阁臣“不敢显为别白”之时，“毅然主持，斥杨维垣、李恒茂、杨所修、田景新、孙之獬、阮大铖、徐绍吉、张讷、李蕃、贾继春、霍维华等，人情大快。”崇祯锐意求治，不时召大臣当面裁决政事，或有问询，“多不称旨，每加诮诘，群臣愈惶悚不能对，惟长山（鸿训）条陈稍捷，上每温颜优礼之。”又上书说：“民困由吏失职，请帝久任责成。以尚书毕自严善治赋，王在晋善治兵，请帝加倚信。”因有龙锡、鸿训的尽心政务，致使“朝政稍清。”不料，崇祯因关门兵以缺饷鼓躁，其意在切责户部，而鸿训奏请发放“帑三十万，示不测恩”，与皇帝意旨相抵触，失去信任。加上有改惠安伯张庆臻总督京营敕书，增“兼辖捕营”被劾，于崇祯元年十月削职为民，不久，谪戍代州。内阁失一“饶意任事”的阁臣。与此相反，还有另一阁臣周道登，不学无术，又不善应对，说明如此浅薄之人，自难经世济用，加上贪鄙、排挤正人，庇护私交，于崇祯二年（1629）正月初罢官家居。

刘鸿训以锐意任事，招致攻讦而去；周道登以无能去位。在此之间，韩爌被召还朝。

朝爌的被召复用，经过了曲折的过程。崇祯即位不久，言官即乞请恢复被魏忠贤擅权罢官的朝爌，直到崇祯元年正月，崇祯才下令施行。此时，又有言官请求令韩爌还朝理事，而逆党余孽杨维垣等从中作梗，崇祯仅赐敕存问，官其一子而已。至同年五月，李国楷“得请归里，荐韩爌、孙承宗自代”。崇祯“始遣行人召之。”韩爌入朝，李标“让为首辅。”李标、钱龙锡等悉心协理，辅佐朝政，当时被称做东林内阁。然而，其执掌朝政的时间极为短促。

身为内阁首辅的韩爌，“先后作相，老成慎重。引正人，抑邪党，天下称其贤。”事实正是如此，他与阁臣一起处处从稳固封建统治的宗旨出发，在复杂多变的时局里，沉稳地处理繁重的政务。主要体现在如下四个方面：

第一，辅佐皇帝，期于至当。韩爌入朝伊始，即被召见，韩爌即衷心陈述时务。朱由检御文华后殿阅览章奏，再召韩爌等阁臣，告谕道：“拟旨务消异同，开诚和衷，期于至当。”韩爌等叩头而谢，退朝后便诚恳地说：“上所谕甚善，而密勿政机，诸臣参互拟议，不必显言分合。至臣等晨夕入直，势不能报谢宾客。商政事者，宜相见于朝房，而一切禁私邸交际。”崇祯立刻谕百官遵照执行。崇祯二年（1629）正月，温体仁攻击钱谦益，御史任赞化上书攻击温体仁，崇祯召见廷臣，温体仁力诋任赞化及御史毛羽健是钱谦益的死党，引起崇祯勃然大怒，切责任赞化。韩爌“请宽赞化，以安体仁。”崇祯说：“进言者不忧国而植党，自名东林，于朝事何补？”韩爌退朝后上书说：“人臣不可以党事君，人君亦不可以党疑臣。但当论其才品臧否，职业修废，而黜陟之。若戈矛妄起于朝堂，畛域横分于宫府，非国之福也。”韩爌入朝伊始的进言及此次上书，是他改变朝廷政治混乱的指导思想，也可以说是暂短的东林内阁的宣言。它的作用在于：纠正了魏广微为窃取拟票之权而实行的由阁臣分别拟票的局面，“参互拟议，不必显言分合”，即在首辅主持下奉公办理，此其一。其二，于朝房处理政务，不在私人住宅接待朝臣。这一做法，显然是针对魏忠贤集团执政时期的于私第处理百司章奏而采取的，做到公私分明。其三，朱由检讨厌和畏惧廷臣植党，几乎到了谈虎色变的程度，且表现出其固有的性格特点。而韩爌作为内阁首辅，比较起来，还是老成持重。他所提出的君臣应诚坦为公，下不以党事上，上不以党疑下，一切惟才是举，惟才是用，才能使朝政清明，长治久安。此虽为老调重弹，但处在清除魏忠贤之初，它仍具有重要的实践意义。韩爌如此，李标、钱龙锡亦齐心协力辅佐，呈现出和睦的关系，使朝政日趋正规。

第二，引正人，抑邪党。朝政的正常运行，其动力是选贤任能。当魏忠贤排陷正人，笼络私党之后，如何选拔，抑或保护有为之士，亦是内阁的职权范围。熊廷弼被魏忠贤陷害致死，传首九边，不得归葬。这是一大冤案。其子到京师上书请求，韩爌趁机为熊廷弼伸冤，说道：“廷弼之死，由逆阉欲杀杨涟、魏大中，诬以行贿，因尽杀涟等，复悬坐廷弼赃银十七万，刑及妻孥，冤之甚者。”令廷议裁汰冗官，且明确指出学官冗滥十分严重，钱龙锡说：“学官旧用岁贡生，近因举人乞恩选贡，纂修占缺者多，岁费积至二千六百有奇，皓首以歿，良可悯。且祖宗设官，于此稍宽容，以师儒选士须老成故也。”对这个建议，崇祯也加以采纳。当吏部尚书王永光极力推荐被罢的御史高捷、史𡎴时，钱龙锡以为不可，坚持正义。阁臣们勤恳于朝政的治理。

第三，参定逆案。为较为彻底地清除魏忠贤阉党余孽，朱由检令廷臣开列其姓名罪恶，分类论处。韩爌、李标、钱龙锡主持其事，尽管韩爌初“不欲广搜树怨”，最后还是按皇帝意旨，列上262人，颁布中外。

第四，军国重务，悉力处置。韩爌入朝执掌政务，正处于内外危机严重时期，尤其是辽东军务，十分急迫，“朝议汰各镇兵”，又议裁驿卒。其时，“帝好察边事，频遣旂尉侦探。”钱龙锡规劝说：“旧制止行于都城内外，若远遣恐难委信。”事实证明旂尉远出，遗害地方。宣府巡抚李养冲就说："旂尉往来如织，踪迹难凭，且虑费无所出。"崇祯对此极不理解，问道："边情危急，遣旂尉侦探，奈何以为伪？且祖宗朝设立厂卫，奚为者？"李标回答："事固宜慎。养冲以为不赂恐毁言日至，赂之则物力难胜耳。"崇祯默然良久，如此状况，大出所料。崇祯二年（1629）十月，后金兵入大安口，取遵化，将薄都城，就师戒严，时任吏部左侍郎的成基命请召回前阁臣孙承宗，"省一切浮议，仿嘉靖故事，增设枢臣。"崇祯一一采纳。孙承宗不负众望，为防御事煞费苦心，力陈缓急之策，很得朱由检之心。次月，成基命亦入阁辅政，在如何处置袁崇焕，多有建白，于时局不无补益。

急于事功，又失之举措的崇祯，因有以老成持重的内阁首辅韩爌及其群辅的辅佐，在一些重大政务的处理上，还算妥当，保持朝政的相对稳定。不料，在后金兵临城下的非常时期，本来就轻信的崇祯中后金反间之计，更加重了他的猜疑之心，于同年十二月，逮袁崇焕入狱。随后，又以讲款、杀毛文龙事，放归钱龙锡；接着，还让善于窥伺皇帝旨意的周延儒等入阁。次年正月，首辅韩煅亦因"崇焕座主"被劾致仕；三月，李标得请家居。所谓的东林内阁，为之解体。正直的成基命，还在尽心尽力地维持着。他回答崇祯"法纪废弛，宜力振刷"时说："治道去太甚，譬理乱丝，当觅其绪，骤纷更益扰乱。"崇祯说："慢则纠之以猛，何谓纷更？"不悦之情，溢于言表。可是，成基命竭力调剂，遇事以理相争，毫不退避。由于"帝欲委政延儒"，又眷顾于六月入阁的温体仁，致使不安其位。终于借崇焕事被劾而去。周延儒继为首辅，与温体仁，时而明争，时而暗斗，时而利害一致地把矛头对准东林党人，"益导帝以操切，天下遂大乱。"

（二）温体仁、周延儒互相倾轧

在围绕钱谦益案、钱龙锡案的党同伐异的混斗中，最大的获益者，自然是周延儒与温体仁。这两个佞臣，先后进入内阁，由于权力和利益的冲突，两人的关系由先前的狼狈为奸，一变而为互相倾轧，使廷臣的党争演化为温、周相轧的局面。

早在入阁之前，周延儒就以生性警敏，善于窥伺皇上的意旨，深得崇祯的青睐。崇祯二年三月的某天，崇祯一反惯例，在文华殿单独召见周延儒，从午后一直谈到深夜。此次召对，与往常截然不同，翰林院记注官也不得在旁记录，所以君臣之间到底说了些什么，人们不得而知，徒增了一层神秘气氛，引人猜疑。不过敏感的言官们还是揣测到，皇上因钱谦益案而暂停会推阁员，此番单独召见周延儒，显然有意让他入阁辅政。于是言官们纷纷上疏，以抨击周延儒的方式，试图阻遏这种可能性的实现。

南京兵科给事中钱允鲸等人向皇上揭发，周延儒一向与逆案中人冯铨腹心相倚，薪焰相传，合谋密算，冒禁夤缘，以图大拜（入阁），以图翻局（推翻逆案）。群情方虑不测，忽闻皇上单独召对，语不外闻，中外群僚无不骇惧。

周延儒立即上疏反驳，为自己辩解说，诸臣连章弹劾，并非臣真有可按之迹，可指之条，都是些莫须有的事。究其大指，无非“大拜”、“翻局”四字。实在是虑臣太深，量臣又太浅。希望诸臣不要自生弓蛇之影，作骑虎之观。

崇祯的明显偏袒，对于钱允鲸等人的奏疏只是“报闻”而已，对于周延儒的奏疏却“优诏答之”，意在给言官们泼冷水。言官们并不气馁，御史刘之风等人在几天之后联名上疏，对皇上单独召对周延儒一事表示异议。他们指出，皇上单独召周延儒入对，词臣不得秉笔以从，辅臣不得与闻末议，如此旷举，臣等闻所未闻。这是以激将法迫使皇上表态，泄漏单独召对的谈话内容。可这些言词都没有奏效，崇祯只是淡然批复“不得渎奏”四字，只字未提召对之事。

四个月之后，人们对此事逐渐淡忘，崇祯趁钱龙锡引疾辞职之机，突然下达特旨：命周延儒以礼部尚书兼东阁大学士，入阁参预机务。次年二月，崇祯又给周延儒加太子太保衔，改为文渊阁大学士。周延儒为了扩大自己的势力，极力向皇上推荐自己的姻亲吴宗达及温体仁入阁，崇祯也以为温体仁孤忠可任，在这年六月降旨：温体仁与吴宗达著以原官兼东阁大学士，入阁办事。周、温二人联手在钱龙锡案中把水搅浑，指使锦衣卫张道浚攻击内阁首辅成基命，迫使成基命不得不辞官而去。于是周延儒轻而易举地成为内阁首辅，崇祯还加他少保衔，改武英殿大学士。

正当周延儒官运亨通志得意满之际，由他援引入阁的温体仁却在一旁窥测时机。此人对于皇上“务为柔佞”，从而使“帝意渐向之”；对于周延儒，表面上曲谨献媚，暗中却“欲夺其位”。吏部尚书王永光罢官后，温体仁起用他的同乡亲信闵洪学取而代之，凡异己者率以部议论罢，又起用欲翻逆案的御史史䇲、高捷，以及侍郎唐世济、副都御史张捷等为心腹，处心积虑欲攻倒周延儒。

温、周相轧的第一个回合，是环绕崇祯四年（1631）的会试而展开的。周延儒的连襟陈于泰会试廷对第一，他的老友吴禹玉之子吴伟业则考中会元。同时中式的有名士张溥、夏日瑚等人。这次会议的主试是周延儒。按照惯例，内阁首辅因阁务繁重，主试之事应交次辅担任，周延儒以首辅出任主试的越例行为，使次辅温体仁大为不满，抓住此事大做文章。这次会试周延儒之所以亲自出马，是想收罗名儒作为自己的门生，以扩大自己在朝廷的地盘，所以秘密嘱咐各分房考官在呈卷前，偷看中式封号，从中舞弊。吴伟业的本房师李明睿仰承周延儒之意，把吴伟业的卷子作为第一名，做了些手脚，终于使吴伟业得冠多士。这一舞弊行为被温体仁的党羽薛国观故意泄漏于朝廷，御史袁鲸正准备具疏参论，老奸巨猾的周延儒抢先一步，把吴伟业的卷子送给皇上御览。崇祯阅后很满意，提笔批了八个字：正大博雅，足式诡靡。既然皇上已经表了态，亲笔御批吴伟业为会元，人们便不好再说三道四了。不过后人在追述此事时，还是道出了事情的真相——“此温、周相轧之第一事也”。

周延儒大权在握，肆无忌惮，他所提拔的大同巡抚张廷拱、登莱巡抚孙元化，都与他有不可告人的关系，引起舆论不满。他的子弟家人横行乡里，激起民愤，为言官所纠。他的兄长周素儒冒籍于锦衣卫，搞到个千户的职位；他的家人（奴仆）周文郁成了副总兵，都遭到舆论的抨击。

这年闰十一月，言官们掀起了一个弹劾周延儒的高潮。

陕西道御史余应桂说：周延儒赋性极其贪鄙而更饶机警，行事最无忌惮而独善揣摩。凡事关权位，必攘臂而裁决；若与自己权位不相干之事，即使关系到国家大计，也必推诿模棱。登莱巡抚孙元化，耗费军饷超过毛文龙数倍，不但毫无战功，反而使岛兵两次哗变。周延儒千方百计坚护不休，原因何在？就是因为他是周的同乡、幕僚，每月都有大批人参、貂皮、金银送到周府。周延儒居家贪横，兄弟占尽江南良田美宅，激起民变。对于这种批评，崇祯根本不信，下旨斥责道：“延儒清贞任事，不树私交，应桂何得诬诋！”

户科给事中冯元飚说：臣每当朝会，时见大小诸臣语及延儒，无不舌缩口唦，相对羞愤，而敢举以入告者率不多见，何以故？原因在于周延儒力能箝人之口，威能摄人之魂，而鸷险更能置人于死地。崇祯以冯元飚“渎奏求胜”加以切责。

山西道试御史卫景瑗列举周延儒贪赃枉法事例：接受张廷拱贿赂白银3500两、琥珀数珠一挂，即授以大同巡抚；接受孙元化贿赂貂参金珠，曲为护持；接受吴鸣虞贿赂，即将其由户部调至吏部，皇上见其溺职，屡行降罚，周延儒庇护不已，原因在于吴早已把常州腴田五千亩拱手相送。江南人对周延儒痛恨入骨，杀其仆，焚其屋。崇祯以卫景瑗“信口诬蔑”加以切责。

四川道试御史路振飞指责周延儒只知营私植党，婪贿肥家，欺君误国。以其品行卑污，心腹奸险，小忠小信，营巧构善，以济其贪，能使皇上信而不疑，实在堪称奸雄之渠魁。崇祯谴责路振飞是“构党挟私，逞意求胜”。

周延儒接连遭到言官弹劾，一再上疏为自己辩解，并假惺惺地请求皇上罢斥。当然，崇祯还是温旨慰留了。

待以毛文龙旧部孔有德、耿仲明、李九成等在登州发动叛动，以至攻陷登州城，俘虏登莱巡抚孙元化时，舆论哗然，人们不约而同地把矛头指向了重用孙元化的周延儒。山东巡按王道纯指出，山东孔有德叛乱，不到六天，攻破七县，十天而登州陷落，个中缘由是逆贼孙元化在暗通线索。陕西道试御史余应桂说得更为透彻：指使登州兵叛乱的不是孔有德，而是孙元化；促成孔有德叛乱的，不是孔元化，而是周延儒。余应桂多次弹劾周延儒，以这次最为激烈，因而不仅遭到皇上切责，说他“恣意诋诬，亵语混渎”，还把他降官三级，以示惩处。

恰巧这时西协监视太监邓希诏，与蓟辽总督曹文衡之间互相攻击，在皇上面前大打笔墨官司，引起言官们的反感。工科给事中李春旺上言：邓希诏与曹文衡互相攻讦，语侵辅臣周延儒，此实国家治乱盛衰之大漏洞，因此不仅督臣曹文衡可去，阁臣周延儒也不可留。

面对如此严重事件，言官连珠炮似地追究不休，周延儒一再为自己洗刷，崇祯虽多次温旨慰留，但内心不能无动于衷，对周延儒的庞信已大不如前了。

在言官们弹劾周延儒的背后，次辅温体仁在暗中使力，企图一举扳倒周延儒，使周延儒的处境十分危险。吏部尚书闵洪学是温体仁一手引进的，每事收入心以归温体仁，有过错都推诿到周延儒身上，一时间官僚中捷足先登者无不奔走于温体仁门下，周延儒的党羽对闵洪学恨之入骨，给事中王绩灿、御史刘令誉、周堪赓先后上疏弹劾闵洪学，而尤以兵部员外郎华允诚最为激烈。

崇祯五年六月，华允诚在议论国事三大可惜、四大可忧的字里行间，不加掩饰地攻击次辅温体仁与吏部尚书朋比为奸，驱除异己。他说：阁臣（温体仁）兼操吏部之权，吏部唯阿阁臣（温体仁）之意，线索呼吸，机关首尾，造门请命，夜以为常，统均大臣甘作承行之吏，黜陟大柄只供报复之私。崇祯看出了华允诚如此大胆必定背后有人指使，便下旨切责华允诚“妄议朝政，且牵诋不伦，是何主见？必有唆诱之者，可作速奏明”。华允诚遵旨回奏，回避回答唆诱者是谁的要害问题，指名道姓攻击温体仁，说他生平紾臂涂颜，廉隅扫地，陛下以其悻直寡谐，排众议而任用，岂如此人包藏祸心，阴肆其毒。

崇祯似乎感悟到这是周延儒与温体仁在暗中较量，便不露声色地作出处置：以下令夺华允诚半年俸禄的同时，批准吏部尚书闵洪学回籍养病，以各打五十大板的方式堵住了双方互相攻讦的势头。而对先后遭到弹劾的内阁辅臣周延儒、温体仁、吴宗达躲在家中避风头的做法，表示了明显的不满——“辅臣大半僵卧私第，殊非政体”，特派鸿胪寺堂上官到他们家中，敦促他们尽快到内阁处理公务，不得再延。

温、周相轧的第二个回合，双方打了个平手，最后的较量，有如箭在弦上，势在必发。

周延儒指使他的姻亲翰林院修撰陈于泰打着陈时政四事的幌子，指桑骂槐攻击温体仁。温体仁则指使宣府太监王坤弹劾陈于泰盗窃科名，牵连周延儒。于是，最后较量的帷幕悄然拉开。当时有人敏感地指出："王坤之疏及宜兴（周延儒），乌程（温体仁）实阴使之，将以倾宜兴为首辅也"。周延儒当然不会束手就擒，立即指使给事中傅朝佑上疏，指责太监王坤妄干弹劾之权，且文词练达，机锋挑激，必然有阴邪险恶之人背后主使，明显地影射温体仁在幕后操纵。都察院左副都御史王志道也上疏说，近来内臣的举动，几乎手握皇纲，而辅臣终不敢问一句，至于身被弹击，犹忍辱不言，何以副明主之知。

由于王志道在奏疏中谈到，"终不忍开内臣轻议朝政之端，流祸无穷，为万世口实"，引起崇祯的不悦。崇祯在第二天于文华殿召见群臣，专门为此事责问王志道。王志道还是坚持他日前所说"内臣越职"的观点，为他的奏疏辩解，特别强调：辅臣（周延儒）为王坤所参，举朝惶惶，为纪纲法度担忧。王志道此话是针对周延儒遭太监王坤弹劾而发的，本以为皇上应该指责王坤及其幕后指使人温体仁，殊不知，这些议论涉及对皇上遣用内臣政策的非议，激起崇祯的不满。崇祯再三声明，遣用内臣原非得已，言官们却把参劾内臣当作护身符，王志道也例外。在场的周延儒一看苗头不对，赶紧出来打圆场，主动承担责任："臣等辅理无状，表率无能"。但无济于事，第二天崇祯下旨：王志道肆意诬捏，借端沽名，本当重处，姑从轻革了职为民。

对于王志道为自己辩护却遭革职的处分，周延儒似乎是哑子吃黄连——有苦说不出。其实此时崇祯已有罢斥周延儒的意思，他在召对王志道时对周延儒说了一句意味深长的话："卿昨辩王坤疏，日后录入史书，甚是好看！"一向善于言辞的周延儒竟无言以对。机敏的温体仁从中听出弦外之音，极力促使皇上早日下此决心，故凡与周延儒为难者，必暗中相助，为周延儒说话者，都予以黜革。

不久，温体仁嗾使刑科给事中陈赞化上疏弹劾周延儒招权纳贿。周延儒奏辩后，陈赞化再上一疏，揭露了一条颇为惊人的事实：周延儒曾对李标说："上先允放，余封还原疏，上遂改留。余有回天之力，看来今上是羲皇上人。"

周延儒狂妄到以为自己有回天之力，不把皇上放在眼里，视为可以任人摆弄、不明时势的"羲皇上人"，简直是欺君罔上的大不敬罪！这一招果然厉害，极大地激怒了崇祯。平心而论，崇祯根本不属于"羲皇上人"之类的庸主，他励精图治，事必躬亲，怎能容忍辅弼大臣如此蔑视！他立即穷诘陈赞化此话从何处听来？陈赞化举出了上林苑典簿姚孙渠、给事中李世祺及前湖广副使张凤翼为人证，使周延儒无法抵赖。

周延儒处境岌岌可危，乞援于温体仁。温体仁不但不拉他一把，反而暗中落井下石，终于迫使周延儒于崇祯六年（1633）六月向皇上引疾乞归。温体仁巧妙地利用票拟职权，拟旨准予休告。周延儒灰溜溜地在行人（官员）护送下，返归故里宜兴县。

温、周相轧的结果，以温体仁棋高一着而获胜。夏允彝对此评述道：温体仁"始而与周（延儒）深相结，周固力助而且援之以进。及周为大珰王坤所排，举朝争之，而温无片言相助。及科臣陈赞化纠周去之，凡与周为难者，温皆援之以进，助周者皆屈焉。盖周之去实温挤之也"。但他的手脚做得很干净，不露什么痕迹，"因事图之，使其机自发而发，上不疑也"。

（三）"崇祯皇帝遭温了"

周延儒辞官而去，心中深恨温体仁的排挤，图谋起用何如宠以抑制温体仁，便利用廷臣不愿温体仁当权的心理，怂恿他们劝崇祯召回当年与周延儒同时入阁不久便致仕的何如宠。何如宠昔日在内阁中的地位在温体仁之上，倘蒙皇上召回，可以阻遏温体仁升任首辅。何如庞如何呢？当年他在内阁任职的一年半时间里，目睹了周、温的明争暗斗，深感无能为力，九次上疏乞休。回家后还语重心长地要皇上常看《通鉴》，以古今理乱忠佞史事为鉴。现在要他人阁充分第二个周延儒，他自知无此能耐，也决非温体仁的对手，赶紧上疏辞谢。在皇上没有允准之前，他还是奉召从老家桐城起程，在途中再次上疏引疾推辞。这时刑科给事中黄绍杰向皇上指出，何如庞之所以徘徊于道路，不是有所疑畏便是有所瞻顾。这疑畏、瞻顾都与温体仁有关，有道是从来君子、小人不能并立，当此之际，次辅温体仁应当识相地考虑何去何从了。自从温体仁为相以来，无岁不旱，无日不霾，无地不灾，无不在盗，这都是诸臣承奉其意的结果。因此，他请求皇上即命温体仁引咎辞位。这种言论太过于露骨，令人怀疑背后是否有周延儒在捣鬼，引起崇祯不满，下旨斥责黄绍杰，降调外任。这件事情一出，使徘徊不前的何如宠更加不敢奉召，执意坚辞。

于是乎，温体仁升成内阁首辅。劣迹昭彰的温体仁得到皇上重用，舆论哗然。京师有民谣曰："崇祯皇帝遭温了！"此温，即温体仁，取温、瘟谐音之义，是说皇上受温体仁蒙蔽，如同遭到瘟疫一般。

无独有偶，京师另一民谣也在"瘟""温"二字上做文章，不过话说得更为尖刻：

内阁翻成妓馆，
乌归王巴篾片，
总是遭瘟（温）。

乌归（谐音乌龟），指乌程籍归安人温体仁；王巴（谐音王八），指四川巴县人内阁辅臣王应熊；篾片，指奉行两人意旨，毫无短长的内阁辅臣吴宗达。这首民谣一时传为街头笑谈，虽然出于轻薄少年之手，但"赫赫师尹而令人鄙夷至此，其生平亦可见矣"。

温体仁为首的内阁信誉竟是如此低落，表明崇祯重用温体仁是一种错误的抉择，舆情讥之为"遭瘟"，是不算为过的。

《明史·温体仁传》在评论温体仁成为内阁首辅后的所作所为，有这样一段话，为崇祯"遭瘟"作了极妙的注脚："体仁荷帝殊宠，益忮横，而中阻深，所欲推荐，阴令人发端，已承其后；欲排陷，故为宽假，中上所忌，激使自怒，帝往往为之移"。此类事例甚多，不妨选取推举吕纯如、排挤文震孟、郑鄤之狱、温体仁的垮台四事，来透视一下崇祯如何"遭瘟"的。

1. 推举吕纯如事件

崇祯七年八月二十一日，崇祯在平台召对五府六部九卿科道官，商议吏部尚书及都察院左都御史人选。

十天前，吏部尚书李长庚被削职为民。李长庚素来见憎于温体仁。当时正在议论起用罪谴诸臣，刑部上报的罪谴名单皇上尚未核准批下。温体仁欲陷李长庚于罪，百般催促他赶紧上报任用名单。有人劝道：应当等刑部奏疏批示下达后再上报任用名单。李长庚迫于辅臣催促，不知是计，贸然呈上名单，胪列无遗，共一百十六人。崇祯大怒，以其“屈法徇私，朋比欺蒙”，下旨把他削职为民。

吏部尚书空缺，崇祯决定在平台召对群臣会推。

崇祯开宗明义说明今日召对的用意：“吏部尚书乃用人的官，须要天下第一才品。若据会推故套，不过精心，定力两语混题，止须一二人把持足矣，何名会推？卿各举所知来！”

主持部务的吏部左侍郎张捷奏：“臣昨辞部印，正为会推一事。年来诸臣党同伐异，误尽朝廷。在外会推，自然瞻顾局面，孰敢犯忌？今蒙皇上召对，谕臣等各举所知，务得天下第一才品，须不论方隅，容臣等破格推举。”

崇祯说：“立贤不以其方，卿等举来。”

于是勋戚大臣退入殿西室，文臣退入殿东室，各自书写推举名单。张捷在下笔时，傍徨四顾，大学士王应熊在一旁目不转睛地盯着他，诸臣感到其中有些蹊跷，便问他所荐何人？张捷因为事先得到温体仁的授意、王应熊的支持，心中有底，所以直言不讳地说：吕纯如！这与诸臣所荐大相径庭，他们不是推举郑三俊，就是推举唐世济。张捷振振有词地说：“总宪（都察院左都御史）世济可，冢宰（吏部尚书）非纯如不可！”

待皇上召对时，张捷抢先启奏：“臣已举两天人，但此两人皆举朝所不欲用者。”随取奏本呈给皇上审阅。

崇祯问：“科道官何为不举？”吏科都给事中卢兆龙答：“会推大典，科道例无保荐，九卿推举当，则听皇上占用，不当者臣等纠参。”他似乎察觉到推举中有什么花样，要充分运用科道官的批评权，所以置身于荐举者之外。

崇祯听了颇以为然，随即拿起张捷呈上的名单细看起来，顿生疑惑，责问道：“吕纯如是钦案有名的，张捷如何举他？”

张捷说："吕纯如有才有品，臣所深知，钦案列名，谓其颂美逆贤。今红本俱在，并无一字相及，岂可坐以'颂美'？"

崇祯说："他已曾辩过，但不可开端。"说罢，把目光投向科道官，问道："科道如何说？"

吏科都给事中卢兆龙奏："诸臣荐举，各有本末，抑听圣明裁夺。至张捷所举吕纯如，系钦案有名，臣等正拟纠参。适蒙圣谕，已有明鉴，臣等不敢复有争执。"

张捷对于皇上与卢兆龙的说法不以为然，固执己见，再奏："臣实见吕纯如清执可用，今弃之草野，实为可惜。"

御史张三模表示不同意见："延推冢臣，所关甚重，即使事非钦案，亦须昭雪。吕纯如生平贤否，姑且勿论，业已身负重累，何以服人？况钦案久定，此端一开，渐何可长！"

张捷辩道："臣实知吕纯如是真贤者，故从公推举。即在钦案中，亦须分别。倘皇上用之不效，如李长庚削职，臣亦与同削职，或处分更有甚于此者，臣亦甘与同罪。"

他还说："小民作奸犯辟，朝廷五年大审，每年热审，唯恐其冤，何况大臣，如何冤得！"

卢兆龙反驳道："臣任清江知县时，记得吕纯如护送惠藩之国，沿途骚扰。只此一事，已见无才，况屈身逆贤，其品可知。"

在场的给事中姚思孝、顾国宝、蒋德璟、吴南灏等，御史金光宸、韩一光、杨绳武等，纷纷批评张捷，以为吕纯如身在钦案，断不可用。

张捷还呶呶置辩，给事中姜应甲大声叱责道："张捷所举如此，心事可知，还敢在皇上前巧辩！"

崇祯见科道官一致反对，便命张捷下去，张捷吓得大惊失色。

这时，崇祯问在旁一声不吭的温体仁意下如何，温体仁冷冷地吐出了三个字："谢陛可。"

见温体仁表态，工科给事中范淑泰立即弹劾王应熊与张捷同谋党附，刑科给事中吴甘来也弹劾张捷计翻逆案。崇祯接受这一意见，责成张捷改日回奏。

这一事件，表面上看来好像是张捷在王应熊支持下假借推举吕纯如妄图推翻钦定逆案。其实情况比科道官所想的要复杂得多，此事的幕后策划者不是别人正是内阁首辅温体仁。《崇祯实录》、《国榷》在记述此次张捷荐举吕纯如一事时，都写了这样一句话："体仁阴主之"。但温体仁究竟怎么个"阴主"法，语焉不详。一查《明史》，事情就清楚了。原来，温体仁要用吕纯如，自己不出面，指使张捷出面。张捷以为背后有首辅运筹帷幄，有恃无恐，所以在召对时一再坚持吕纯如可用，钦案定其颂美逆贤是冤屈，不料科道官齐声反对，皇上也以为此端不可开，使温体仁无以售其奸，不得不退而求其次，推荐他的亲信谢陞为吏部尚书、唐世济为左都御史。以后温体仁又暗中指使新任左都御史唐世济推荐逆案中人霍维华，廷臣群起而攻之，迫使唐世济获罪而去。从此温体仁虽不敢再起用逆案中人，但对廷臣中不附己者更加侧目视之。

据说，这次皇上召对时，奉召诸臣事先传闻，"阁部同心"——即内阁与吏部观点一致，且有大力者为之内援，吕纯如之用，圣意已决云云。所以在张捷推荐时，大家都蓄缩不敢言。待到皇上表态：吕纯如既挂逆案，不用也罢。科道官们方才敢陆续奏劾张捷。

张捷因推举吕纯如遭言官弹劾，自以为有温体仁为靠山，傲然上疏乞休，连上32疏，崇祯都温旨慰留。当张捷准备在考察官员的"大计"中再肆凶锋时，御史刘宗祥揭发他把持官员大计，假公济私。原来刘宗祥巡按四川时，张捷托他为其姻亲贺儒修推荐为"卓异"，以求在大计中升迁，在此写去书信一致。在信的末尾别有用心地写道："忠言不入，朝事日非"，显然对推举吕纯如未成耿耿于怀。刘宗祥入川后，查明贺儒修劣迹狼藉，便据实纠参。崇祯下旨，把贺儒修革职逮问。张捷怀恨在心，在刘宗祥返京回道考核时，拟加重谴。刘宗祥不服，上疏剖辩，并把张捷的手书呈报皇上。刘的好友太常少卿祝世美以为不可，极力劝阻，提醒他张捷与温体仁关系非同一般，事发后必遭报复。刘宗祥急忙赶到会极门取索原疏，不料疏文已送到皇上御前。崇祯阅后批示：张捷革职提问。果然，刘宗祥遭到报复：都察院拟刘宗祥降三级调外任。要不是崇祯亲笔改批"刘宗祥著回道管事"，他的下场肯定不妙。

2. 排挤文震孟事件

文震孟，字文起，苏州府吴县人，文征明曾孙，天启二年殿试第一，授修撰，因上疏弹劾魏忠贤，与陈仁锡、郑鄤并斥为民。崇祯元年起用为侍读学士，充皇上日讲官。他在讲筵最为严正，多次上疏弹劾阉党余孽王永光之流，尖锐地指出，群小合谋欲借边才翻逆案，直斥王永光假窃威福，倒置用舍，为吕纯如之奥援。崇祯虽责震孟任情牵诋，但群小翻案之谋因此而中沮。

崇祯七年（1634）二月，会试天下士，朱由检命温体仁、吴宗达为主考。文震孟当时是一房的主试官，选中陈际泰、许直等士子，另一考生的卷中，首题“其行己也恭”四句，篇末痛言时弊，在“不恭不敬之害”上大加发挥。文震孟毅然录取。呈卷时，以为温体仁必定驳回，当有一番质辩。不料呈上后，即批允，内心颇为怀疑。

事过不久，温体仁在内阁扬言：“外人说我们要进场收几个门生。我们今日地位，也靠不着门生了，况场中即有人骂我。”

钱士升不解地问：“考场中如何骂得？”

温体仁说：“他篇末竟说‘不恭之臣’如何，‘不敬之臣’如何，岂不是骂！”

钱士升问：“老先生如何打发他？”

温体仁阴忍地说：“文震孟批‘伸眉抗手’，想见其人，敢不中？敢不中？”对文震孟那种咬牙切齿之情溢于言表。

原先崇祯的日讲、经延中没有《春秋》的课程，崇祯以为此书有裨于治乱，令择人进讲。文震孟是专治《春秋》的名家，温体仁忌于他的严正，故意隐而不举。次辅钱士升不明底细，贸然指及文震孟，温体仁不便否定，佯作惊讶状：“几失此人！”才勉强地把他报了上去。文震孟一进讲，果然很称帝意。不久，文震孟请求告假，崇祯因他《春秋》讲得很好，不允告假。温体仁阴阳怪气地对他说：“行相君矣，何避也？”

的确，崇祯有意提拔文震孟入阁。崇祯八年六月，崇祯举行了一场空前的廷试，应试者是从官员中挑选出来的佼佼者，打算以考试方式选拔入阁。那一天，内阁辅臣及各部尚书分立于阶上，应试官员分班立于阶下几研旁。只听皇上说："廷臣才品，朕未遍知，今试票拟一疏。"中官奉旨把奏疏一帙，小柬两张分送到几研上，崇祯又说："将疏票拟于柬上，一稿一眷。"在几研旁应试的官员们各自埋头阅疏拟票。

不巧，这天文震孟因病未能应试。文震孟因多次受温体仁箝制，心中闷闷不乐。前不久，他升为少詹事，官居四品，不能乘马，苦于老惫的他托人向温体仁请求，改为三品衔。温体仁故意刁难，不但不通融，反而指着自己在东阁直房前第一间的首辅座位说："不久此处亦须他到，何论三品！"文震孟受此奚落，情绪不佳，常称病在家。

次日，崇祯看了各官的试卷——票拟，即命吏部把姜逢元，陈子壮、文震孟、张至发、蔡奕琛、闵仲俨、马之祺、张元佐、张居九人的年貌履历呈上，供他从中批点。几天后，崇祯作出了决定：文震孟、张至发俱升礼部左侍郎兼东阁大学士，即行入阁，与首辅温体仁等协同办事。因为文震孟未应试，而被破格提拔为阁员，当时称为皇上特简。

这时温体仁正好在家养病，只管他与文震孟素来不合，也无从施展手腕。关于此事，黄宗羲有这样的评述："温体仁久居政地，导上以繁刑厚敛，海内盗起，台谏攻之甚力。体仁不自安，杜门求退。上意置相不得其人，进大小九卿詹翰于廷，亲试之"。看得出来，崇祯对温体仁已有所不满，想摆脱"遭瘟"的局面，因而乘温体仁称病在家的机会，亲自廷试，增补阁员。文震孟没有参加廷试，以特简形式拔擢为内阁辅臣。黄宗羲说，由此可见，"上意颇欲更始"。这件事使温体仁感到大为恐慌，连忙声称病愈，到内阁主持政务，千方百计排挤文震孟，使崇祯希望"更始"的想法终于落空。

文震孟有自知之明，两次上疏向皇上婉言推辞，未蒙允准。他还想再次上疏以有病推辞，辅臣何吾驺极力劝阻，才于八月十三日面见皇上谢恩，入阁办事。

由于文震孟长期担任日讲官，宫中近侍深知其为人耿直，此次特简入阁，都说："文震孟到阁中倒好，只是他还是板金绦。"所谓"板金绦"，是形容他刚直得有点近乎执拗的秉性，恐怕难以在中央政府的最高层站稳脚跟。外廷的官员也有类似的担心：文震孟持性疏直，票拟及奏对，倾吐唯恐不尽，毫无城府。杨士聪曾私下对友人说：“文（震孟）决非久于位者”。事情的发展果然不出所料，他只当了不到三个月的阁员就被温体仁排挤了。

他刚入阁时，未按当时官场惯例，向司礼监太监曹化淳致意。新入阁者，都持名帖、礼单向大珰致见面礼，请他多加关照；大珰也以名帖、礼单敬还，这是宫中旧规。文震孟一介书生太过于迂阔，自以为是皇上特简，不必拘泥此礼。曹化淳原是王安名下的太监，并非贪婪之辈，素来仰慕正人君子，便托王安之侄向文震孟传说，盛称曹珰有皈依文先生之意，又说：“若循例往来，外廷为所欲为，大珰无大奉命”。文震孟自持清高，说：“极大珰之力，使我不为宰辅耳。不为宰辅，于我何损？而名帖既入，此辱岂能洗耶！”曹化淳遭到文震孟的拒绝，以为奇耻大辱，转而与温体仁呼吸相应，在皇上面前吹风，使文震孟顿失皇上眷顾。后人评论道：“数十年来，阁臣多有内应外援，震孟自以受知主上，一切不顾”。致使他在勾心斗角的内阁中立足未稳便遭排斥。此其一。

其二，温体仁每次拟旨必征求文震孟的意见，有所改动，也必遵从。这使文震孟产生错觉，喜孜孜地对人说：“温公虚怀乃尔，何云奸？”同僚何吾驺提醒他：“此人伏机甚深，何可信！”文不以为意。十几天后，温体仁窥其疏脱，拟票有所不当，辄令改正，文震孟不改，便径自提笔抹去。这使文震孟大为难堪，顿时大发执拗脾气，拍案大喊，拿起一迭奏疏用力地掷到温体仁面前。从此两人的矛盾由隐性变为显性，文震孟的处境大为不妙。

后来，发生了许誉卿事件，被温体仁抓住大做文章，终于导致文震孟的下台。

许誉卿，字公实，松江府华亭县人，天启间因上疏弹劾魏忠贤而直声满天下。崇祯初年，又因弹劾吏部尚书王永光素附珰仇东林，而遭薛国观攻击为“东林主盟，结党乱政”。他愤然反击：若肯结党乱政，则逆珰用事时，何不随众求容，必屡忤奸邪，抗疏去国？薛国观何不自己反省，昔日与崔魏同朝，众危独安，有何品骨？而反诋臣等之忤珰见逐者为党为奸？激于义愤，拂袖辞官而去。崇祯七年起用，官至工科都给事中，因凤阳皇陵被焚，弹劾温体仁、王应熊，遭到忌恨。温体仁忌其伉直，在升迁方面故意刁难。其实论资历，许誉卿已极深，科道中碌碌无奇之辈而升京堂者为数不少，未必尽胜许一筹。温体仁百般刁难，指使吏部尚书谢陞把他调往南京，当时人一语道破："难许即所以难文也"。因为文震孟很欣赏许誉卿，很支持他的升迁。谢陞又秉承温体仁意思，纠弹他"营求美官"，"不欲南迁，为把持朝政地"。钱士升在处理此事时，认为争官须有实迹，当令谢陞回奏。不料温体仁悍然抢去奏本，拟旨道："大干法纪，著降级调用！"既然说"大干法纪"，仅仅处以降调，显然别有用心。次日，崇祯果然重拟："许誉卿削籍为民"。文震孟力争无效，对温体仁气极而说："科道为民，极荣之事，敬谢老先生玉成！"

许誉卿临别时向崇祯参劾温体仁。温体仁一面上疏答辩，一面另上一疏参劾文震孟，向皇上揭发日前他所说的牢骚话："科道为民，极荣之事"。故意挑激皇上：皇上所以鼓励天下者，止有此爵禄位号，而文某乃云云，以股肱心臂之臣，为此悖伦灭法之语。崇祯果然大怒，把先前眷顾之情一笔勾销，降旨："吾驺、震孟不宜徇私扰乱！"何、文二人立即具疏引罪，崇祯断然作出决定：何吾驺著致仕去，文震孟冠带闲住。对于何、文两位正直官僚以这种方式遭到排挤，当时的大臣们莫不惊叹于"圣意不测如此"。

文震孟刚方贞介，有古大臣风度，可惜入阁不足三个月，就遭皇上罢斥，未竟其用，有识之士无不为之惋惜。人们不禁为之叹息："凡劾体仁者，无不见责，为体仁劾者，无不立罢。除佞如拔石，去贤若转丸，可为三叹！"温体仁实在是神通广大，可以使刚愎自用的皇上围着他团团转。

事后，文震孟回忆起这段往事，每每对人说："诸君子见予当国，放胆作事，无复前者兢业，遂为奸辅所窥，乘机相中"。他对官场的勾心斗角的黑幕以一种近乎书生气的态度漠然视之，结果成了明朝历史上罕见的任期最短的阁员，由皇上"特简"，到皇上下旨"冠带闲住"，不到三个月。崇祯"遭瘟"的程度，着实令人吃惊！

3. 郑鄤之狱

郑鄤，字谦之，常州武进县人，天启二年进士，授庶吉士，因建言蒙谴，退居林下十余年。当言官抨击周廷儒、温体仁之际，他在公开场合倡言：周决不可用，而温实可大用，言路不当并攻。钱士升与他都出于钱龙锡门下，称先后同门，对于郑鄤的这一说法十分欣赏，为讨好温体仁，极力向温体仁推荐郑鄤，老奸巨猾的温体仁不置可否。钱士升致书郑鄤，告诉他已在温体仁面前说情，要他迅速抵京。郑鄤为稳妥起见，特地向昔日一同弹劾阉党的好友文震孟征询意见，文震孟深知温的为人，复信劝他不要来京。郑鄤以为文震孟还不如钱士升够朋友，贸然赴京补官。孰料郑鄤的族舅、旧辅吴宗达向温体仁大肆诋毁郑鄤，温体仁心中已有芥蒂。所以当文震孟与温体仁在内阁中为恢复郑鄤官职之事发生争执时，文说：“晚生已叨冒至此，（郑鄤）岂宜但复庶常（庶吉士）！”温一味敷衍道：“从容再议。”。

郑鄤入京后，拜谒首辅温体仁，前者感恩戴德，后者心存芥蒂，两人的一场交谈铸成了郑鄤日后的悲惨下场。

温体仁试探性地问：“南方清议若何？”

郑鄤毫无戒备地答：“人云国家需才，而庙堂未见用才。”

温说：“非不用才，天下无才可用。”

郑说：“用人则才出，不用人则才伏。方今防边荡寇最急，能如萧相国（何）之识韩淮阴（信），宗留守（泽）之识岳忠武（飞），何患不能成功？”

对于如此咄咄逼人的语气，温体仁很反感，表面上致谢，心中却在盘算，“彼锋芒如刃，必纠弹我，动摇我相位”，一定得设法翦除。

温体仁先后排挤了阁僚何吾驺、文震孟，京都舆论哄然不平。一向敢于直谏又不甘寂寞的郑鄤，也随众持愤激之论。此事被温体仁侦知，决定上疏纠弹郑鄤，并借题发挥整一下他的好友文震孟、黄道周。

崇祯八年（1635）十一月，温体仁根据吴宗达揭发的材料，即所谓“杖母蒸妾”的不实之词，写成纠弹郑鄤的奏疏。然后拿了这份奏稿去找推荐郑鄤的钱士升，对他说：“今为郑某事具疏，当与老先生同题。”钱士升欣然答应，等到看完疏文，才知道里面写的是纠弹郑鄤杖母蒸妾之事，立即面红耳赤，双腿颤抖，张口结舌说不出话来。

当时，崇祯正以孝悌风励天下，得知首辅控告郑鄤如此不孝不悌行为，勃然震怒，下令将他逮入刑部狱中严加审讯。刑部尚书冯英审问后，向皇上报告：“郑鄤假箕仙幻术，蛊惑伊父郑振先无端披剃，又假箕仙批词，迫其父以杖母”。又称郑鄤颇有才名，语气近乎回护。温体仁见冯英不肯严办，借故把他革职，并把此案移交锦衣卫镇抚司审理。负责审理此案的锦衣卫都督同知吴孟明也感到温体仁的控告缺乏证据，案犯受到冤屈，一直未予了结。

崇祯十年六月，温体仁罢官而去，此案仍悬而未决。次年夏天，京师酷旱，崇祯要各衙门从救灾着眼陈弊政、宣冤抑。吴孟明便把此案作为“冤抑”上报：“臣衙门冤抑自有法司平允，非所敢预闻。但有幽禁三年，无人为之雪理如郑鄤者，或当释放，以召天和也”。崇祯虽要诸臣宣冤抑，但并不愿宽恕郑鄤，接到吴孟明的奏疏立即严词谴责：“杖母逆伦，干宪非轻，如果无辜，何无人为之申理？著常州府人在京者从公回话”。

吴孟明为了向皇上禀明案情，特地询问协理审讯的陆完学。陆说：“因负才名，既籍门第，踞傲放肆，得罪乡邦，死不足惜。其杖母之事，非其本谋。”吴问：“既无此事，何以故辅温体仁以此告人？”陆说：“此事最为可宥，鄤父振先家其箕仙，能发人隐事，一家祟事，无不皈依。凡有过失，皆遭扑责，谓之忏悔。自振先夫妇至郑鄤以下，无不皆然，不独鄤母吴氏一人受杖也。惟是吴氏受杖，系振先之婢动刑……疑杖时郑鄤与父皆在其前，不能求饶，事则有之，非所挑激也”。崇祯对于这种解释全然不能接受。

这时，有武进落魄生员许曦无聊至京，考取武英殿中书，未题授实职，似官非官，正符合崇祯所说：“常州府人在京者”的条件。于是被请进锦衣卫镇抚司作证，御史刘光斗等人代他起草奏疏，证实郑鄤杖母，还补充揭发他奸媳、奸妹等事。奏疏呈进后，许曦立即反悔，对刘光斗等人说：“郑鄤之事，窗外无闻也。”又说：“郑鄤之事，系宦室闺门，草野耳目实未闻见。”由此看来，许曦对于此事一无所知，全是胡乱作证。锦衣卫镇抚司再审后，只得如实向皇上报告：“事属影响，言出谤忌，革职太轻，遣戍太重，惟候圣裁。”

崇祯在证据不足的情况下，崇祯作出了令了震惊的“圣裁”。崇祯十二年八月二十六日黎明，圣旨下：将郑鄤脔割处死！正如《明史·温体仁传》所说：“其后，体仁已去，而帝怒鄤甚，不俟佐证磔死”。当时舆论认为，温体仁虽已罢官而去，但是，“杀鄤者，始终温体仁一人也”。此话说得深刻，崇祯罢了温体仁的官，却遂了他置郑鄤于死地面后快的心愿，推行的是没有温体仁的温体仁主义，“遭瘟”之深于此也可见一斑。

郑鄤在一行人等押解下，来到西市甘石桥下四牌楼刑场。那里早已人山人海，屋顶上都是黑压压一片看热闹的人群。在人声鼎沸中，忽听得官员宣读圣旨，最后一句声音特别尖利：“照律应剐三千六百刀！”刽子手百人，群而和之，如同雷震，令旁观者不寒而栗。炮声响后，行刑开始。须臾，手持小红旗的校尉疾驰而去，向大内报告所剐刀数。令目击者感叹万分的是，“归途所见，买生肉以为疮疖药料者，遍长安市。二十年前之文章气节、功名显宦，竟与参术甘皮同奏肤功！”郑鄤被脔割处死，他的肉竟被京城愚民买来作为医治疾病的药料，麻木的社会，蒙昧的群氓，可悲！可哀！

黄道周在郑鄤被逮后，曾向崇祯自陈“七不如”，其中之一是，文章气节不如郑鄤，意在为郑鄤辩解。崇祯大为不满，指责他“颠倒是非，甚至蔑伦杖母名教罪人犹曰不如，是何肺肠！”要他立即回话。黄道周在遵旨回话时，对郑鄤赞颂备至：“臣与郑鄤同为庶常时，文震孟疏论魏忠贤，郑鄤抗疏任之，削籍归山。每以臣为怯，臣心愧之也。每执笔不能明白，辄思郑鄤，以为不如，真不如也。盖以此自贬，亦以此分规”。郑鄤被处死后，黄道周慨然叹息：“正直而遭显戮，文士而蒙恶声，古今无甚于此者！”抱阳生在记述此事后，评论道：“鄤死固冤，然祸止及一家。而思陵之亡国，实由体仁。以体仁阴贼险狠，貌为孤子，结纳宦官，窥伺上意，冀翻逆案，斥逐正人，使用体有用之士，无一立于君侧，而后其心始快焉”。

4. 温体仁的垮台

崇祯为人刚愎多疑，崇祯一朝内阁辅臣多至五十人，更迭频繁，有

黄道周像

如走马灯，唯独温体仁能居位达八年之久，且颇受宠信，形成“遭瘟”现象。确实是耐人寻味的。从崇祯方面而言，始终为内阁辅臣中没有一员能为他排忧解难、敢说敢为的重臣而苦恼，他需要一名有权有谋足以统驭六部九卿科道的干才，起先看中了周延儒。而后又看中了温体仁。当时人杨士聪说：“上即位以来，命相三四十人，其人非无贤者，求其精神提挈得起者，惟宜兴（周延儒）与乌程（温体仁）二人，但俱不轨于正耳”。堪称精辟之风，二人才干卓著，只是不走正道，而成为佞臣，《明史》把他们列入奸人传是无可非议的。不过，温体仁就其才干而言，确非庸碌之辈可以比拟，许多方面都令崇祯满意。

其一，温体仁精明干练。“体仁长于心计，凡阁中票拟，每遇刑名钱粮，名姓之繁多，头绪之棼错，皆相顾攒眉，独体仁一览便了，从不以舛误驳改，故诸辅亦服其敏练”。

其二，温体仁在贪风弥漫的官场尚能廉谨自律。《明史》说：“体仁辅政数年，念朝士多与为怨，不敢恣肆，用廉谨自结于上，苞苴（意为贿赂）不及门”。这虽是他提防政敌攻击，巩固自己地位而采取的一项对策，但廉谨毕竟能博得皇上的好感。夏允彝也说：“平心言之，（温体仁）不纳苞苴，是其一长”。对此黄宗羲有不同见解：“温体仁之苞苴，巧于纳者也，周延儒不巧于纳者也。观其身后之富，岂不纳苞苴者所致乎？哀哉，思宗之受其愚也”。夏、黄二公各执一词，谁是谁非姑且不议，不纳苞苴，或巧纳苞苴，都是温体仁的精心谋划，崇祯受其愚弄是肯定无疑的。

其三，内阁同僚多庸才，反衬出温体仁“鹤立鸡群”。这当然是温体仁惨淡经营而成的，“其所引与同列者，皆庸才，苟以充位，且藉形己长，固上宠”。由于这个缘故，才华超群、颇负众望的钱谦益、文震孟必为他所不容。

其四，温体仁善于揣摩上意，逢迎有术。李清说他“存心过刻，伏机甚深，又不敢批逆鳞”。前半句切中要害，后半句则大谬而不然。温体仁岂止“不敢批逆鳞”，他根本从来不曾想过要去“批逆鳞”。时人评论，“乌程最久，不露破绽，大意主于逢迎”。大凡皇帝多不喜欢臣下去批他的逆鳞，而乐于接受逢迎，崇祯也不例外。温体仁很精于此道，每当皇上向他追问兵饷事宜时，他便逊谢说：“臣夙以文章待罪禁林，上不知其驽下，擢至此位。盗贼日益众，诚万死不足塞责。顾臣愚无知，但票拟勿欺耳。兵食之事惟圣明裁决”。廷臣批评他善于窥伺帝意，他巧辩道：“票拟多未中窾要，每经御笔批改，颂服将顾不暇，讵能窥上旨？”崇祯听了他的这些表白，不以为是他的虚伪或机敏，反而以为是“朴忠”，愈加宠信不已。

因为这些缘故，当其他阁僚纷纷落马之际，温体仁稳坐相位达八年之久，而且一升再升，官至少师兼太了太师，进吏部尚书、中极殿大学士，阶左柱国兼支尚书俸，恩礼优渥，无与伦比。

然而，温体仁心术不正，又专务刻核，以排斥异己为能事，必欲使正人君子、有用之士无一立于君侧，其心始快。同时又担心受他排挤者群起而攻之，做了精心布置，扬言内阁密勿之地，机密不得宣泄，凡内阁公文一律不发部科，也不存录。因此受他中伤的人，廷臣也不能尽知。

温体仁辅政八年的“政绩”，首推驱除异己而不露痕迹，使崇祯懵然不觉。除此之外便是引导崇祯注意于“繁刑厚敛”，“以至海内盗起”。而当遍地民变时，他又熟视无睹，“全不以流贼为意，使之大炽”。因此崇祯九、十两年中弹劾他的奏疏不断地送到崇祯的御案上。

弹劾温体仁最为尖锐的是刘宗周和杨光先。

工部侍郎刘宗周说：频年以来，皇上恶私交，而臣下多以告讦进；皇上录清节，而臣下多以曲谨容；皇上崇励精，而臣下奔走承顺以为恭；皇上尚综核，而臣下琐屑吹求以示察。八年之间，谁秉国成？而至于是，臣不能为首辅温体仁解矣！温体仁上疏极力辩解、诋毁，使崇祯怒上加怒，下旨将刘宗周革职为民。

新安卫千户杨光先上疏弹劾温体仁之前，备好了棺材，以死相谏，说话毫无顾虑：温体仁自柄国以来，边骑两薄都城，流贼各省延蔓，平治之绩安全？国危于上，而不求所以安；民怨于下，而不思所以卹，扶持之责安在？忠告之言不受，睚眦之怨不忘，休休之量安在？唯有引罪以去，庶几不误国家。崇祯斥责杨光先恣意乱政，把他廷杖一顿之后，发配辽东。

温体仁自以为有皇上庇护，愈发肆无忌惮，怂恿原任苏州府推官周之夔、无聊文人陆文声诬告张溥、张采创立的复社“结党恣行”、“把持武断”、“逐官杀弁”、“朋党蔑旨”，利用拟旨大权，企图兴大狱。由于提学御史倪元珙、海道副使冯元飏不承风指，才使其阴谋未能得逞。

而后，温体仁又指使张汉儒攻讦钱谦益，瞿式耜居乡不法，说什么：二臣喜怒操人才进退之权，贿赂握江南死生之柄。三党九族，无不诈之人；兴贩通海，无不为之事。甚至侵国帑，谤朝廷，危社稷。止因门生故旧列于要津，鸣冤无地；宦干豪奴满于道路，泄忿何从。奏疏呈进后，温体仁立即代崇祯拟旨：逮钱谦益、瞿式耜下刑部狱。

却说钱谦益罢官回到故里常熟，“闲住”了七年，政敌温体仁仍不放过他，必欲置之死地而后快。于是便有崇祯十年常熟县衙书手张汉儒诬告钱谦益在乡里作恶多端的事件。张汉儒不愧为衙门师爷，告御状的状子写得十分厉害，一共列举了钱，瞿二人58条罪状，诸如侵占地方钱粮、勒索地方大户、强占官地营造市房、通番营私、占夺田宅等，通计赃银达三四百万两之钜。

张师爷告御状说了多少假话姑且不论，值得注意的是，此次事端的幕后指使人是温体仁。钱谦益自撰《丁丑狱志》所说："乌程以阁讼逐余，既大拜，未尝顷刻忘杀余也。邑子陈履谦，负罪逃入长安（指北京），召奸人张汉儒、王藩与谋曰：'杀钱以应乌程之募，富贵可立致也'。汉儒遂上书告余，并及瞿给事式耜"，是大体可信的。

钱谦益被逮后，巡抚张国维、巡按路振飞接连上疏，为之鸣冤，皇上不听。在狱中，钱谦益连上二疏，在为自己申辩的同时，指摘温体仁幕后操纵："体仁曰'举朝皆谦益之党'，汉儒亦曰'把持党局'；体仁曰'在朝在野，呼吸相通'，汉儒亦日'帮助党局，遥执朝政'。何物汉儒，与闻钩党若此之精也？""体仁攘踞揆席，虑臣姓字尚在人口，死灰或至复燃，显示风指，阴设陷阱，必欲杀臣而后已。即奸棍诬奏，亦讼言贿卖关节，敢于弁髦明旨。则体仁指授线索，业已满盘托出矣"。

钱谦益虽上疏申辩，但心境很低沉，《初学集》中有"狱中杂诗三十首"，其中之一曰：

支撑剑舌与枪唇，
坐卧风轮又火轮。
不作中山长醉客，
除非绛市再苏人。
赭衣苴履非吾病，
厚地高天剩此身。
老去头衔更何有？
从今只合号罢民。

在当时形势下，钱谦益自知凭此二疏要想翻案是难乎其难的，于是他不得不托人情，通路子。他先是托他的座师孙承宗之子求援于司礼监太监曹化淳。他曾为前司礼监太监王安写过碑文，而曹化淳出于王安门下，双方有一些交情。曹化淳闻知冤情后，为之泣下，决心尽力营救。另一方面，他又托密友冯舒求援于冯铨，连伺三日不得见，第四日二更时分才得会晤。冯舒刚要开口，冯铨就直截了当地说：“钱谦益的事，我都晓得了，如今已不妨，你可回去，教他安心。”

事情的转机果然出现了。受温体仁指使的陈履谦捏造“款曹击温”的匿名揭帖，又要王藩出面自首此事，诬陷钱谦益出银四万两托周应璧求款于曹化淳。这一下弄巧成拙，激怒了曹化淳，曹当即主动向皇上请求穷究此案。于是，曹化淳以奉旨清查的名义，大加搜访，终于查清陈履谦父子的罪行，把他们逮人东厂。他自己与东厂太监王之心、锦衣卫掌印指挥吴孟明一起，在五更突击审讯。陈履谦招出张汉儒如何起草告讦钱谦益的状子，王藩如何出首，以及他们父子二人如何捏造“款曹和温”又改为“款曹击温”等情节。继而又审出以上这些情节“俱乌程（温体仁）一手握定”。这一消息传到崇祯那里，使他猛然醒悟到：“体仁有党”！痛下决心，除去他眷顾近八年的宠臣。

温体仁拟旨逮钱、瞿后，以为胜券在握，又一如往常每每欲兴大狱之时，必称病休假，聚集党羽策划于密室；到大局已定时，才谎称病愈而出，造成局外人以为他与此案无关的错觉。这一次，他又如法炮制，住进了湖州会馆，一面静候佳音，一面向崇祯上疏，假意引疾乞休，自以为帝必温旨慰留。

由于崇祯早已得到曹化淳报来的审讯结论，准备除掉温体仁，所以当由温体仁一手提拔入阁的张至发在温体仁的乞休奏疏上已票拟好谕旨呈进时，崇祯毫不犹豫地提起朱笔，抹掉一些字句，批了三个大字：“放他去！”圣旨传到温体仁那里时，他正在吃饭，一听“放他去”的圣旨，大惊失色，完全出乎意料，一慌张，筷子掉到了地上。京城百姓听到这一消息，欢声雷动，妇人孺子都举手相庆。这时是崇祯十年（1637）六月，距他崇祯三年六月入阁，相距虚度八年实足七年。

次年，温体仁病死于家。崇祯接到讣闻，还觉得有点可惜，特下旨赠太傅，谥文忠。崇祯之“遭瘟”竟至于此，罢他的官只是由于他“有党”，并不怀疑他的“朴忠”，所以在他死后还要追谥为文忠公。无怪乎明朝的遗老遗少要慨乎言之，对于温体仁这样的奸臣，“崇祯转以为忠，宜其国之亡也”！

（四）复社与政争

引人注目的是，复社这一群众性组织也参与到了崇祯朝的门户之争。知识分子结社，以文会友，切磋学问，在明末渐成一种风气。崇祯时有名的文人社团有松江几社、浙西闻社、江北南社、历亭席社、吴门羽朋社、匡社、武林读书社、江西豫章文社、合社等，而其中影响最大的还是以张溥为首的复社。这类社团除了研习时艺处，还积极参政。

复社成立于崇祯二年（1629），系太仓人张溥号召而联合许多小文社而成，因图“兴复古学”而得名。转相联络，名声日大，“举天下文武将吏及朝列大夫、雍庠子弟，称门下士从之游者，几万余人”，迄崇祯十四年（1641），先后召开了尸山、金陵和虎丘等三次大会。据称，张溥约举虎丘大会，山东、江西、山西、湖广、福建、江南等地以舟车至者数千人，为“三百年来，从未一有此也。”复社内部各小社的精彩文章还汇编成集，题名《国表》，广为流散。复社以东林之嗣自诩。天下名士齐集复社，由复社而金榜题名而荣登仕途一时成为捷径。如张溥、吴伟业、杨廷枢、吴昌时、陈子壮等复社名流都中了进士，并获得官位。在朝的要人多方拉拢复社，培植自己势力。复社介入了士大夫门户之争的漩涡之中。一般说来。官府中与东林有关的人，多与复社相亲相助；与阉党有关的人，则与复社作对，一些与东林素有积怨的人也汇入了反复社的群体之中。

内阁首辅温体仁对于复社与东林的声气相投，尤为忌恨，想唆使言路弹劾张溥。苏州人陆文声求人复社而未得，一直耿耿于怀，探知有此报复良机，便于崇祯十年（1637）三月赶赴京城，弹劾复社，说：“风俗之弊，皆原于士子。溥、（张）采为主盟，倡复社，乱天下。”温体仁想乘机制造大狱，“拟严旨究治”。崇祯令将此事交提学御史倪元珙核查。倪元珙很快就呈上了一份调查报告，并得出了结论：“诸生诵法孔子，引其徒谈经讲学，互相切磋，文必先正，品必贤良，实非树党。文声以私憾妄奸，宜罪。”温体仁见倪元珙不买账，拟旨将其降职为光禄寺录事。又有苏州推官周之夔对张溥也有宿怨，赴京上疏弹劾张溥等“树党挟持。”

为了避免日益严重的孤立之势，复社开始在朝廷中有意识地寻求支持者。他们决定先攻倒薛国观内阁，重建东林内阁。张溥等复社头面人物经过一番深思熟虑，最后选中了崇祯六年（1633）被挤出内阁的周延儒作为他们的代言人。周延儒自罢相后，与东林交游甚欢。张溥对周延儒说：“公若再相，易前辙，可重得贤声。”并给周延儒开了一份应起复人士的名单。周延儒表示答应。双方交易成功后，复社多方活动。周延儒终于如愿以偿。周延儒果然向崇祯推荐重新起用了郑三俊、刘宗周、范景文、倪元璐等一批人物。张溥暴病死亡，周延儒为张美言，崇祯表示不再追究张溥的过失，甚至还让进呈张薄的著作，以备御览。

终崇祯之朝，讲学、结社之风高潮迭起，虽然不能说诸如东林、复社中尽正人君子，但从他们的一些政治主张来看，还是比较进步的。把明亡归之于士大夫徒知讲学是不公平的。讲学，结社不等于空谈。他们结社的真正目的也非纯粹是为了探究学问，更多的还在于获得日后出入仕途的资'本，并通过影响言路来影响朝政。崇祯皇帝反对结党，但没有迹象表明他要禁止复社的活动。他深知结党拉派之风已非一日，也非一日可以禁绝，所以他容忍了党派的存在。纵观崇祯朝内阁不难发现，其成员多为东林的对立面，而在言路则以东林为多。这也是崇祯对待党派的办法之一。然而，正因如此，它加剧了明末政治的危机。很显然，诸如温体仁、薛国观等非东林党势力把持政府，其与东林之间的矛盾冲突进一步激化，他们和各种手腕打击政府中的东林力量，并钳制言路；同时，通过培植亲信，分化言路之间的互相斗争。言路与执政水火不相容，使政局更加不安，统治阶级内部的不稳定性增加，始终难以形成一个能够为众派势力所支持的政府。士大夫的离心趋势加快了明亡的步伐，对此崇祯是难逃其责的。可以肯定地认为，崇祯反对结党与官贪吏污不仅没有取得成功，反而越演越烈。

明亡除了客观形势的紧逼之外，崇祯主观上的失误在缺乏可行的治国方略的情况下，用人上的乖谬直接导致了明王朝的覆灭。

（五）频换的内阁首辅

1. 张至发

温体仁罢相后，张至发在内阁代行首辅事权，一遵温体仁所为，无任何建树，而才智机变又远不及温体仁。当为太子选讲官时，许多人建议任用大儒黄道周，却为张至发所阻。一个言官为此上疏，弹劾张至发有意摈弃贤良。张至发大怒，连向崇祯上两道奏章，极力诋毁黄道周和这个言官。一个形同首辅的大学士与一个言官互相纠劾，许多人便讥笑张至发气量狭小，无大臣体。张至发的声望本来就不高，这时更加一落千丈。

崇祯十一年（1638）四月发生了内阁泄密案，成为张至发被罢的直接原因。原来，检讨杨士聪弹劾吏部尚书田惟嘉，指斥他卖官受贿。此疏到内阁后，张至发感到此疏关系重大，便先抄一份，送给了田惟嘉，让他早有准备，以便辩驳。没料到田惟嘉不等旨下，就上疏为自己申辩。这一来，泄密的事便暴露无遗。崇祯对此很气恼，便命田惟嘉自陈泄密缘由。田惟喜回道，是写本人所送。崇祯追问道："既然是写本人所送，那就指名速奏。"田惟嘉又回道，天似亮非亮时有个人在门外喊，称有人诬陷你家主人，快快取去。守门人赶快去开门，则那个人已经离去，把写本掷在门槛内。很明显，田惟嘉为了不牵连张至发。胡乱编造，如同儿戏。杨士聪遂又上一疏，谓田惟嘉说慌欺君。崇祯遂降严旨，命田惟嘉"据实回奏，不许一毫支饰。"田惟嘉窘迫万状，遂上疏请罢。崇祯即准其"解任回籍"。田惟嘉虽未直接将张至发出卖，但崇祯心里已明白，此事定与张至发有牵连。崇祯对张至发本来就不甚倚信，此事发生后，就下决心将张至发逐出内阁了。

数天后，原总督杨鹤官复原职。后因镇压农民起义失事被遣戍，抑郁而死。内阁中书黄应恩撰文时，鉴于杨鹤之子杨嗣昌已入朝受重用，便极力为杨鹤褒美，百般为他洗刷过恶。崇祯见文大怒，因为杨鹤前罪即由他亲定，如此褒美杨鹤，岂不等于以前处置有误。因此，崇祯立命将黄应恩逮治下狱。张至发劝其他的大学士上疏论救，别人不听，他自己便连上三疏，极力为黄应恩辩解。这时，大理寺副丞曹荃上了一疏，谓黄应恩以重金行贿，希求免受重惩，其中就包括张至发。张至发又连疏请勘，并称自己当去位，但并没有说自己有病。忽然得旨，崇祯命他“回籍调理”。以前友人劝他称病辞位，他不肯；这时未称有病，崇祯却要他回家养病。此事一时成为京师人的笑料，谓张至发“遵旨患病。”

2. 孔贞运和刘宇亮

崇祯罢逐张至发后，即以孔贞运为内阁首辅。他是孔子的63代孙，这种特殊的身世也成了他分外受器重的一个原因。在崇祯即位的头一年，他就被提升为国子监祭酒。他曾向崇祯进讲《书经》，受到特殊礼遇。唐代的孔颖达曾向皇帝进讲《孝经》，历史上传为佳话。今孔贞运向崇祯进讲《书经》，崇祯以孔圣人的后裔进讲，特从优赐予孔贞运一品服。这种礼遇是别的讲官所没有的。人们心里都很清楚，崇祯特别礼遇孔贞运，是为了借此向世人显示，他分外尊崇儒学，尊崇孔子。这在当时对收揽人心是有益处的。

孔贞运于崇祯九年（1636）六月入阁。温体仁千方百计要严厉惩治复社中人，而孔贞运起初却尽力营救，尽可能从宽发落。温体仁对此很生气。孔贞运知道后即不敢再为复社开脱，一切都顺着温体仁的意旨去办。张至发去位后，孔贞运升至首辅，马上向崇祯上揭帖，极力论救郑三俊和钱谦益，使他们两人得到从宽发落。这两人被称为东林首脑人物，孔贞运从论救两人中赢得了不少声誉。

崇祯担心臣下结党营私，故亲自考选诸臣。这种事原应由吏部主持，崇祯这时亲自主持，显然是对臣下的不放心。崇祯将自己考选的结果交内阁再议。孔贞运和大学士薛国观很谨慎，对崇祯的考选结果有所更动。但是，当圣旨颁下后，孔贞运和薛国观所更改的部分又全被抹去。孔贞运作为内阁首辅，见此情状颇为难堪。这表明，崇祯不仅对吏部不信任，对内阁也不信任。

有一天，新任御史郭景昌到朝房拜谒孔贞运，二人讨论了一阵政事艰难。孔贞运大概说到了兴头上，指着崇祯交办的许多事说，说说容易，做起来很难。没想到这个新御史居然马上翻了脸，谓孔贞运少君臣之礼。他回去后马上上了一疏，对孔贞运大加弹劾。崇祯看这个新御史一上任就弹劾内阁首辅，且所据只是二人私下的交谈，很不愉快，便立命给予郭景昌夺俸的处治。孔贞运在这件事上虽受到崇祯的保护，但已不能安于其位，遂上疏乞休。他于崇祯十一年四月任首辅，六月即罢去，在首辅位上只两个月。

崇祯十一年（1638）六月，刘宇亮接孔贞运为内阁首辅。九月，清兵大举内犯，崇祯忧心如焚。刘宇亮对崇祯的这种心情揣测得很清楚，便自请亲去督察军情，以为帝分忧。崇祯自然十分高兴，即革去总督卢象升，命刘宇亮代往督察，忽而又将刘宇亮改为总督。这一改，其职责就迥然不同了。总督要亲自领兵御敌，而督察只是监督考察一下，并不承担具体责任。刘宇亮对这种改变极为恐慌，马上找薛国观和杨嗣昌密谋，并且自己亲上一疏，谓不宜任总督，由薛、杨二人代为解脱。于是，崇祯仍命卢象升留任总督，刘宇亮仍任督察。当刘宇亮刚到保定时，就听到卢象升已战死。刘宇亮到安平时，侦骑报告说，大队清兵马上就要来到，大家顿时吓得面如土色。刘宇亮也顾不上首辅的身份了，慌忙逃往晋州。当刘宇亮一行赶到晋州城下时，知州陈弘绪却闭门不纳。城中的将士和百姓还歃血盟誓，决不让外边的一兵一卒入城。刘宇亮吃了这么大的一个闭门羹，十分恼火，用箭将命令射入城中，命马上打开城门，让自己进入，否则军法从事。陈弘绪亦命人传下话来："督师前来是为了御敌，今敌人马上就要来到，为什么要躲避呢？如果缺少粮饷，可以责于有司；如要进城，则不敢从命。"刘宇亮又羞又恼，遂上一疏，对陈弘绪大加弹劾。崇祯遂将陈弘绪逮治。晋州许多士民赴京诉冤，有上千人愿意代陈弘绪受刑。崇祯见此情况，便对陈弘绪减轻处罚，降级调往别处。这件事使崇颖帝对刘宇亮也产生了怀疑，认为他只会说大话罢了，并不是成事之人，名为督察，实际上扰民而已。

第二年正月，刘宇亮到天津，见诸将奋勇杀敌者少，畏葸退避者多，遂上疏弹劾。其中提到，总兵刘光祚临阵逗留，殆误军机。这时在京主持内阁事务的是薛国观和杨嗣昌，他们正想找机会倾陷刘宇亮，以便取而代之，便拟严旨，命将刘光祚军前斩首。这时，刘光祚恰巧在武清打了个不大不小的胜仗。刘宇亮先将刘光祚逮系干狱，随后上一疏，为刘光祚述武清这之功，以求宽宥。薛国观拟严旨，责备刘宇亮两疏前后矛盾，玩弄国

法，有大不敬之罪。刘宇亮上疏辩解，经九卿科道合议，拟将刘宇亮落职闲住。崇祯鉴于清兵未退，便命刘宇亮“戴罪图功，事平再议”。不久，刘宇亮即罢职回籍。薛国观如愿以偿，接刘宇亮为内阁首辅。刘宇亮在首辅任上只半年的时间。

3. 薛国观和范复粹

崇祯十二年（1639）二月，薛国观代刘宇亮为内阁首辅。在天启时，他配合魏忠贤攻击东林甚力。崇祯即位后，大治魏忠贤阉党，他又转过来大攻阉党。例如陕西巡抚乔应甲即阉党成员，薛国观首上劾章，说他“纳贿纵盗”，使乔应甲被罢职，并籍其家。因有如此表现，故在定逆案时未被列入。温体仁当政时，因素与东林为仇，故引薛国观为同道，使薛国观日益受重用。

当薛国观为首辅后，尽仿温体仁所有，而才智却不如温体仁。朝中大臣动辄得罪，薛国观不仅不从宽解脱，反而显得特别刻薄，有时故意摘引一些小事，激崇祯发怒，致使一些大臣受到严惩。这是他日后下场特别可悲的重要原因。

有一天，崇祯与薛国观议及朝政，感叹朝臣多贪墨，治不胜治。薛国观回答说：“假如厂卫得人，他们安敢如此！”当时，提督东厂的太监王德化就在场，一时吓得出了一身冷汗。于是，东厂人员就严密侦伺薛国观的一举一动，将其受贿诸事密告崇祯。崇祯起初对薛国观颇为倚信，此后则渐有戒心，变得越来越疏远。

崇祯年间内忧外患不已，各地纷纷要求增兵增饷，并发生了多起因缺饷而哗变的事件。因此，国用不足成了崇祯的一块大心病。尽管不断向全国加征，但仍是严重不足。崇祯向薛国观问及此事，薛国观建议，向大臣和勋戚借银。他还进一步说道：“在外群臣，由臣等负责办理；而在内勋戚，非皇上独断不可。”他还以武清侯李国瑞为例，说他储积甚丰，借40万两银子当不为难。李国瑞是崇祯曾祖母家的后人，其弟李国臣与兄不和，诡言其父有银40万两，自己应得其半，愿捐出以助军需。崇祯听信了薛国观的奏言，即命勋戚损资助饷，不助者则限期严追。李国瑞为了显示自己的确无银可捐，就把家中的各种器物摆到街上，公开叫卖，以换银助

饷。崇祯闻知后大怒，立命夺去李国瑞爵禄，致使李国瑞惊悸而死。为此，各家勋戚人人自危。这时恰巧皇五子生病，这些勋戚便串通宦官和宫女，倡言崇祯的曾祖母已为九莲菩萨，在半空中发话，责备崇祯薄待外家。先降灾于皇五子，如不改弦易辙，就使其五个儿子尽死。皇五子果然死去，崇祯十分惶恐，急忙封李国瑞才7岁的儿子为侯，并归还所献的金银。这件事使崇祯大受刺激，认为是薛国观害己，便伺机要严惩薛国观。

行人吴昌时素与薛国观不合，在考选时担心遭薛国观暗算，便通过守门人求见薛国观，意在通融。薛国观伪装热情，拟第一，应入吏科。但数天后旨下，吴昌时仅得礼部主事。吴昌时大为怨恨，认为薛国观有意卖己，便和东厂官员一起，揭发薛国观受贿诸事。这更加坚定了崇祯要严惩他的决心。

崇祯十三年（1640）六月，杨嗣昌出京督师，临行上奏疏一道。崇祯命拟谕旨。薛国观将所拟谕旨进上，大不称帝意。崇祯又将薛国观贪墨诸事一一抖出，命九卿科道议罪。起初众臣不解崇祯的心意，拟罪甚轻。崇祯遂命再议，终于将薛国观夺职放归。尽管这样，崇祯仍觉得处治过轻，怒意不解。

当薛国观离京时，大车小辆，珍宝甚多。东厂人员一直跟随侦伺，尽得薛国观受贿诸事。崇祯闻报后，立命将薛国观处死弃市。薛国观原以为必不会被处死，所以监刑人到他家门口时，他还在鼾睡。门人叫醒他后，告诉他来人都穿绯红色衣服，薛国观大惊道："我必死无疑了。"慌忙之间连自己的帽子也找不到了，便拿仆人的一顶小帽戴于头上。宣诏后，薛国观吓得浑身发抖，只是嗫嚅道："吴昌时杀我！吴昌时杀我！"在明代，首辅为一朝重臣，即使有罪，也大都能依礼回籍。嘉靖时只有内阁首辅夏言被处死，至此又有薛国观重蹈旧辙。薛国观固然受贿有据，但照通常情况，不至于被处死。人们都揣测，崇祯因皇五子死，对薛国观有私愤，认为薛国观死得有些冤屈。

崇祯十三年（1640）六月，范复粹继薛国观为内阁首辅。他于崇祯十年八月进入内阁，是继张至发之后又一批进入内阁的外僚之一。当时，崇祯希望阁臣能熟知六部情事，故每部选一人人阁：刘宇亮来自吏部。程国

祥来自户部，方逢年来自礼部，杨嗣昌来自兵部，蔡国用来自工部。因刑部无人，范复粹便以大理寺少卿进入内阁。从内阁人员的选拔来看，只有方逢年出身翰林，其余5人都是外僚，基本上按照每部一人的规则进行选拔。这显然是崇祯对内阁的一种改革。

范复粹才能平平，但不有意倾陷他人，持论较为公允。当崇祯即位之初，有人攻击袁崇焕为阉党所包庇，不可重用。范复粹毅然上疏，谓“袁崇焕功在全辽”，这类攻击实属“持论狂谬”。为袁崇焕重新被起用起了好作用。

范复粹刚就首辅之位，给事中黄云师就在一道奏疏中说：“宰相需有才、识、度，三者缺一不可。”当时首辅就被外人习称为宰相。范复粹感到这是在说自己不称职，十分生气，便向崇祯自陈道：“才、识、度，三者臣一项都不具备，请予罢职，以让贤者。”崇祯对范复粹好言慰留，而对黄云师则训斥一通，说他过于苛求。不久，御史魏景琦上疏，弹劾范复粹“学浅才疏，遗讥海内”。崇祯仍对范复粹持保护态度，而对魏景琦则训斥他不识大体，妄加诋毁，并将他下吏部议处。

崇祯十四年（1641）一月，李自成农民军攻陷洛阳，将崇祯的叔父福王处死。当时崇祯刚大病一场，在乾清宫左室召对廷臣，说到福王被害一事，泪眼汪汪。范复粹大概觉得，福王差一点没有被立为太子，崇祯的父亲光宗差一点没有被废掉，此即延续多年的纷纷扬扬的“国本之争”。他误以为崇祯对福王并没有什么感情，就说道：“这是天数。”崇祯显得有些不高兴，冷冷地看了范复粹一眼，没好气地说道：“虽说是天数，也赖人力予以挽回。”这实际上就是责备大臣无能，不尽心任事。范复粹半天没答上话，只有连声说“是”而已。

不久崇祯病愈，认为这是天下人的福气，遂大赦天下，命范复粹录囚，即查验狱中囚犯，该减刑的减刑，该释放的释放。范复粹将前兵部尚书傅宗龙等许多人放出，减刑的也很多。因此，不少人称赞范复粹是清正的官员。

范复粹看到天下多事，自己实在无力回天，又不断有人说他学识浅薄，故连疏乞休。崇祯十四年五月，范复粹致仕回籍，在位1年。不久，周延儒复入阁为首辅，这就到了崇祯朝的末期。

4. 无首辅之名、有首辅之实的杨嗣昌

自温体仁罢去，至周延儒再次入阁为首辅，其间四五年时间，首辅频频更换，都没有什么大的建树。杨嗣昌于温体仁当政后期即为兵部尚书，温体仁罢后不久又入阁为大学士，参预机务，深受崇祯倚信。此时辽东危急，李自成等农民军纵横驰骋于中原大地，兵部权势尤重。正因如此，杨嗣昌以内阁大学士兼掌兵部，权势极盛，虽无首辅之名，却有首辅之实。

杨嗣昌的父亲是杨鹤，因镇压农民军无功被判死罪。杨嗣昌连上三疏，请代父死。崇祯颇受感动，遂将杨鹤减死遣戍。他们父子原与东林友善，后因为一个列入逆案的乡人诉冤，遂与东林产生了隔阂。

杨嗣昌

崇祯九年（1636）十月，原兵部尚书张凤翼死去。崇祯感到廷臣中没有能胜任兵部尚书一职者，便想起了杨嗣昌。于是，下诏起用在家为母守丧的杨嗣昌为兵部尚书。杨嗣昌连上三疏坚辞不出，崇祯却坚执不允，杨嗣昌只得走马上任。他在家数年间博览文籍，善诗词文章，又能说善辩。崇祯与他一交谈，感到此人满腹经纶，大加喜爱，并颇有感触地说："只可惜用卿太晚了！"别人奏对，崇祯不时要他简明，而对杨嗣昌的奏对却不厌其详，所请求诸事无不应允。原兵部尚书张凤翼较为柔弱，对兵事无所区划。杨嗣昌一上任就锐意振刷，崇祯越发认为他是个能臣。当时天下已残破不堪，如杨嗣昌果能扭转这个局面，自不失为一个功臣。实际情况却是，他不仅没能扭转这种局面，也没能延缓这种危机，反而加深了这种危机，使明王朝加速走向了灭亡。这在以下几个方面表现得尤为突出。

首先，杨嗣昌倡加征练饷，民不堪命，明朝加速走向崩溃。

此前，明朝已加征辽饷和剿饷，履亩加征，全国的老百姓已苦不堪言。老百姓种田不胜加征之苦，便弃田四处流浪，其中很多人就加入了农民起义军的行列。这正是越剿农民军声势越大的重要原因。本来已民穷财尽，杨嗣昌又议加征，无异于火上浇油。杨嗣昌提出四项加征措施。第一谓"因粮"，即按照各地原额税粮以外，"量为加派"；第二谓"溢地"，即民间田地除纳税田以外，还有一些未纳税的土地，要"核实输赋"；第三谓"事例"，即富民可以纳银为监生，只限一年，用后人的话说就是卖官；第四谓"驿递"，通过裁减驿递，将省下的银子充作军饷。崇祯居然批准了杨嗣昌的奏请，还冠冕堂皇地说什么"不集兵无心平寇，不增赋无以饷兵"。这次加征弄得天下骚然，民怨沸腾。这正如礼部右侍郎蒋德璟所说："嗣昌倡聚敛之议，加剿饷、练饷，致天下民穷财尽，皆为盗。"这话实在是一针见血。

其次，练兵扰民，徒费兵饷。杨嗣昌鉴于各地农民起义此起彼伏，即要各地练兵自保。但在当时那种山河破碎的情况下，练兵徒有虚名，各镇报一个练兵数额，以作为请饷的口实。现有的兵士尚不得练，组练新兵谈何容易！现额官兵亦缺额缺饷，哪有力量组练新兵！结果是，这里报抽练兵马5万，那里报抽练10万，实际上一个也没抽练。这正如蒋德璟所责问的那样："今所练兵马安在……原额兵马俱不问，并所抽亦未练，徒增饷七百余万，为民累耳！"

再其次，杨嗣昌纸上谈兵侃侃，但实际上却一误再误。面对日益强大的农民起义军，杨嗣昌献上“十面张网”之策，说来头头是道。崇祯听得颇有些心花怒放，以为消灭农民起义军指日可待。杨嗣昌还推荐熊文灿为督师，代己在前线指挥。但熊文灿实际上并不知兵，一意主抚，“十面张网”的策略很快即陷于破产，而杨嗣昌还极力代他掩饰。有一天崇祯问及此事，杨嗣昌在回奏时引了孟子的一句话：“盈城盈野，善战者服上刑。”实际上是为熊文灿主抚失事开脱。崇祯听了大不高兴，当场诘责道：“今天下一统，与孟子列国兵争时不同，今不过一属夷小丑。纵不能伸大司马九伐之威，也不该说这种话！”崇祯说这话时声色俱厉，杨嗣昌吓得叩首谢罪。

崇祯的另一大忧患是辽东的满清势力。杨嗣昌身为大学士兼兵部尚书，对此一无筹划，在暗中支持互市议和，甚至借天象示变来隐喻，但并未形成稳定明确的策略。结果是战不胜而和不成，辽东的形势日益危急。

尤为误事的是，当时兵连祸结，杨嗣昌为推卸责任，就据军中的报告，事事“请旨授方略。”等旨下时，军前形势已发生了很大变化，故一再贻误军机。

最后，杨嗣昌用心诡密，排斥异己而又不动声色。当时兵事正急，杨嗣昌身为兵部尚书，权力尤显威重。他又是内阁大学士，参预中枢机密，便使他增加了排斥异己的资本。

例如，余应桂为御史时，曾弹劾杨嗣昌之父杨鹤，说他曾向周延儒行重贿。后来，余应桂升任湖广巡抚，因守城有功，崇祯在他期满时两次延期留任，杨嗣昌表面上佯作支持。当杨嗣昌的亲信熊文灿上疏弹劾余应桂“后期误事”时，杨嗣昌在崇祯面前极论余应桂罪责深重。退朝后，杨嗣昌马上又上疏请罪，说道：“应桂前任御史，曾参臣父，先国家之急而后私仇”。很显然，他这是为了在世人面前显示，自己是为国事，而不是为私仇。他把这种私家仇恨明白地告诉崇祯，并以请罪的形式上达，既显示了自己不报私仇，又显得自己光明磊落。越是这样，越显得余应桂的罪责属实。果然，没过几天，余应桂就被逮治下狱。“其转移之机甚秘，甚捷，人不得而测之也。”

明代的官员大都希望在吏部或兵部，而不愿在刑部。有些人虽在刑部任职，但也时刻钻营，希望能尽早调往别部。刑部郎中张若麒和浓迅得知，杨嗣昌与黄道周不和，便与杨密谋，由张若麟上疏弹劾黄道周，杨答应将张、浓二人调往兵部。张若麟连上两疏，在杨嗣昌的配合下，使黄道周被逐。不久，两人调转到了兵部，成为杨嗣昌倾陷其他人的得力帮手。

崇祯十一年廷推阁臣，大名士黄道周当时任少詹事，亦在被推之列。但是，崇祯却点杨嗣昌等人人阁，而将黄道周排除在外。事后，黄道周同日上三疏，分别弹劾杨嗣昌、陈新甲、方一藻，而主要矛头还是针对的杨嗣昌。他在疏中说，杨嗣昌在兵部任事二年，先有张十面网之策，后有与清和款之议，皆无成效，“才智亦可睹矣”，不当入内阁。

黄道周以前在弹劾温体仁时，曾说他送郑鄤都不如，为郑鄤被治罪而鸣不平。这成了杨嗣昌攻击黄道周的重要口实。杨嗣昌在攻击黄道周的奏疏中说：“郑鄤杖母，禽兽不如。今黄道周又不如郑鄤。”他还佯装请求罢免。崇祯好言慰留，还对他分外倚信。”

七月五日，崇祯召内阁和诸大臣于平台，与黄道周展开了一场激烈的论辩，起因就是黄道周弹劾杨嗣昌一事。这时杨嗣昌已进入内阁，他也是个饱学之士，早已在崇祯跟前灌输了许多对黄道周不利的话。因此，崇祯一开始就针对黄道周责问起来：“凡无所为而为者，谓之天理；有所为而为者，谓之人欲。你一日上三疏，正当廷推不用之时，果然无所为乎？”

黄道周态度坚定地说：“臣所上三疏皆为国家纲常，自信无所为。”

崇祯反问道：“为什么以前不奏言呢？”

黄道周回答道：“以前还可以不言，当点他人阁后再不言，以后更无当言之日。”

崇祯训谕道：“清固美德，但不可傲物饰非。”黄道周所对答多不合崇祯心意，故一再遭受崇祯训斥。黄道周在这种场合不仅不为所屈，反而据理力争。崇祯几次气得脸色都变了，其余大臣不敢插一言，只偶尔听到杨嗣昌向黄道周发难，空气显得异常紧张。黄道周针对杨嗣昌说道：“只有孝悌之人才能经纶天下，发育万物。不孝不悌者，根本既无，安有枝叶？”

杨嗣昌出班奏道：“臣不生于空桑，岂不知父母！只是念及君为臣纲，父为子纲，君臣自应在父子之前。何况列国时之君臣，可舍此去彼。今天下一统，君臣无所避于天地之间……当臣抵京时，听说黄道周人品学问俱优，为人宗师，竟没想到还不如杖母的郑鄤！”

崇祯接着说道：“是啊，朕正要问他这件事呢！”便回过来问黄道周：“你以前说温体仁不如郑鄤，如何解释？”

关于郑鄤一事，当时几乎成了不孝的典型。黄道周一时也解释不清，便不无诡辩地说：“我是说他的文章不如郑鄤。”

崇祯追问道：“你为郑鄤鸣屈，岂不是朋比？”

黄道周显然有些被动，只应对道：“臣是否这类恶人，众人必察。”

崇祯继续追问道：“你说陈新甲走邪径，托捷足，有何根据？你所说叩头折枝的人是指的谁呢？”

黄道周一时语塞，只是说：“人心邪，则行径皆邪。”

崇祯与黄道周诘问良久，黄道周强梗不屈，崇祯感叹道：“少正卯当时也被称为名人。他五大恶俱全：心逆而险，行僻而坚，言伪而辨，顺非而泽，记丑而博，但仍不免被孔圣人杀掉。”这里显然是把黄道周比成了少正卯。这话已极为严厉，黄道周已面临少正卯的下场。

黄道周这时倒显得很镇静，仍在抗辩：“少正卯心术不正，臣心正，无一丝一毫为私。”

崇祯怒容满面，从御座上站了起来，到里间停了片刻。平台上众大臣都屏住呼吸，你看我一眼，我看你一眼，都不敢插一句话，都为黄道周捏一把汗。崇祯从里间出来后，立命黄道周退下，候旨处治。黄道周却继续辩解道：“臣今日不尽言，臣负陛下；陛下今日杀臣，陛下负臣！”

崇祯怒气冲冲地说道：“你一生学问，只是为了成此佞臣！”并喝令退下。

既然被明确地说成了“佞臣”，黄道周大概在劫难逃了。他遂跪奏道：“臣敢将忠、佞二字剖析言之。如果说人在君父面前敢言为佞，那末，在君父面前献谀讲谗就是忠吗？如忠佞不区别开，邪正也就混淆了，那又怎么能使天下大治呢？”

经黄道周这么一说，崇祯颇有点心动，说道：“本来是这个道理。我并不是随便加你头上一个佞字。我问的在此，你答的在彼，不是佞又是什么呢？”崇祯这里的“佞”就成了诡辩的意思，比佞臣的佞罪轻多了。

这时杨嗣昌插话道：“人心刻薄到如此地步，真是太过分了！黄道周如此放肆，怎么能不加以矫正呢？”

崇祯本想严惩黄道周，但因他在士人中声名甚高，故多有顾虑，未立即惩治。杨嗣昌则想趁机除掉这个政治对手，于是便以将张若麒调往兵部为诱饵，嗾使他上疏弹劾黄道周。张若麒在疏中说：“今黄道周及其徒党广布流言，亏损圣德。举古今未有的好话都归于黄道周，不好的话则归于君父。”他还请崇祯将前日召对始末公之于天下，以免黄道周及其徒党借以鼓惑四方。崇祯遂命杨嗣昌拟谕旨，传谕廷臣，戒谕众人不可与黄道周相朋比，洋洋数百言。黄道周则被贬六级调外。杨嗣昌如愿以偿，又除掉了一个心腹大患。

卢象升是又一个有节操的能臣，崇祯十一年（1638）底清兵内犯，卢象升主战，杨嗣昌主议和，二人所议多不合。卢象升当面斥责杨嗣昌为秦桧。杨嗣昌又羞又恼，便反问道：“难道你就是岳飞吗？”崇祯命卢象升督师御寇，杨嗣昌却用主和的高起潜监卢象升军。杨、高二人对卢象升处处掣肘，甚至要诸将“勿轻战”。诸将本来就怯懦，有了兵部尚书杨嗣昌的这种批示，大家更观望不前，使清军长驱直入，连破许多城池。卢象升丧服出征，义无反顾，以大义激励将士，在前线奋勇杀敌。他虽说督天下兵，实际上所领兵不足两万。再加上杨嗣昌不及时增援，卢象升终于战死阵中。这正如《崇祯实录》中所说：“盖杨嗣昌中之也。”即杨嗣昌有意陷卢象升于死地。于是人们纷纷议论，谓卢象升果然成了岳飞，杨嗣昌果然成了秦桧。

清兵内犯，农民起义军的声势越来越大，杨嗣昌本人未受惩处，而是将责任都推卸到前线将领身上。崇祯命杨嗣昌议诸将失事之罪，结果有36员将领同日被处死弃市，其中包括颇为骁勇的祖宽等人。为此，廷臣议论纷纷。杨嗣昌无奈，只好亲自出京督师。崇祯十四年（1641）三月，杨嗣昌因屡次战败，襄阳、洛阳相继失守，两藩王被农民军处死，他自知罪责难逃，遂自杀于夷陵军中。

心存芥蒂，罢斥诸臣

崇祯有一块很大的心病，即总是怀疑臣下结党营私。他小时候亲眼看到朋党倾轧的危害和残酷。他在魏忠贤等阉党擅权的时刻登上皇位，在铲除阉党的基础上巩固了自己的统治，对东林诸人也心存芥蒂。因此，他对臣下的一举一动都疑神疑鬼，随之而来的便是用重法驭臣下。他恩不欲归下，自作英明，但举措乖张，致使“责罚严至不能罚”，政事愈加败坏。

（一）责罚严至不能罚

凡是英明的君主，驾驭臣下应做到两点：一是知人善任，二是赏罚分明。有功即赏，有过即罚，分寸恰当，那么臣下都会勤于政事，奋力进取。崇祯则不然，不要说他知人善任这一点做得不好，重用宦官即是明证，尤其是在对臣下的赏罚上更加荒谬。他往往该赏不赏，不该罚却滥罚，臣下常因小过而糊里糊涂地丢了脑袋。这在对将领的处置上表现得最为突出，“败一方即戮一将，隳一城即杀一吏”。在这种情况下，将领们大都不求有功，但求无过，而不思积极进取，唯恐因小过而被诛。更常见的现象则是互相推责，百般掩饰败绩，或把失败粉饰成胜利，把小胜说成大胜。崇祯对臣下的这种欺蒙现象有所了解后，则更为气恼，越发滥罚滥杀。于是，人们就看到崇祯年间出现了这种现象：年年增兵增饷，但军队的战斗力却日渐虚弱，大小将领一个接一个地被关被杀，疆事一天比一天败坏。

为了防止臣下欺蒙，崇祯还亲自考选官员。例如崇祯八年增补阁臣，他亲自召廷臣数十人，每人发给一封奏疏，要他们当场票拟，就像今天老师对学生进行考试一样。崇祯然后根据票拟优劣，亲定张至发和文震孟入阁。以前阁臣都来自翰林，崇祯“以翰林不习世务，思用他官参之”。张至发不出身翰林，长期在外任职，这时以刑部右侍郎入阁。所以张至发成为崇祯时第一个入阁的“外僚”。有一次，崇祯对吏部考察任用的一批官员不放心，便又亲自考选一番，并亲自定其官职。这时，有的人已到外地赴任，无法亲临应考。例如苏在先已就任苏州同知，成勇已就任南京吏部主事。有的人为成勇称屈，谓成勇倘亲自应考，定会受重用。崇祯降旨，“成勇改南京御史用”。苏在先无人为他称屈，也就仍任原职了。

面对崇祯时政事败坏，崇祯又滥罚滥杀，许多大臣都只求洁身自保，不敢直言政事得失。只有少数刚直大臣才偶尔敢发些议论。崇祯对他们的议论有时耐着性子听一听，大都不予采纳，甚至稍不如意则大加惩处。

刘宗周、黄道周二人是大名士，刚直不阿，直言敢谏。他们对崇祯的失误非常清楚，言辞也颇为直率。他们对崇祯时的弊端说得深刻全面。崇祯对他们二人的态度在一定程度上反映了崇祯的用人态度。

刘宗周在天启时被魏忠贤以“矫情厌世”的莫须有罪名罢职家居。崇祯召他为顺天府尹，即京师的行政长官。崇祯二年九月，他在上疏中就对弊政说得颇为深刻：

> ……以司农告匮，一时所讲求者皆掊克聚敛之政。正供不足，继以杂派；科罚不足，加以火耗。水旱灾伤，一切不问。敲扑日峻，道路吞声。小民至卖妻鬻子以应。有司以掊克为循良，而抚字之政绝；上官以催征为考课，而黜陟之法亡。……

崇祯平时经常表现出关心小民生计的样子，但实际上却对老百姓横征暴敛。各级官员也以聚敛为能，致使小民“道路吞气”，“卖妻鬻子以应”，天下又怎么能得安宁呢？关于崇祯考核各级官员，刘宗周说道：

> 事事纠之不胜纠，人人摘之不胜摘，于是名实紊而法令滋……深文巧诋，绝天下迁改之途。益习为顽钝无耻，矫饰外貌以欺陛下。士节日隳，官邪日著，陛下亦安能一一察之？

这实际上就是说，对臣下责罚过严，就等于没有责罚。责不胜责，罚不胜罚，臣下则不讲气节，矫饰欺蒙。刘宗周接着直接点出了崇祯本人的责任：

> ……动出诸臣意表，不免有自用之心。臣下救过不及，谗谄者因而间之，猜忌之端遂从此起……数十年来，以门户杀天下几许正人，犹蔓延不已。陛下欲折君子以平小人之气，用小人以成

君子之公，前日之覆辄将复见于天下也。

陛下求治之心，操之太急。酝酿而为功利；功利不已，转为刑名；刑名不已，流为猜忌；猜忌不已，积为壅蔽。

刘宗周在这里直指崇祯有“自用之心”，求治“操之过急”，以重刑驭下，造成许多积弊。在封建时代，一个大臣能够直接指出具有九五之尊的皇帝的过失，这是需要极大勇气的，弄不好就会掉脑袋。这一次还算好，崇祯未对刘宗周治罪，只是认为他“迂阔”，也承认他出自忠心，但对他的建议并未采纳。

崇祯二年冬清兵内犯，袁崇焕被下狱处死，许多大臣受连累被治罪。自此以后，崇祯便认为朝臣误国，对臣下更加猜疑，转而对宦官更加依重。崇祯这一时期的心情很不好，甚至一连数天不上朝理事。臣下大都不敢劝谏，而刘宗周却毅然上疏，直陈时弊。他在疏中表明，政事败坏，臣下有过，崇祯也有责任。崇祯见疏很不高兴，自然也谈不上采纳他的意见了。刘宗周却仍不罢休，于崇祯三年又一次上疏，切陈用重刑驭臣下的失误：

陛下以重典绳下，逆党有诛，封疆失事有诛。一切诖误，重者杖死，轻者谪去，朝署中半染赭衣。而最伤国体者，无如诏狱。

刘宗周这话说得十分激切，也十分大胆。他居然敢说：“朝署中半染赭衣”，即半数大臣都成了囚犯，皇上还有什么英明可言呢？崇祯见疏十分恼怒，“指为偃蹇”。刘宗周见自己的意见不被采纳，便称病辞官。崇祯顺水推舟，马上准其回乡闲住。崇祯八年，廷推刘宗周入阁。第二年刘宗周入京，马上进一疏，重点也是说崇祯用法太严。崇祯认为刘宗周太迂腐，便不准其入阁，而仅授职工部左侍郎。刘宗周本来被推举为阁臣，千里迢迢地由家乡赶来，这时却改为一个侍郎，心里自然十分懊丧。于是，他接着又上了一道《痛愤时艰疏》。他在疏中说，自袁崇焕被下狱处死后，“朝廷始有积轻士大夫之心”。他接着说道：

自此耳目参于近侍，腹心寄于干城，治术尚刑名，政体归丛脞，天下事日坏而不可救……人人救过不及，而欺罔之习转甚；

事事仰成独断，而谄谀之风日长……敲扑繁而民生瘁，严刑重敛交困而盗贼日起……朝廷勒期平贼，而行间日杀良报功，生灵涂炭矣！

崇祯见疏“怒甚”，要阁臣严旨票拟，准备对刘宗周严加惩治。内阁呈上票拟，崇祯以所拟太轻而退回内阁，有时还亲自批上数语。如此反复了数次，鉴于刘宗周的确没有多少罪过可说，难以拟罪很重。这样过了一段日子，崇祯怒气渐消，便打消了惩治刘宗周的念头，而只是降旨诘责了一通，“谓大臣论事宜体国度时，不当效小臣归过朝廷为名高”。刘宗周知道自己不被信用，不久就上疏求去。崇祯遂命他闲住养疾。但刘宗周还是时刻关心着朝政，在崇祯十一年（1638）清兵内犯稍安后，他又上疏直言崇祯驭臣下之失。内阁首辅温体仁素与刘宗周不合，这时趁机“上章力诋”，刘宗周遂被削籍为民。

到崇祯十五年，天下的形势更加危机，崇祯又想起了刘宗周，认为他清正敢言，才有可用，于是又起用他为左都御史。当年冬季清兵入塞，掠至山东。这时崇祯的心情十分忧虑，刘宗周刚直的秉性不改，二人遂在廷上展开了一场颇为激烈的辩难。

刘宗周奏道：“十五年来，陛下处分未当，致有今日败局。不追祸始，更弦易辙，欲以一切苟且之政，补目前罅漏，非长治之道也。”

崇祯气得脸都变了颜色：“前不可追，善后安在？”

刘宗周答道：“在陛下开诚布公。公天下为好恶，合国人为用舍，进贤才，开言路，次第与天下更始。”

崇祯反问道：“目前烽火逼京师，且国家败坏已极，当如何？”

刘宗周先说了一通择贤才的话，接着说道：“论者但论才望，不问操守；未有操守不谨而遇事敢前、军士畏威者……”

崇祯打断他的话说：“济变之日，先才后守。”意思是说，在军情紧急之时，应该首先看才能，第二位的才是操守。

刘宗周毫不退让，继续说道：“前人败事，皆由贪纵使然。故以济变言，愈宜先守后才”。

崇祯反驳道：“大将别有才局，非只操守可望成功！”

刘宗周接着以督师范志完败事为例，继续抗辩道："他不具论，如范志完操守不谨，大将偏裨无不由贿进，所以三军解体。由此观之，操守为主。"

崇祯很不耐烦，便没好气地说："你的意思朕已知道了。"

这才停止了这场争辩。但不久就借故将刘宗周罢斥为民。

从刘宗周的话中可以看出，崇祯在驾驭臣下方面多有不当。尤其是他"求治太急，用法太严"带来许多严重的弊病。正是针对这一点，刘宗周建议他"以宽大养人才，以忠厚培国脉"，而不能一味滥罚滥杀。即使对刘宗周这样的清正有识之臣，崇祯也难以相容，终于将他罢斥为民。

崇祯对待黄道周的态度也是个典型。在当时，黄道周"以文章风节高天下，严冷方刚，不谐流俗"。崇祯也明明知道他清正敢言，但厌其太直，故几次起用，又几次罢斥。有一次会推阁臣，黄道周本来在其中，但崇祯拒不令其入阁。后因言事过于激烈，崇祯居然将他谪戍广西。

郑三俊也是出名的清正大臣，名望甚高。

崇祯十一年，崇祯听信谗言而将郑三俊逮系狱中。时郑三俊任刑部尚书，也可说是重臣了。总督卢象升首先上疏论救，继而有十余个人臣陆续上疏，为郑三俊喊冤，极称郑三俊"公忠廉慎"。其中说得最激切的大概就是应天府丞徐石麟了。

疏中虽将刻薄惨激之类的帽子加在臣下头上，但崇祯心里很明白，实际上是说的自己。正因如此，崇祯见疏十分生气，立命将其罢斥为民。

崇祯对名重一时的大臣动不动就罢斥，甚至逮系，对一般的大臣处治得就更滥了。"崇祯五十相"已成尽人皆知的固有词组，也是历史笑谈。它形象而真实地反映了崇祯轻易处罚大臣的事实。崇祯年间这类的事还有很多。例如刑部是掌管刑罚的，但刑部官员并不能按照通常的刑法办事，而只能唯崇祯的意旨是从。崇祯要用重刑，刑部官不敢少宽，否则他们自身也将受到严惩。崇祯在位17年，仅刑部尚书就换了17人。像苏茂相，仅当了半年刑部尚书就被罢职。韩继思因量刑不合崇祯心意而被除名。乔允升和冯英被遣戍边地。刘之凤和甄淑都被下狱论死，后死于狱中。郑三俊两次出任刑部尚书，两次被罢。至于其他的刑部官员，被罢、被遣戍者更不胜枚举。

崇祯年间兵事频仍，武臣被治罪者更是接连不断。满族不时内犯，攻城略地；李自成、张献忠等农民军几起几落，势力日益壮大，兵锋所及，遍至大半个中国。当某一个城池失守时，当地长官十之八九也就要被杀。例如陕西华亭知县徐兆麟，他刚赴任几天，城被农民军攻陷。他本人则因此被"论弃市"。他纵使有天大的本领，刚上任的他对军政又能作何整饬呢？对此"人皆冤之"，但慑于崇祯的严刑峻法，没人敢为他开脱。

总督掌一省或数省军务，巡抚掌一省或数处军事重镇的军务，都是独挡一面的封疆大吏。崇祯对他们也是严厉有加，毫不宽待。崇祯在位17年间，除袁崇焕以外，还有诛杀了总督郑崇俭、刘策、杨一鹏、熊文灿、范志完、赵光抃。另外，杨嗣昌因镇压农民军失败而畏罪自杀，卢象升孤军无援，战死沙场久久得不到抚恤。

崇祯还诛杀巡抚11人，其中不少人死得十分冤枉。例如山西巡抚耿如杞，当清兵大举内犯时，崇祯号召天下兵勤王。耿如杞率总兵张鸿功入援京师，结果三天被命令换了三个地方驻防，而粮草却一点未给。士卒饥饿难忍，遂四出劫掠。崇祯闻知后，立将耿如杞和张鸿功下狱，不久处死。四川巡抚邵捷春也死得不明不白。这是因为，当杨嗣昌在湖北等地镇压农民军时，为了减轻压力，有意将农民军往四川驱赶。邵捷春抵御不住，便被崇祯以失事处死。崇祯对总督、巡抚的惩治尚如此严厉，至于级别较低的军官，因故被逮、被杀的就更不计其数了。

有的官员摸清了崇祯的脾性，用刑故意从严，以免受到皇上的谴责。例如曾任刑部尚书的甄淑就对下官说，凡是按照刑律该拟杖罪的，就判为徒刑；凡是该拟为徒刑的，就判为遣戍；凡是该拟为遣戍的，就拟为斩首。他以为这样一来就会合乎崇祯的心意，就"不可驳"了。这很难怪这些官员生性残忍，更主要的是崇祯专用严刑所使然。

崇祯甚至恢复了朱元璋时所常用的廷杖。将平时颇为体面的大臣当廷用棍棒欧打，轻则遍体鳞伤，重则毙于杖下。行杖时由宦官指挥，锦衣卫官校施行。在这种时候，被杖大臣的命运就完全掌握在这些人的手中。如果宦官两脚尖分开向外，表明不要打死；如两脚尖一合，被杖者就要一命呜呼了。吏部郎中吴昌时两胫骨被当廷打断。朱绅是内阁大学士朱国桢之子，因恩荫得任内阁中书，因弹劾湖州知府朱大受，连上四疏，惹得崇祯大怒，“奉旨廷杖，遂毙杖下”。

按照崇祯本来的心意，想通过用重刑使臣下尽心用事，不敢懈怠和欺蒙。但结果却事与愿违。正像前面所述刘宗周等人所奏请的那样，刑愈严而弊愈深，臣下救过不及，唯恐因小过而被诛，只有因循苟且，遇事则百般推脱罪责，宁肯眼睁睁地看着国家大事遭败坏，也不肯主动前去挽救。崇祯本想用严刑整肃吏治，结果崇祯时的吏治愈加败坏。这大概是崇祯所没有想到的。

（二）委过于人，自作英明

崇祯一方面为政察察，以重刑驭臣下，另一方面是自作英明。本来是自己授意做的事，一旦出了问题，则委过于人，拿臣下当替罪羊。有恩不肯归下，有过则拿臣下开刀，这是他性格上又一个致命的弱点。在他对待名将袁崇焕和孙承宗的态度上，这种弱点表现得十分典型。

崇祯二年（1629）十月，清兵绕过山海关大举内犯，京师危急，袁崇焕率祖大寿等紧急入援，形势稍有好转。但崇祯却听信谗言，中了皇太极的反间计，将袁崇焕逮系狱中，不久将其处死。祖大寿见大事不妙，急忙率部下1.5万余人溃关而去。此时京师之围尚未尽解，山海关一带的军事形势又处于瓦解之中，形势十分危险。这时紧急起用家居的名将孙承宗，命为兵部尚书。孙承宗以手书慰谕祖大寿，晓以大义，使祖大寿解除了疑虑，“敛兵待命。”当时山海关一带人心惶惶，以至当地商民“闭门罢市”。山海关外是清兵控制的地盘，关内的遵化、永平等四镇亦被清兵夺占，山海关形势的危急可想而知。孙承宗到关后苦心经营，“人心始定”，不久又收复了遵化、永平等四镇，形势这才基本上安定下来。崇祯四年，明军于大凌河小败。凡有点军事常识的人都知道，在那种明军与清军不时争战中，时有胜败，本不足为奇，更何况新兴的满清势力血气方刚，明军长期以来一直处于守势。另外，孙承宗在关外的军事部署经常受到干扰，处处掣肘。这更加削弱了明军的战斗力，所以类似大凌河这样的败仗不知已出现过多少次。这时，许多人弹劾孙承宗“丧师辱国”。孙承宗也感到事不可为，遂连章乞休。崇祯居然不辨是非曲直，对孙承宗“夺官闲住”。临行时，孙承宗又“上边事十六事”，言之切切，但崇祯只“报闻而已”，并未引起重视。孙承宗家居七年，在清兵围攻他的故里高阳时，他率家人顽强抵抗，后城破自缢。在此期间，明王朝的军事形势迅速败坏，几乎一发而不可收拾。对孙承宗的悲剧，《明史》上有颇动感情的评述。孙承宗“再视师，皆粗有成效矣”，而那些阉党余孽却喋喋不休，百般攻击，终将孙承宗“摒诸田野”，一直未再起用，致使一家人皆死于清军之手，而恤典不加。其实仔细分析一下就会发现，主要的责任还在崇祯身上。他不辨贤奸，不怪自己用人不专，而要求臣下马上成功，稍有失误则斧钺随其后，事情也就只能越来越糟了。

崇祯十一年二月，当侯恂蒙冤被逮后，一些人就散布流言，谓郑三俊与侯恂是东林密友，郑三俊一定会“屈法徇私”。这话也传到了崇祯耳中。当郑三俊将侯恂的狱词奏上时，其中果然有许多为侯恂卸罪之辞。崇祯顿时大怒，断定郑三俊和侯恂果然是同党，于是立命将郑三俊逮系狱中。总督卢象升等连章为郑三俊诉冤，崇祯皆不予置理。数日后崇祯御经筵。按照惯例，大臣进讲后都要附一段“时论”，即议论时政得失。一般说来，这时皇帝的心情比较好，是虚心纳谏的良机。许多大臣也趁机讲一些平时不敢讲的话。左谕德黄景昉这时极言郑三俊清正，不当下狱。接着又有不少人为郑三俊呼冤，甚至称将郑三俊下狱有违天和。崇祯对此表现得颇不耐烦，但心里已清楚知道，郑三俊实不该下狱。但是，崇祯却不肯当众宣布将郑三俊释出。这是因为，如果这时当众将郑放出，岂不表明臣下所言正确，而自己是错的了吗？

不久，崇祯极为少见地面谕百官数百言，其中特别提到郑三俊一案，谓“隋弊显然，有何可疑？而欺罔委卸，巧为弥缝，屡奏批驳，玩法愈甚”。看来郑三俊下狱是罪有应得了。但接着话锋一转，“但念别无赃贿，姑作回家听拟。”原来，崇祯先申述一番郑三俊的罪过，正是为了表示自己的英明。对此，明眼人都看得很清楚。而且，崇祯明明将郑三俊放出，但还是要“听拟”，即听候拟罪处治。这自然也是虚晃一枪。郑三俊现在狱中尚未拟罪，还怎么能等到放出后再去拟罪呢？崇祯这样做只是为了显示，逮系时，放出也对，总之自己是英明的。放出也是自己的主意，而不是因为臣下纷纷请求。少詹事张四知在崇祯御经筵时也在场，他看到崇祯为郑三俊事极为震怒，他却暗自心喜，出来后出语惊人，“谓三俊自此得释矣”。七天以后，崇祯果然将郑三俊放出。张四知实际上摸透了崇祯的这个弱点，“圣明本欲受言，只不欲恩归于下耳！”崇祯身为一个最高统治者，一手握定臣下的生杀予夺之权，但却不肯“恩归于下”，而是自作英明，实际上正是极不英明之处。

崇祯在“不欲恩归于下”的同时，却经常委过于下，将本来由自己决定的事，一旦出了问题，则将罪责加在臣僚身上。本来是自己授意的事，只是因感到有损圣德，便推卸到臣下头上，说是他们一再奏请的结果，自己不得不允其请。老百姓要骂的话，也只能去骂那些一再奏请的臣僚。这在向老百姓加征中表现得最明显。崇祯除了加征辽饷、剿饷外，又加征练饷，每次加征都不说是自己的主意，而说成是臣下反复奏请的结果。老百姓本来已不堪重负，崇祯时却又反复加征，更使老百姓求活无门，民怨沸腾，大批穷人流亡外地，他们纷纷加入农民起义军，成了埋葬明王朝的重要力量。但是，仔细看一下明代的有关记载就会发现，这些义愤填膺的农民骂崇祯的倒不多，而大都是骂贪官。岂不知，这些贪官都是崇祯的鹰犬，崇祯才是他们的总代表。贪官自然可恶，而主要的责任还在崇祯身上。他们之所以对崇祯骂的少，只是因为他们没看清崇祯的真面目。

当袁崇焕被下狱处死后，崇祯命梁廷栋总督蓟、辽、保定军务，不久又掌兵部事。崇祯三年，梁廷栋以兵饷不足，上疏请追加辽饷。他在疏中说，现今老百姓虽然穷，但并不是因为加征辽饷，而是因为官员贪墨，暗中加派者不知比定额多出多少。他的结论是：“故今日民穷之故，唯在官贪。使贪风不除，即不加派，民愁苦自若。使贪风一息，即再加派，民欢欣亦自若。”崇祯对梁廷栋的话颇为赞赏，但他并未马上下令加征，而是“下户部协议”。户部尚书毕自严在上年刚上过一疏，为“度支大绌”而焦虑，也提出了一些自己的办法，例如增加关税，卖掉各地为魏忠贤建的生祠，裁汰冗役，核查隐田，寺院地产亦要像民田一样征赋，停止建造公署等，并不主张向老百姓再加征。这时毕自严见崇祯又要加征，自度“不能止”，便也同意了加征。“于是旧增五百二十万之外，更增百六十五万有奇，天下益耗矣。”崇祯心里很清楚，这类加征的事非常不得人心，所以就在他发布的谕旨中将这事都推在了臣下身上：“往日因为辽东兵事紧急，按亩加赋，一直没有停止。这事一直挂在我的心头，总想尽早免掉。但是，近来边患一直不得平息，军情越来越紧急，户部咨奏再三，请于每亩现已加征的九厘外，再每亩加征银三厘，前后共一分二厘。这两项都是辽饷，事平后即行停止。朕因廷议既协，权宜允从。”明眼人都很清楚，这样一来，崇祯就把这件不得人心的事都推到了臣下身上，是他们“咨奏再三”，朕才“权宜允从”。那么，“朕”本来是很同情老百姓的，只是因为臣下反复请求，“朕”才不得已答应这样做。老百姓要骂的话，也只能去骂这些不体恤百姓的大臣。显然，这不仅是在委过于人，而且也在委骂于人，自己则永远不会有过错。

崇祯这样做的结果是，疆事越来越败坏，天下越来越乱。崇祯八年五月，崇祯看到天灾人祸接连不断，自己的江山越来越残破不堪，不是首先自责，而是“命百官修省”，即让这些官员都去检讨自己的责任。对此，工部主事郑尔说上疏说：

> 修省之实，刑狱太盛，赋役太繁，摧折太甚。鼓舞未尽伸，言路未尽输，焦劳未尽当。上责其轻率。

实际上，郑尔说所言的确击中了要害。即如果要修省的话，那末主要问题在于刑罚太严太滥，对大臣摧折太甚，再就是一再加征，加在老百姓头上的赋税太重。至于不能鼓励臣下效力，言官不能畅所欲言，还都在其次，最令崇祯不能忍受的是“焦劳未尽当”，这不是公开地在责备崇祯本人吗？实际上这正是最核心的问题，也是最令崇祯不能接受的话。不过郑尔说的运气还算不错，只是被崇祯“责其轻率”，而没有受到更重的惩处。

在这种情况下，臣僚大都遇事因循，不求有功，但求无过。等而下之者则行贿受贿，结党营私，寻找靠山，以便遇事有人代为解脱，一有机会还可以飞黄腾达，爬到更高的位置。崇祯对臣下的这种状况也很清楚，便设官层层监视，冗官冗员大增。臣下一旦失事，则严加惩处。尤其是在军事上，几乎每陷落一个城池就要将其长官杀掉。将领打了败仗，不深究原因是什么，轻则降职，重则处死。

崇祯十二年七月，因上年清兵内犯，逼临京师，并攻陷济南等地，崇祯对所谓“失事诸臣”大加杀戮。其中有不少人是很能干的将领，只因朝廷调度乖方，致使军事上失利。例如山东巡抚颜继祖，原来驻守济南。当清军逼临京师时，命他移驻德州。当时他手下只有三千士卒，兵力很弱。因驻德州，济南自然空虚，难以同时照应两城。颜继祖请命刘泽清等迅速赴援济南，但济南一直未见来援的一兵一卒。崇祯十二年一月，清兵将济南攻陷，俘获了德王。事后颜继祖被逮治，自感冤枉，便上疏说：“臣兵少力弱，不敢居守德（州）之功，不敢不分失济（南）之罪。请以爵禄还朝廷，以骸骨还父母。”崇祯不允，仍将其“弃市”。朝廷既然命他专守德州，而德州并未失，本是有功之臣，却要承担济南失守之罪。自己请求罢职，以回乡奉养父母，言辞颇为动情。但崇祯仍将其处死，他心里自然不平。像同时被处死的总兵祖宽，也是一员猛将，多有战功。只因朝廷调度乖方，他寡不敌众，打了败仗。崇祯不分青红皂白，将他们许多人一起处死。他们心里不服，居然在赴刑场时对崇祯破口大骂，“临刑肆口讪上，极其无状”。这里说得比较含蓄，实际上就是在刑场上骂崇祯。这种情况在封建时代是极其罕见的，如不是蒙冤太甚，是不会公开辱骂皇帝的。

（三）用人多疑，举措乖张

崇祯另一个致命的弱点是用人多疑。这主要有两方面的原因。一方面，崇祯自小就生活在党争激烈的时代，他亲眼看到党争的激烈和冷酷。一些臣僚为了倾陷异党，什么见不得人的手段都用得出来。这使他自小就对臣下的忠诚存在着根深蒂固的怀疑。另一方面，崇祯面对天下多事的局面，急于求治。但明王朝历经近300年，统治肌体已腐败不堪，那种危殆的局面不是一朝一夕所能改变的。崇祯年轻气盛，总想一下子扭转危局，使明王朝出现中兴景象。而事与愿违，总事事不顺心，甚至危机的局面更日甚一日。这使他变得更加急躁，总怀疑臣下不尽心用事，所以一有失误就严加惩治。于是，用人多疑就构成了他性格中重要的另一面。

崇祯元年冬发生了会推阁臣案，弄得纷纷扬扬。温体仁因不在会推之列，便借故攻击在会推之列的钱谦益。周延儒也暗中支持温体仁，致使钱谦益入阁未果。温、周二人都被时人列入“四凶”之列，名声大受损害。钱谦益是东林首领人物，而此时正值钦定逆案之后，此案无疑是对东林党人的重大打击。按照常理，崇祯在严惩魏忠贤及其阉党之后，本应依重东林党人。但他对钱谦益入阁一案的处置无疑是对东林党人的当头一棒。温体仁攻击钱谦益，最能打动崇祯的是所谓“结党”一说。钱谦益当时的声望本来很高，但因被崇祯怀疑结党营私，虽被会推，亦不准入阁，甚至还被罢职议罪。钱谦益一案既是崇祯用人多疑的一次暴露，也是造成他日后对臣下多疑的一个原因。

用人多疑必然造成用人不专，用人不专则难责其成。他不仅频频更换阁臣，而且六部九卿大臣也难见久任者。对边关将领派宦官前往监视，还不放心，就暗中派人前去“视监视”，即层层监视，明监视又加暗监视。对此，臣下心里都很清楚，自己虽在颇为重要的官位上，但不知有多少人对自己进行着暗中监视。今天可以对部下发号施令，明天就可能成为阶下囚。于是，臣僚大都整天提心吊胆，为自己随时可能遭到厄运担忧，而勇于任事者极少。官员们大都在那里得过且过，斤斤自保，政事的败坏也就可想而知了。崇祯经常指责“臣皆亡国之臣”，岂不知这种状况正是他自己造成的。

如有谁破例为国杀敌，崇祯也会怀疑他用心不良，不仅不予奖赏，反而会将其治罪。例如崇祯九年七月清兵大举内犯，唐王朱聿键自恃勇武知兵，又是皇家宗室人，便自行率兵入援。在明朝危急存亡之秋，朱聿键主动赴疆场杀敌，本是好事，理应受到嘉奖。但是，在清兵退去不久，崇祯即以未经朝廷明令为由，将唐王朱聿键废为庶人。实际上，当京师危急时，崇祯号召天下兵勤王，并不必一一得到命令才能启行。崇祯之所以要惩治唐王，主要原因是他怀疑唐王有野心。也正是出于这种心理，所以尽管内忧外患接连不断，许多大臣也提出过建议，请明令各地藩王“杀贼”

效国，但崇祯就是坚不允准。对此说得最明确的是户部尚书倪元璐。他曾上疏说，鉴于内忧外患日益严重，应该改变过去那种对藩王的限制。秦、晋二王自明初以来就是强藩，陕西、山西又是山险用武之地，请明谕秦、晋二王，“以剿贼保秦责秦王，以遏贼不入晋责晋王。”如“王能杀贼”，则授以大将军之权；如他们无此才能，则命其将所积蓄饷军。等事平后，每王再加封一子为亲王，“亦足以明报矣”。但崇祯始终不允。后来，袭封的秦、晋二王都被李自成农民军所俘获。

当崇祯八年李自成、张献忠农民军毁凤阳皇陵后，崇祯“以海内多故，思广罗贤才，下诏援《祖训》，郡王子孙文武堪任用者，得考验授职”。即藩王有才能的子弟可经考核后授职，以使其报效国家。礼部右侍郎陈子壮力言不可，谓任用这些宗室子弟“适开侥幸之门”，破坏藩规，而且这些人会危害地方。当此疏奏上时，崇祯大怒。当时崇祯正在饮茶，见疏后将茶杯摔碎在地，立命严惩。陈子壮以离间宗亲和阻碍诏令下达为名，被逮治下狱，继而被罢职为民。崇祯虽有起用宗亲的诏令，但并未认真执行。本来此诏令在前，唐王朱聿键率兵入援在后，但朱聿键还是被废为庶人，并被禁锢于凤阳高墙。这只能从崇祯用人多疑上去寻找深层的原因。

和用人多疑联系在一起的是举措乖张。崇祯在这方面有许多事可述，有的举措不遵守成宪，有的举措不近人情，有的举措则荒诞得令人可笑。

科道言官掌纠劾，不论所言正确与否，一般都不予治罪，以显示皇帝圣明，纳谏如流。即使真的徇私有罪，也不交厂卫特务去惩治，故崇祯以前从未将言官系锦衣卫狱者。但崇祯似乎不管这一套，当言官熊开元和姜埰因言事得罪后，命将二人下锦衣卫狱严惩。刘宗周为此上疏，极言这样做“于国体有伤”，即使二人真的有罪，也应付三法司。崇祯闻言大怒，认为刘宗周是“偏党”，再次将其罢职为民。

当明朝开国之初，明太祖朱元璋对文官的服色、图案都规定得十分详明，沿用了近300年。崇祯身处多事之秋，却忽然心血来潮，取出《山海经》，用这本古书上的兽名重新更定服色、图案。《山海经》上的兽名稀奇古怪，不少兽名今已不知指何物。许多大臣反复劝谏，认为这样变更没有必要，白白浪费许多人力和物力。况且大臣们经常在天子身边，环视皆怪异兽类，也不是吉祥之兆。但崇祯不予理睬，坚执要改，臣下无可奈何。

因财政吃紧，崇祯命将历朝铜器尽发往宝源局，将这些铜器融掉铸钱。其中不仅有明代历朝铜器，而且有不少明代以前的器物，制造得十分精美，实际上就是一些珍贵的文物。崇祯居然要将这些铜器毁掉铸成铜钱，稍有点文物知识者自然都感到十分可惜。这些器物“制造精巧绝伦。商人不忍旧器毁弃，每称千斤，愿纳铜二千斤”。即商人愿以2000斤铜来换1000斤铜器。这本来是好事，但负责监督此事的官员不答应，认为“古器虽毁之可惜，我何敢私为轻重？”商人说，有的铜器较厚，融化后还有所存留，有的铜器极薄、极轻，“下炉后唯有青烟一缕耳”。监督官员对此也很清楚，但就是不敢答应，这些官员只是例行公事，明明知道将这些古铜器毁掉可惜，但碍于崇祯猜疑心重，不敢自作主张，唯恐因此获罪。

山海经

人们不禁要问，将这些古铜器改铸成铜钱，又能价值几何呢？靠这点铜钱就能改变国家财政状况吗？

有些事则显得十分荒诞可笑。崇祯十三年冬，崇祯祭祀他的父皇泰昌帝，亦即光宗，诸阁臣都要陪祭。大学士谢升当时正深得崇祯倚信，却最后一个来到。纠仪官员对他严加纠劾。谢升辩解说，自己出门时，腰带忽然断了，“再续再断”，因此来得晚了。他请求将自己和缝制官服的人一起下法司审问，以辨清罪责。崇祯命不予追究，“虽奉旨免议，而圣意已移矣。”即崇祯虽未马上对谢升治罪，但也不再倚重他了。不久即将其“削籍为民”。将谢升罢职的理由虽不是衣带之事，但了解内情的人知道，断衣带之事是谢升被罢职的内在原因，而且是主要原因。

崇祯为了倡导节俭，命诸臣的袍袖“长不得过一尺。宫中尽撤金银等器，俱用陶器，并谕戒诸臣不得擅用金银”。有的大臣劝谏，谓宫廷非寻常百姓家可比，不仅要会见群臣，而且要接见“万国来朝”的使节，宫中器物尽陶器，有失尊严。但崇祯却不听劝谏，坚执将金银等器物撤出。

崇祯鉴于国库空虚，暗示臣下“捐俸助饷”。当一些臣僚上疏请行此事时，崇祯却又摆出关心臣下的样子，装模作样地不答应这样做。经臣下一再请求，才予允准。当臣下联名上奏时，绝大部分臣僚都愿署名，只有刘宗周不联署，“谓养廉不可废”，意思是要依靠俸禄生活，此乃养廉之本，如把俸禄捐出，岂不是要臣僚去搜刮百姓吗？实际上，在明末贪墨横行的时代，俸禄只占官员收入的很小的一部分。正因如此，所以大部分官员都表示愿意“捐俸助饷”。刘宗周清廉，不愿搜刮百姓，所以反对捐俸。但官员捐俸的事在崇祯时还是进行了数次，对扭转明朝财政空虚的状况并未产生明显的作用。

崇祯十一年冬清兵内犯，兵部主事沈迅上疏言兵事。一是请于河间等四县各设兵备一人，二是请崇祯颁诏，“以天下僧人配尼姑，编人里甲，三丁抽一，可得兵数十万。”崇祯居然认为沈迅所言可行，并立即将他改任兵科给事中。在那兵马倥偬的年代，命僧人与尼姑相婚配，然后从中三丁抽一为兵，根本行不通，徒然给本已乱哄哄的国家增加纷扰。即使强迫这些出家之人为兵，也很难指望他们去打硬仗。对这种荒唐的建议，崇祯居然认为“可用”，恰恰表明崇祯本人举措乖张到什么程度！实际上，沈迅的这个建议并未认真执行，也无法认真执行。

对崇祯的这种弱点，明清之际的人多有评述。有的人评述道：“朝廷察于上，自谓英明。贤材席不暇暖，贪墨不足，把持之居要津。”这里的“朝廷”实际上就是指的崇祯。他“自谓英明”，但贤良之材却“席不暇暖”就被除掉，而贪墨之徒却能长期地盘据要津。

贿赂成风，军政败坏

崇祯身为一个年轻皇帝，精力旺盛，极想有所作为。因战事频繁，他重武轻文，大开武举，但他所看到的却是将贪兵懈，战斗力日益虚弱。

（一）无官不贪，政以贿成

明朝自建立到崇祯时已历时近3个世纪，统治肌体已彻底腐败。不仅臣下结党营私，明争暗斗，而且官场上贿赂公行，行贿受贿成为家常便饭，且数量越来越大。国家财政亏空，兵饷不足，但发往各地的军饷却经常被克扣，成为将领向上司行贿的资本。此类事不胜枚举，以致当时经常发生士兵因缺饷而哗变的严重事件。崇祯对官员的贪墨极为痛恨，一旦发现，则予严惩。但是，受到惩罚的只是极少数，有的是因办事不密，有的是因受到株连而露了馅，有的是被政敌精心侦缉而露了马脚，成为牺牲品。尽管崇祯对贪官的惩治极为严厉，但却贪风不止，且有愈演愈烈之势。除了像刘宗周、黄道周那样有操有守的名士外，基本上可说是无官不贪，罚不胜罚，杀不胜杀。

官员贪墨是中国封建社会的痼疾，历代不绝。明太祖朱元璋出身贫苦农家，深知贪官之害，故即位后以严刑峻法严惩贪官，往往成批成批地杀戮。这使得明初的政治比较清明，官员贪墨之事相对较少。后来随着明王朝政治的腐败，官员贪墨之风随之愈来愈盛。到崇祯时已几乎到了无官不贪的地步，而且贪墨的手法更为巧妙，名目更为繁多，数量也更大。

在明末，京师流传着“饷不出京”的俗语。意思是说，发往各地的军饷实际上大部分成了京官的囊中之物。当各地军事官员赴京请拨军饷时，按理说照额领去即可。但事情远不如此简单，掌管拨饷的官员并不痛痛快快地将军饷拨出，而是借故拖延。这类的理由，只要找，总是有的。请饷的官员也了解内情，只好按照惯例将饷额的20%~30%充作回扣，这才能将军饷领去。这些官员领到军饷后，也不痛痛快快将所领饷银带往边关，而是向有关上司大加行贿，以求得他们的保护，自己日后可以升迁有路。即使在战场上打了败仗，也会有人为自己开脱罪责。有没有靠山比能不能打胜仗更重要。明末军饷一直不足，各地士卒经常因缺饷而哗变，除了其他原因外，各级官员层层克扣是一个很重要的原因。

官员贪墨的另一个主要表现是用钱买官。这种用钱买官还不同于所谓“捐纳”，即公开地按照规定向官府交纳一定数目的银两，从而换个官衔。这种“捐纳”始于汉代的“纳粟拜爵”，明代始于成化时。这种“捐”来的官在人们的心目中地位不高。于是，精明的人便用钱开路，通过正常的途径谋求官位，并步步高升。无官职的买官，官小的买大官。买官需花钱，得官后加倍地搜刮百姓，以求得加倍的补偿。这种补偿自然要从贪墨而来。稍有点历史知识的人都知道，明清两代官员的俸禄都很低，如不贪墨，仅靠俸禄生活，也只能维持一般人的生活水平。但人们看到的是，明清时的官员都很阔绰，都有大量的良田美宅。可以断言，这些良田美宅主要不是靠俸禄买来的，而是靠贪墨购置的。

钱从何来？天不降，地不生，只有搜刮百姓，贪污受贿。小官向大官行贿，大官再向更大的官行贿。

李清在崇祯时曾任大理寺左丞，对官场贪墨之风颇为清楚。他记载道，有一个临司官想谋得一个边关抚按官，拿五千两银子去行贿。后又担心钱少，“又益二千金，卒得之”。也就是说，他用七千两银子终于买来一个抚按官。一个部郎想谋得浙江海道官，因为掌海道是个肥缺，所以官级虽不算高，但很诱人。朋友告诉他，需花五千两银子。代他办事的人半路上扣下两千两，只以三千两行贿，结果只得了个守令。在当时，谋官所需银两几乎到了明码标价的地步：“得礼曹（礼部官）亦必二千，兵曹（兵部官）亦必千金。”如果要谋得吏部官，则需要花费更多的银两。但花费再多，得官后也会得到加倍补偿，“绝无无翼而飞者”。

当内阁首辅周延儒第一次被罢职后，吴昌时等人为了使周延儒再次入阁，即以大量银两向当道者行贿，其中包括一些颇有实权的内官。这样做的确很有成效，周延儒果然得以第二次入阁。另外，像闹得纷纷扬扬的史范一案也是一个贪墨案。

史范在崇祯初任御史，与阉党关系颇密切，善结交宦官，与吏部尚书王永光过从甚密。当他巡按淮安、扬州一带时，将库中现存罚赃银十余万两攫为己有。他不久任两淮巡盐官，接任刚死去的张锡命，时库中有银21万余两。史范便趁交接不严之机，将这笔巨额银两侵匿下来。他用这笔银两四处行贿，且大肆挥霍，与中书汪机等人昼夜酣饮，召歌伎助酒，“都无官体”。临走时在歌伎处寄存许多银两。史范还用八千两银子向吏部尚书田唯嘉行贿，为友人周汝弼谋求延绥巡抚一职。后来，检讨杨士聪上疏，揭发史范诸贪墨事，说他不仅贪占官银，而且勒索富家。例如他得知于承祖家资巨万，便向于承祖勒索白银万两。史范意犹未尽，于承祖逃到南京，抑郁而死。史范得知自己被弹劾后，急忙派家人以重金四处行贿，并改写籍册，以掩盖罪证。他还急忙携重金入京，向大学士薛国观行贿。崇祯命淮、杨监督中官杨显名查验。杨显名也受过史范许多贿赂，极力为史范掩盖，但终究还有六万两银子的赃款无法掩盖。因此，史范终于被逮治下狱。史范自恃有人为援，回过头来攻击他人，并一再请求尽快审讯。但因当时兵事紧急，狱久未结，史范竟瘐死狱中。当时京师人议论纷纷，谓史范携往京师的大量银两都落在薛国观手中。后来薛国观被罢职处死，也与史范贿赂事有关。

当时人们以为只要肯行贿，什么事都可以办成。一旦遇到紧急事，便向有关官员大加行贿。这样做的结果，有时有用，有时因不得要领于事无补。例如，当周延儒第二次为内阁首辅后，范志完马上被提升为兵部右侍郎，不久又升为兵部左侍郎，总督蓟、辽等处军务。除了范志完是周延儒的门生这层关系外，很多人怀疑范志完向周延儒行了大量贿赂，这才使他升迁得那么快。但范志完的运气不好。崇祯十五年冬清兵大举内犯，范志完以怯战误事而被逮。此事连累到兵部尚书张国维和内阁首辅周延儒。

崇祯颇知张国维罪，本想严加惩处，但张国维“捐厚资乞援于内阉，乃得旨闲住”。张国维行贿到了点子上，内廷宦官为他开脱，使他得免一死。德州兵备雷演祚弹劾范志完，说他在山东“纵兵剽掠”，并用大量银两和金鞍马匹数百匹“行贿京师”官员。其中也说到周延儒“招权纳贿”，但周延儒刚人阁不久，崇祯对他依赖正重，且所指模糊，无确切证据，故周延儒未受惩罚。只有范志完自感罪责重大，“决无生理”。于是，他便命家人向京师官员大行贿赂，“满载辎重，望门投送，而不得要领，终置于法”。范志完的贿赂因没送到点子上，数量虽多，但还是不免一死。

（二）大开武举，将贪兵懈

崇祯看到天下崩坏日甚一日，将坏任战，便想通过武举。

选拔将材，以挽救明王朝的危亡。因此，武举制度在崇祯年间发展到完善的地步。

自隋唐以后，科举成为中国封建社会最基本的选官制度。科举分文、武二科，但历代多行文科科举，武举举行得甚少，制度也一直不完备。只是到了崇祯时，武举制度才算真正完备起来，并取得了和文科科举大体相同的地位。

朱元璋主张乱世用武，治世用文，所以尽管明朝建立不久即开科取士，但武举却在一个相当长的时期内议而未行。到明中期，武举才渐渐受到重视。天顺八年（1464），按照太仆寺少卿李侃的秦请，明王朝始开武举，并初步制订了“武举法”，确定了考试科目。但当时所取的人很少，远不能与文科科举相比。史载：“天顺八年，始开武举。然所取不过一二名，至七名而止。”武举虽然开科，但仅仅是偶一为之，未产生很大影响，也未继续下去。

弘治朝开始的武举制度，定为六年一行，后根据兵部尚书刘大夏的建议，改为三年一行，并提高礼仪规格，仿文举例，出榜赐宴。从此以后，每逢举行文举之年，同时也有武举在进行。

武举之所以在明中期才受到重视，原因是多方面的。首先，明中期以后内忧外患频仍，急需军事人才，武举遂应运而生。其次，自明初以来，武职一直实行世袭，时间一久，弊窦丛生，因而需加整饬。再次，朱元璋之所以不行武举，是因为他不愿“自轻天下无全才”。他曾说：“三代之上，士之学者文武兼备，故措之于用，无所不宜。岂谓文武异科各求专习者乎？”但日后的实际情况表明，文举通过八股取士，弊端日益严重，难得全才。既然文举选拔不出能统兵御敌的良才，武举自然就被提上了日程。

在崇祯以前，武举虽然也分出了一甲、二甲、三甲，和文举的三甲相同，但武举的一甲三人却没有状元、榜眼、探花的名号。只是到崇祯时，武举才设了武状元，也像文举有文状元那样。崇祯四年行武举会试。这时的明王朝已岌岌可危，内忧外患不断，故崇祯“锐意重武”，想通过武举选拔一批勇武之人。在这年武举会试时，能运百斤大刀的只有王来聘和徐彦琦二人，但徐彦琦竟落了选。这不仅大大违背了崇祯的初衷，而且使崇祯怀疑其中有弊，立命将考官和监试御史俱逮下狱。当时，仅兵部官就因此事而被贬逐22人。崇祯命词臣倪元璐等人复试，从中录取了100人，名额大大超过了前代。这次也像文举那样，“分三甲，传胪赐宴”，并“钦定一甲三人，（王）来聘居首，即授副总兵。武榜有状元，自（王）来聘始也”。也就是说，自崇祯四年开始武举才有了武状元。这标志着武举已基本上取得了和文举同等的地位。

从当时崇祯的态度看来，他对武举人才的重视甚至超过了对文举人才的重视。实际上，崇祯也和明中期以后的其他皇帝一样，对武举采取了一种实用主义的态度，故收效甚微。

尽管崇祯分外重视武事，大开武举，但疆事败坏日甚一日，将贪兵懈的状况没有丝毫改观。

武将贪墨和文官一样严复，而数额往往更大。发兵饷的人要扣饷，将领对到手的那部分兵饷也要扣。层层克扣，到士兵手中已寥寥无几，甚至长期拖着一文饷不发。这自然要引起士卒的不满，所以明末不断发生士卒哗变，甚至杀死军事长官，自己四出剽掠。这种情况在明末几乎已成了家常便饭。这实际上预示着明王朝军事系统的解体。

明末的将士甚至像拦路抢劫的盗匪那样进行勒索，其手段无所不用其极。崇祯八年，凤阳皇陵被李自成等农民军掘毁，令崇祯十分伤心。九月，李自成退去后，崇祯命太康伯张国纪前去凤阳祭告祖陵。张国纪是崇祯的皇嫂张皇后的父亲。张皇后贤慧，深受崇祯敬重，张国纪也被进爵为侯。当张国纪一行路经单县时，竟被将官吴尚文率领的一部士兵拦截。张国纪说明来意，并拿出崇祯的谕旨为证，但吴尚文竟不予理睬，在光天化日之下索要过关银100两。张国纪不从，吴尚文遂嗾使部下夺过“钦颁香帛，杀死水手校尉多人。其时拥兵者骄悍如此！”从这件事可以看出，当时拥兵一方的将领是何等无法无天。

官贪兵懈，自然大大削弱了明军的战斗力。明军在敌人面前望风披靡，而在老百姓面前却如虎似狼，大为民害。因此，当官兵与敌人作战时，得不到老百姓的真心支持。老百姓甚至把官兵看得比盗匪还坏，避之唯恐不及。崇祯十一年冬，清兵大举内犯，内阁首辅刘宇亮自请督察军情。崇祯大喜，立命总督卢象升任，由刘宇亮往带。他刚到保定，就听到卢象升已战死，十分害怕。到安平时，侦骑报告，清兵马上就到，刘宇亮等吓得面无人色。于是，他急忙率领部下到晋州躲避。鉴于明军军纪很差，晋州知州陈弘绪闭门不纳。陈弘绪的做法得到了全体晋州官民的支持，“士民亦歃血，誓不延一兵”。刘宇亮见此大怒，射令箭入城，命令立即打开城门，“否则军法从事”。陈弘绪也派人传话给刘宇亮：“督师前来是为了御敌，今敌兵马上就到，正是督师杀敌立功的机会，为什么要躲避呢？如缺粮草，这是州官之罪；如要人城，决不敢遵命！”刘宇亮气急败坏，无可奈何，便上疏对陈弘绪大加弹劾。事定后，崇祯下令将陈弘绪逮治，欲加严惩。晋州士民赴京诉冤，有千余人愿以身代死。这情景使崇祯有所醒悟，遂将陈弘绪从轻发落，降级调用。他对刘宇亮“不任事”也有了认识，感到他这次出师“徒扰民”而已，因而不久即将他罢职。

刘宇亮以内阁首辅的身分出京督师，尚闻风丧胆，仓皇而逃，避敌锋唯恐不速。地方守令害怕官军扰害当地，竟闭门不纳，足见官兵扰民在当时是一种普遍现象。崇祯对这种状况也很清楚，故通过各种手段层层监督，希望这种将贪兵懈的状况能有所改变。但事与愿违，增派一官即增一贪墨之人，不仅于事无补，而且层层掣肘，更削弱了明军的战斗力。这种状况一直延续到明朝灭亡。对此，兵部尚书孙承宗体会甚深。崇祯二年冬清兵内犯，崇祯命孙承宗为兵部尚书，督各路赴京勤王的援军。他后来一上疏说："皇上命臣督各镇援兵，然此一官，不过于武臣掣肘之上又加掣肘，于文臣观望之中又增观望，无裨大计。"崇祯虽认为说得有理，"上是之"，但他对军队层层掣肘的做法并未改变，将贪兵懈的状况日甚一日。

明末政治的腐败必然导致军政的败坏。将领贪墨，克扣军饷，士兵逃亡甚至哗变从而严重削弱了明军的战斗力。明后期军队的数量很大，一般都保持三百多万人，但在战场上却表现极差，几乎不堪一击。明军不仅在辽东战场上节节失利，而且在与武器十分简陋的农民军对阵时也连吃败仗。

将领们为了自保，便自养家丁，以作为自己的所谓"死士"，即在关键时刻能为主人效死力的士卒。这种现象在明后期十分普遍，像李成梁、吴三桂等著名将领都养有大批这样的"死士"。这些人的待遇和装备都大大优于正式官兵，而养"死士"的钱却基本上都来自克扣的军饷。对明末将领的这种做法，当时的人就指出：如发一万两银子的军饷，发给官兵的"只有六千，以四千为交际、自给、养家丁之用。沿袭既久，惟仗家丁以护遁、冒功，而视彼六千为弃物。弃物多而家丁少，终不能以御敌。不能御敌则请加兵，兵加而旧习不改，同归无用。"用国家的军饷来养私人的家丁，这是明末军政败坏的衍生物。

官兵因缺饷而哗变的事件在明末时有所闻。崇祯二年冬清兵内犯，崇祯急忙命各地勤王。因军饷不能及时发下，山西勤王兵在京师近处发生哗变，甘肃勤王兵在安定发生哗变。崇祯八年，四川兵发生哗变，总兵邓玘居然被烧死。崇祯九年，宁夏兵因缺饷久而哗变，竟杀死了巡抚王揖。像这类大大小小的哗变在崇祯时还有多起。它不仅大大削弱了明军的战斗力，而且有许多哗变士卒投身到农民起义军当中，成了农民起义军的骨干。

官兵缺饷，再严明的军纪也难以约束这些饥卒，故官兵抢劫百姓的事屡见不鲜，俗语称之为"打粮"。有的史书上说："今官兵所至，动以打粮为名，劫商贾，搜居积，淫妇女，焚室庐。小民畏兵，甚于畏贼。”当时流行着一句俗语：“贼兵如梳，官兵如篦”。过去妇女用的篦子比木梳更细密，这里借以比喻官兵抢劫老百姓更严密。侯恂在致总督洪承畴的信中也说到这种情况：“贼来兵去，兵去贼来。贼掠于前，兵掠于后。贼掠如梳，兵掠如剃！”

面对这种将贪兵懈的局面，明朝为了提高军队的战斗力，鼓舞士气，便定下赏格。起初定斩首一级赏银三两，后又增加到五两。但崇祯万万没有想到，这样做对提高战斗力未发生明显的作用，反而苦了无辜的老百姓。这是因为，官兵即使打了败仗，也可以通过“杀良冒功”而得到奖赏。此法一行，真是遗害无穷。明军将领居然杀这些无辜百姓去冒功领赏，实在令人发指！官军在战场上节节败退，为了掩败冒功，在中原地区经常发生官军追杀老百姓的怪事。有些官兵毫不掩饰其罪恶的目的，公然声称“借脑袋献功”。由此可以看出，崇祯时军政败坏已到了何等严重的程度。

加征剿饷，肆意勒索

面对日益严重的内忧外患，崇祯不断增兵增饷。除加征辽饷外，又新征剿饷、练饷。数项加征合在一起，比老百姓平时所负担的正赋还要多出许多。除这些公开的加征以外，老百姓还要负担许多额外加征，例如明军每到一地，便向地方索取粮草，其数额亦十分庞大。加上战争破坏，水利失修，老百姓的苦难格外深重。对明末那种令人目不忍睹的惨像，当时的士大夫不敢直接责备崇祯，而多归之于天灾。实际上主要的原因不是天灾，而是人祸。

崇祯即位不久，即“责户部措办边饷无术”，户部侍郎王家祯为此引罪。户科给事中随后上书，列举了历代边饷的大体情况：明中期以前，边饷大体只49万余两，万历时增至285万余两，天启时增至353万余两。“今出数共五百余万，而岁入不过三百二三十万。”即按数征足，尚入不敷出，而实际上有许多“逋负”，即未征收上来的赋税，“实计岁入仅二百万耳”。时在崇祯元年，收人和支出相差已如此之大，边饷自然不足。究其原因，则是因为边饷开支过大。这些负担归根结蒂还是要落到农民头上，其手段就是加征。

加征不始于崇祯时，而以崇祯时为烈。

辽东战事危急之时，为解决军饷问题，便又加征辽饷。崇祯三年，兵部尚书梁廷栋上疏，“请于九厘外复加三厘”。于是，在原加征辽饷520万余两的基础上，又加征了140余万两，统称之为“辽饷”。

崇祯十年，面对李自成等农民起义军的声势日益浩大，兵部尚书杨嗣昌请增兵12万，增饷280万两。崇祯遂降旨：“流寇蔓延，生民涂炭，不集兵无以平寇，不增饷无以饱兵。勉从廷议，暂累吾民一年，除此腹心大患。”这次加征称之为剿饷，意即为剿除农民起义军而加征的饷银。又因这次是按赋额加征，即原赋额每两银再加3分，故也称均输。因原赋是按亩征收，所以这次加征和原来按亩加征没什么明显的区别。这次加征额为200万两，征收额比亩加三厘的数额还多。

加征剿饷原定为一年。但是，这次加征的饷钱很快用完，而农民起义军并没有被剿灭。崇祯想减半征收，但督饷侍郎张伯鲸请予全征。崇祯也就不管失信于民还是不失信于民了，剿饷的加征遂成定额。

崇祯十二年又开始加征练饷。因上年清兵内犯，“京师戒严”，兵部尚书杨嗣昌建议：“益兵七十三万有奇”，为练兵加征练饷。崇祯因剿饷已延期，实际上已失信于民，对再加征练饷颇感为难，犹豫不决。杨嗣昌进言道：“无伤也，加赋出于土田，土田尽归有力家。百亩征银三四钱，稍抑兼并耳。”当时崇祯正倚重杨嗣昌，其他人不敢拦阻，大学士薛国观还随声附和，大力支持。于是又加征练饷730万两。至此，除加征辽饷外，“复增剿饷、练饷，先后增赋千六百七十余万。民不聊生，更起为盗矣。”

问题的严重性在于，这种敲骨吸髓式的加征不是一年而止，而是一开征就没有止息。辽东战事未平，李自成等农民军也日益壮大，三饷也随之加征不已。

崇祯所谓“暂累吾民一年”，只是空话，实际上是一年一年又一年，而且加征的数额越来越多。崇祯表面上装出同情老百姓的样子，说几句体恤老百姓的话，这只是装装样子而已，而落在老百姓头上的负担却是实实在在的。这实际上是挖肉补疮、自取灭亡的政策，是在逼迫老百姓去造反。对这种严重后果，当时不少大臣都向崇祯陈述过。但崇祯却执迷不悟，自以为老百姓可以任他奴役和搜刮，至多在诏书中说几句同情老百姓的话，以为这就可以消除老百姓胸中的怒气。他不知道载舟之水也可以“覆舟”。对此，一些有远见的大臣都感到十分痛心，言辞也颇为激切。例如，御史吴允中在崇祯八年就在疏中说道：

自有辽事以来，取于民者已溢于制。且魏忠贤之搜刮，已为无所不至。至于今日，正皮肉都尽之时，不惟加派不可行，即催科亦当从缓……竭天下之力，设民穷财尽，外敌未宁，内盗蜂起，何以处之？莫若甦息民力，团结人心，以为长治久安之计。

这还是在只加征辽饷之时。当不久三饷并征之时，老百姓的“皮肉”岂不更要被刮得一干二净吗？当时老百姓困顿已极，面对各种加征，实在无力承担。加征之令下，各地方官不敢怠慢，都以催科为能。谁能将加征的饷额及时交足，谁就是能干的官员。一些较为体恤老百姓苦难的官员，不忍心百般催索，不能如期如数交足，反而获罪，甚至因此而被惩治。

有的较体恤民情的地方官深明此弊，上疏切谏，请稍宽征敛。例如河南府推官汤开远就上疏说：“今诸臣怵于参罚之严，一切加派，带征余征，行无民矣。民穷则易于为乱。皇上宽一分在臣子，即宽一分在民生。如此，则诸臣可幸无罪。”但崇祯关心的是边事，对这类体恤民情的话一概听不进去。

崇祯四年底，明朝考选科道官员。在考查通常的事项后，“更核在任征输”，即催征饷银的情况。于是，那些不忍心严加催征的官员就不妙了。“户部尚书毕自严下狱，熊开元、郑友玄俱谪”，其罪名都是催饷不力。“自是考选将及，先核税粮，不问抚字，专于催科。此法制一变也。”以催科作为考核官员的主要标准，真可谓“苛政猛于虎”了。

崇祯时三饷并征，农民负担之沉重在历史上是极其少见的。实际上，农民所承担的还不只是这些表面上的数字，因为还有许多额外苛征。这正如吏科给事中刘汉儒所言："自发难以来，征派无虚日。最苦者莫如招买豆料，给价常少，给价常迟。是名招买，而实加派也。"如果说这种"招买"还多少付给点报酬的话，那末，在外流动作战的将领随意向地方私派，则是分文不付的。由于崇祯时战事频繁，这类私派给老百姓造成的苦难也特别沉重。

正赋外有加征，明征以外还有私派，而害民者还有所谓"火耗"。它的本义是指铸钱时的损耗。明后期的火耗是正赋折银交纳时，按数交足还不够，还必须附带交一部分，理由是以备熔铸时的损失。这在当时几乎成为通例，而这部分的伸缩性很大。如遇上个不那么贪墨的好官，火耗就少些；如遇上欲壑难填的贪官，这部分火耗就会变得很大，成为农民一项额外的沉重负担。事实上是贪官多，好官少，所以老百姓的负担就变得十分沉重了。这正如刘宗周所说："今吏治之败，无如催科火耗。"这说出了当时一个很普遍的重大弊政。

另外，明后期皇室人口急剧增加。这些人不务士、农、工、商，且享有很大特权。这些人在各地作威作福，疯狂地搜刮老百姓，也成为老百姓一项沉重的负担。问题尚不止此，他们还不时向朝廷提出一些额外要求，或向当地人民肆意勒索。明朝为了转嫁负担，对这些皇子皇孙的勒索行为也就默认了。他们凭仗权势，要挟地方，勒索百姓，也大大增加了老百姓的负担。

终崇祯之世，名目繁多的搜刮一直未停。直到崇祯十七年二月，李自成农民军已逼近京师，大明江山马上就要寿终正寝，崇祯还念念不忘征敛钱财。他在催征敛的诏书中说：

> 边饷甚急，外解至皆由有司，急赃赎而缓钱粮，不严赏罚何以劝惩？今内责部科，外责巡按，痛禁耗羡。完额则升京堂，否则除名。

崇祯大概不知道，再过一个月他就魂归煤山了。从他这道诏书的语气上看，他的自我感觉还不坏，以为天下臣民仍在任他驱使。他似乎也知道"耗羡"之弊，所以在催征的同时还说了"痛禁耗羡"的话。但这时天下已彻底解体，很多地方官员已投靠了李自成农民军。他这里尽管以升官加职相鼓励，但已失去了诱惑力。当时京师戒严，不准京城官员外出，为的是防止他们投靠李自成。在这种情况下，谁还肯通过征敛而进京升官呢？因此，这道诏书只是一纸空文而已。如果说这道诏书还有点价值的话，那就是它清楚地告诉人们，崇祯对老百姓的征敛是多么不肯放松。

凡是有点历史知识的人似乎都知道，崇祯年间灾荒严重，这是导致农民起义的一个重要原因。其实，在中国这么一个幅员辽阔的大国，各种各样的灾荒几乎年年都有。如果是在政治清明的时代，灾荒造成的危害就会减轻许多，不至于酿成大的社会动乱。如果是在政治腐败的时代，小灾荒也会变成大灾荒，甚至本来不应有灾，但因农民大批逃避苦不堪言的赋役，也会使大片农田荒芜，造成人为的灾荒。另外，过去的封建士大夫不愿或不敢直接指责皇帝，便极力渲染天灾的严重，而对当局所造成的“人祸”则极力掩饰。于是，人们从史书上看到农民饥寒交迫，便误信主要由天灾所造成。稍微留意一下历史就不难发现，一个新兴王朝在最初向上发展的几十年间，很少看到有天灾连年不断的记载，而到了王朝末期，这类天灾的记载就接连不断了。实际上，天公不会故意眷祐哪个皇帝，而故意多给另外的皇帝降灾。从大的概率来看，旱涝灾害的分布是有规律的，不会厚此薄彼。就崇祯年间来看，老百姓的苦难主要来自人祸，而不是天灾，如果说成“三分天灾、七分人祸”的话，那也夸大了天灾的作用。

在中国这样一个农业社会，兴修水利对发展农业生产至关重要。有一次，崇祯当着众大臣的面说到老百姓生活的艰难，颇为感慨。给事中黄承吴误以为时机到了，建议兴修水利。他说：“东南时患水灾，皆水利不修之故。”崇祯问道：“水利何为不修？”大学士周道登和钱龙锡同时秦道：“水利是东南第一大事，但修理需要钱粮。”崇祯沉思了好大一阵，问道：“要修水利，可扰民否？”钱龙锡回秦道：“臣等唯恐扰民，故行彼处抚按酌议。”崇祯转脸去询问其他事，把兴修水利的事便轻轻放下，以后也未再提。人们经常看到崇祯说些同情老百姓的话，但却看不到他为老百姓干实事。水利不修，小灾也就可能成大灾了，甚至在正常情况下不应有灾，也会发生令大批老百姓流离失所的灾荒。

无休止地搜刮迫使大批农民逃亡，使整村整村的农户逃散一空。大片耕地在正常年景下本来可以有些收获，这样一逃，良田也成了荒地。本来不应成为荒年的年头，这时也可能闹大灾荒。人们外逃，或可偶尔找到一条生路，倘待在家里，则无论如何也交不足众逃户的赋额。一年到头辛辛苦苦，到头来全被搜刮光还不算，甚至还会因欠赋而被打得皮开肉绽。逃往外地，或可偶尔找到一条生路。这是一种连锁反应，而且是一种很普遍的连锁反应。这种连锁反应必然造成人为的灾荒。在当时，这种人祸的作用比天灾的作用要大得多。

年轻力壮的人尚可辗转就食，老弱妇孺则只好坐以待毙。人们出于求生的欲望，凡是可以充饥的东西都弄来吃，而不管吃下去的后果如何。有的地方的老百姓甚至吃观音土、青叶石，也只能维持几天的生命。有文献记载，当时豫西的老百姓甚至争食雁粪。尤令人惨不忍睹的是，在北方各地几乎到处都发生了人吃人的惨像。有人公开在集市上卖人肉，“每斤价钱六文”。有的人在家腌人肉，“以备不时之需”。有的人饿倒在路上，很快就有人拿刀割他身上的肉吃。间或有人呵斥制止，拿刀割肉的人就说：“我不食人，人将食我。”说者坦然，恬不为怪。一个进京参加会试的举人看到，一个妇女一边烹煮小儿一边哭。他上前去问，这个妇女说：“此吾儿，弃之且为人食，故宁自充饥耳！”这种凄惨的景像一直在这个举人的脑中时隐时现，好长时间吃不下饭去。

这种苦难主要不是来自天灾，而是来自人祸，主要是最高统治者对人民无休止的搜刮。但是，后世的人们却往往被崇祯那几句同情老百姓的话语所迷惑，认为他是个好皇帝，不少人还为他说好话，这才是真正可悲的事。

对于因加征而引起的社会动荡，许多有识之士都看得很清楚，因而不断有人上书劝阻。河南府推官汤开远即曾上言：“今诸臣怵于参罚之严，一切加派，带征余征，行无民矣。民穷则易于为乱。皇上宽一分在臣子，即宽一分在民生。”有的臣僚甚至以加征不祥和上天示警相劝，把各地的灾荒归之于“敛怨干和”。崇祯十年，刑科给事中李如灿就上言道，自李自成等农民军掘毁凤阳皇陵以后，“天下财赋之区已空其半。而又遇此亢旱，吴、楚、齐、豫之间，几千万里。是所未尽空者，殆将尽空矣。臣谓敛怨干和，皆财用为之也……有兵不练，兵增而饷益匮；有饷不核，饷多而兵愈冒。”这里所说：财赋之区已空其半”，主要是老百姓大批逃亡所至，明朝失去了征税的对象。这里把这种十室九空的现象归之于农民起义军，这是不公正的。将数省的旱灾归之于“敛怨干和”，自不免有唯心主义色彩，但他把最终原因归结为“皆财用为之也”，却道出了问题的实质。崇祯时曾任内阁大学士的蒋德璟也曾一针见血地指出：“（杨）嗣昌倡为聚敛之说，致天下民穷财尽，人皆为盗。”这里所说的“盗”，是指的李自成等农民起义军。老百姓本来不想造反，之所以要揭竿而起，是因为“民穷财尽”，无以活命。而造成这种问题的根本原因在于明朝的“聚敛”，或者说名目繁多的加征。仔细看一下当时中国社会的实际情况就不难发现，人祸造成的危害远远大于天灾，不知要大出多少倍。

治国无方，反复无常

崇祯也像其他许多统治者一样，具有双重人格。一方面，他刚愎自用，自称“朕非亡国之君，臣皆亡国之臣”。直到他魂归煤山的前两天，即崇祯十七年三月十七日，他还在御案上写道：“文臣个个可杀！”实际上还是把亡国的责任都推给臣下，自己仍然是英明的。另一方面，他又不时下诏“罪己”，把天下的祸乱和灾异都说成“皆联之罪也”，并减膳撤乐，自称修省。他为政察察，动辄诛杀大臣，另一方面却又表现出一副关心臣下的样子。他这样做的确迷惑了一些人，连李自成也认为“君非甚暗”，不骂崇祯而骂大小臣僚。他汲汲邀誉，断送了大明江山后，后人还不断为他说好话。但效果也仅此而已，而却不能挽救明王朝的危亡。

（一）连下罪己诏，要百官修省

在中国历史上，专制帝王下罪己诏偶有所见。汉武帝四处用兵，弄得天下凋敝，就曾下诏罪己，遂停止用兵，与民休息。但是，像崇祯这样接连下罪己诏的皇帝却极为罕见。战场上打了败仗，皇陵被毁，他下诏罪己；天不降雨，数省大旱，他也下诏罪己；李自成农民军已兵临北京城下，他还想通过下罪已诏来激励臣下，以挽救危亡。而这只不过是一厢情愿的梦想。

崇祯八年初，各路农民起义军于荥阳聚会，分头出击。李自成、张献忠等攻陷凤阳，掘毁了凤阳皇陵。凤阳是明王朝的“龙兴之地”，被称为中都，有重兵驻防。这时不仅被起义军攻陷，而且祖陵也被掘毁了，岂不是坏了朱明王朝的龙脉。这对崇祯自然是个极大的震动。他闻报后当场就涕泪交流，为表示承担责任，马上“避正殿，撤乐减膳。以初三日始，居武英殿，百官俱宿公署，阁臣俱宿于朝房。”不居正殿，宫中停止秦乐，御膳减少几道菜，以示哀悼。这还不算，他还特地颁了一道罪已诏。

这道罪已诏除了“减膳撤乐”等装装样子的表示以外，并没有什么实质内容。如果说它还产生了些作用的话，那也只是能为自己赢得点好名声，而对拯救明王朝没有丝毫作用。

崇祯十三年，各地官员纷纷向朝廷告急，谓灾荒严重，尤其是北部中国情况更加严峻。当时，中国北部的确有些旱灾、蝗灾，倘若政治清明，不至于造成大范围的严重饥荒。而这时的明王朝已彻底腐败，加征不断，逼迫老百姓流离失所，从而大大加重了饥荒的严重程度。各地方官征敛不足额，又不敢说老百姓被逼得四处逃亡，便极力渲染天公不作美，灾荒严重，借以减缓一下催征的压力。各地有关灾荒的报告使崇祯不能不有所震动，为此特颁了一道谕旨，其中说道：

> ……天心仁爱，警示频仍。非政事之多失，即奸贪之纵肆，或刑狱之失平，抑豪右之侵虐。诸如此类，皆干天和。兹许文武人等直言无隐，悉陈利弊以裨时政。

过了两天，崇祯又颁一道谕旨：

> 朕于三月三日始深居斋祷，大小臣工痛加修者。为此，崇祯还派大臣祭告天地。他也动了善心，京师贫民每人赈济钱200文，还免除了一些省的积欠。在这里，崇祯自己“深居斋祷”是给臣下看的，要“大小臣工痛加修省”才是他的真意所在。因为不论政事多失，还是奸贪等情，主要还是臣下不尽心所至。

崇祯和百官的“修省”似乎未能使上天回心转意，各地的饥荒日益严重，各地有关灾荒的报告似雪片般飞来。崇祯并不从封建国家的政策上去找原因，而是认为上天降灾。为此，他于崇祯十五年闰十一月又正式下了一道“罪己诏”：

比者灾害频仍，干戈扰攘，宵旰靡宁，皆朕不德所致也。自今日始，朕敬于宫中，默告上帝，戴罪视事，以赎罪戾。惟二祖旧制，每日朝毕，勋戚文武诸司奏事者，赴弘政门报名候召。

与上次罪己诏比较起来，这道诏书的语气显然重了许多。崇祯自称“皆朕不德所致”，并表示要“戴罪视事，以赎罪戾”。崇祯身为有九五之尊的封建帝王，居然公开向天下臣民认罪，这怎能不令人感动！但到底应如何来“回转天意”呢？崇祯并没有拿出什么具体措施，而只是“于宫中默告上帝”是不够的。当务之急是取消加征，让老百姓都回乡安于农事。但崇祯对此却不肯松口，加征依旧。天下饥荒已到了饿殍遍野的地步，朝廷仍加征不已，封建王朝的崩溃也就指日可待了。

崇祯十七年二月十三日，李自成农民军攻下山西重镇太原后，挥师直逼京师。崇祯看到大势不好，遂于这天下了一道更加痛切的罪己诏：

朕嗣守鸿绪，十有七年。深念上帝陟降之威，祖宗付托之重，宵旦竞惕，罔敢怠荒。乃者灾害频仍，胡寇并急，生民荼毒，靡有宁居……朕为民之父母，不得而卵翼之；民为朕子，不得而襁褓之。坐令秦豫丘墟，江楚腥秽，贻羞宗社，致疚黔黎。罪非朕躬，谁任其责？所以使民罹锋镝，蹈水火，殣量以壑，骸积成丘，皆朕之过也；使民输刍鞔粟，居送行赍，加赋多无艺之征，预征有称贷之苦，又朕之过也；使民室如悬罄，田卒污莱，望烟火而无门，号冷风而绝命，又朕之过也；使民日月告凶，旱潦洊至，师旅所处，疫疠为殃。上干天地之和，下丛室家之怨，又朕之过也。

这道罪己诏很是痛切，崇祯对自己的过失说得比较具体。但是，具体措施又在哪里呢？既然没有什么具体措施，那又怎么来改变局面呢？尤其是对加征一事，崇祯在罪己诏中只是要“多方劝谕，毋失抚字”，实际上还是要征。看来，崇祯是不上煤山不死心了。

自崇祯中期以后，每有大灾异，崇祯即去“省愆居”修省。省愆居在文化殿后面，是一所木结构的房子。崇祯去修省时，“衣青素”，夏天的衣料用纯绢，冬季则用原色纻丝。当时有人为此写诗道：“分与六宫惆怅意，年来频幸省愆居”。这种修省的确为崇祯挽来了不少同情，但实际上是做样子给天下的臣民看，而对挽救明王朝的危亡没有什么作用。

（二）减膳撤乐，提倡节俭

崇祯不只是屡下罪己诏，遇到大的变故便“深居修省”，他还不时有些其他邀誉的举措。后人一说到崇祯，往往提到他“日理平台”，是个勤政的皇帝。实际上，他之所以经常在“平台”理事，是因为他不时下诏“罪己”，表示不敢居正殿，便避居武英殿或省愆居等处，以示自惩。既然不敢居正殿，在平台理事的时候自然就多，于是崇祯就有了“日理平台”的好形象。有的学者称崇祯是个汲汲邀誉的专家，这是有根据的。

在崇祯八年下的那道罪己诏中，崇祯就在诏书中明确表示，要“减膳撤乐”，以与天下文武吏士共甘苦。以前，每逢节日或什么庆典，宫中就要演戏，以示欢庆。崇祯看到天下多事，经常传旨免掉。崇祯初即位时，宫中演水戏、过锦戏等。自明旨“减膳撤乐”以后，这种戏在宫中就基本没有再演过。另外，像“寒潭香”、“秋露白”等，都是宫中常用的御酒，这时崇祯也经常拿来分赐下人。宫中还专门铸造了一些金银豆、金银叶，重约一钱左右，颇精致，用金银不多。崇祯就经常用这种豆、叶对下人颁赏。这也为他赢得了不少体贴下人的好名声。

崇祯也还算是一个比较节俭的皇帝，他提倡节俭的言行也是真诚的。他有些做法在今天看来有些偏激，甚至乖张。例如他曾下令将宫中各种铜器熔掉铸钱，以充禄饷。有些铜器很薄，铸不了多少钱，而本身却是很有价值的古文物。这实际上是对古文物的一次大破坏。这种节俭的措施成效不大，破坏不小，主要的意义也就是做做样子而已。

有些措施则是颇得民心的，也是有成效的。即位刚三个月时，他就下令罢苏、杭织造。他在谕旨中说：“封疆多事，征输重繁，朕甚悯焉。不忍以衣被组缔之工，重困此一方民。其俟东西底定之日，方行开造，以称朕敬天恤民至意。”很早以来，为宫中织造就成为苏州、杭州人民的沉重负担，也是宦官和其他官员敲诈勒索当地人民的重要渠道。因此，崇祯罢苏、杭织造无疑是一个善举。

在崇祯的授意下，礼部重新制订了宫中器用和官吏衣饰之制，“一从节俭”。这也是崇祯提倡节俭的一个具体措施。此事发生在崇祯三年二月，和刚即位时罢苏、杭织造的举措联系起来，可以看出，他的确是个比较节俭的皇帝。

崇祯平时的生活也不像过去的一些皇帝那样奢侈。崇祯十三年七月，他说：“朕念皇考、皇妣，终身蔬食布衣，以尽孝思。”他居然连肉也不吃了，还要穿粗布衣服，实在令人感动。很多大臣则认为不必如此，少詹事李绍贤就劝道：“天子临御万方，不宜淡漠自苦。”崇祯不允，从此以后便坚持“蔬食布衣”。

遇到大的灾荒或瘟疫，崇祯便利用各种形式祈祷禳灾。有时大旱，崇祯便亲自祭告天地，祈求降雨。他有时还让皇后率领一些宫女一起禳灾。崇祯十五年京畿大旱，周皇后就率领道经厂宫女“于大高玄殿建醮禳灾。宫女数十人，鬖服云璈，与羽流无异”。不论这种禳灾的形式有没有用处，但至少可以显示出崇祯是关心老百姓的。

自崇祯十年以后，宫中的游戏娱乐活动一直很少举行，唯独打稻戏不废。所谓打稻戏，是指在秋收时节庆祝丰收的戏。到这一天，钟鼓司的官员扮作农夫村妇，头顶竹笠，拿着镰刀，表演收割的活动。崇祯亲自到场观看，以示重视农事。在收割、打晒过后，一些地方官即前来收租赋，为此引起诉论等等情节，颇有农家乐的气氛。对此，有的书上记道，当时“游幸多废，此独举行，重农事也。”对于崇祯来说，这是显示自己重视农事的好机会。但是，只是这样做做样子很容易，不用花钱。如要他拿钱去修水利，他就不干了，因为修水利是要花钱的，而修水利才是重农事的切实措施。

有时出现了大的瘟疫，崇祯不仅自己为民祈祷，还命一些道士禳灾。崇祯十六年夏，当清兵退去后，北京城里瘟疫横行。不少人早晨得病，晚上即死，有的一家十余口人在一天间同时毙命。在今天看来，很可能是霍乱病，得病快，病人很快就会因腹泻脱水而休克。当时人们以为是天降瘟疫，整个北京城的人都惶惶不安。崇祯自己祈祷不效，即“令张真人建醮祈安，而终无验”。当时北京几乎成了一座鬼城。有的商店收的银钱，据传说转眼间就变成了废纸，于是各店家纷纷在门口放一盆水，将收到的银钱先放在水盆中，以验真伪。在京城周围，有的地方的农民终夜敲打铜锣等物，说是驱鬼。这种声音有时在皇宫中都能听到。崇祯下令禁止，但一到夜里有的地方还是敲。其气氛凄厉而恐怖。一些人私下议论，看来大明江山是待不长了。

第五章　辽东失守边事乱

五入长城，清兴反明

清太宗皇太极像

明朝覆没的过程也就是清朝兴起的过程。与张献忠、李自成势力在内地发展的情况一样，清朝在关外的崛起，也经历了一个“小民成敌国”的历史阶段。如果说有什么不同的话，那就是当明万历十一年（1583）努尔哈赤起兵、真正开始明亡清兴的历史进程之时，张献忠、李自成以及崇祯都还未降生人世。所以说，努尔哈赤是反明亡明的始作俑者。清朝的兴起、发展和强大，直到打进关内和统一全国，全都是由努尔哈赤和他的几个儿子去完成的。

努尔哈赤诸子中，除了代善和莽古尔泰外，对清朝开基一统最有功劳的，还有皇太极和多尔衮二人。

皇太极，即清太宗，被称做是“大清皇帝第一人”，生于明万历二十年（1592），卒于崇祯十六年（崇德八年，1643），享年52岁。自34岁即后金汗位后，在短短的17年时间内，皇太极承其汗父未竟之业，于满洲八旗之外，又创立蒙古八旗和汉人八旗，东征朝鲜，西讨蒙古，北进黑龙江，南攻明王朝，在军事上取得了空前的战绩。与此同时，他先后改“女真”族名为“满洲”，改后金国号为大清，改年号为崇德，招揽人才，革除陋习，更定制度，南面称尊，开创了属于自己的新时代，也开辟了清王朝历史的新纪元。

皇太极几乎与崇祯同时执掌国政，同时当了17年的国君，两人皆非等闲之辈，一个在17年内将小小的后金政权，由满汉矛盾重重，制度不健全，经济不景气的局面，发展成为国势日昌，朝气蓬勃的清王朝；一个于17年内励精图治，求贤若渴，将偌大的根深蒂固的大明帝国，由疆域之大，人口之多，制度之全，兵甲之众，而致饷匮兵骄，师老财乏，九庙迁移，人亡政息。两相比较，一个成了开国的“圣明之主”，一个当了壮烈的“亡国之君”，除开两人自身的政治、军事才能不说，单就两方面的文化传统和基本制度而言：一个由尚武轻文，迅速朝着文武并重的方向发展，使满人为主汉人为辅的军功集团和汉人为主满人为辅的文人集团逐渐融为一体，为着各自的利益和共同的目标去为新主子效文治武功之劳；一个由重文轻武，进一步朝着以文代武的方向发展，使兵无良将，将不知兵，而那些满腹经纶的文人士大夫，个个迷信权力，人人阴谋有术，于政治交易、结党营私之事，无不得心应手，真正在治国用兵之时，便难免因百无一用或因祸机深妙而落得个“文臣个个可杀”的下场。

就个人素质而言，崇祯比皇太极小18岁，当皇帝时年纪轻，经验少，狐信多疑，性急好杀，其“焦于求治，刻于理财，渴于用人，骤于行法，以致17年之天下三翻思覆。”相比之下，皇太极自幼带兵领将，久经沙场，见多识广，足智多才，英武超群。崇祯面对所谓的内地农民起义的内乱和塞外后金政权南下的外患，举棋不定，措置失当，既不能抵御外患，又不能削平内乱，每每于安内与攘外孰重孰轻认识不清，于征讨与议和孰先孰后优柔寡断，于瞬息万变、稍纵即逝的形势和机会犹豫延误，终致内外交困，一筹莫展。而皇太极统治伊始，面对明朝、蒙古和朝鲜三方威胁，却施展出非凡的政治手段和卓越的军事才能。他和臣僚们认真细致地分析“大势大局”，认为明朝武弱文强，弊病丛生，上下欺骗，纲纪败坏，若取“讲和”与“自固”二策，边谈边打，以攻为守，必得以逸待劳，以饱待饥和乘衅而入之奇效；认为蒙古各部既无大志，又无纪纲，唯小利小惠是求，故“善为之抚驭可也”；认为朝鲜僻处海隅，财富不足，兵威不壮，以征逼盟，最为上策。有了正确的方针和策略，制胜图霸便不在话下。

征服和招抚蒙古，皇太极用了近十年的时间。明代末年，蒙古族活动于长城以北的广大地区，分为三大部。其中，漠南蒙古东部与后金接壤，西南与明朝相联，其首领是漠南蒙古察哈尔部的林丹汗。天聪二年（1628），皇太极与蒙古喀喇沁部联盟，共同出兵西征林丹汗察哈尔军，取得初步胜利。天聪六年，皇太极再度联合蒙古各部远征林丹汗，西渡辽河，行军万余里，往返百余天，大胜而归。林丹汗西逃至青海大草滩而死。天聪九年，皇太极任命其弟多尔衮和长子豪格为统兵大将，率精骑万余西渡黄河，征讨林丹汗的儿子额哲，额哲献出大元传国玉玺投降，皇太极把一个女儿嫁给额哲，后又封额哲为和硕亲王，察哈尔部举国归服。皇太极接受元传国玉玺，象征着已成了蒙古各部的合法统治者，同时仿照满洲八旗制，组编蒙古八旗，最终实现了对漠南蒙古的统一。统一漠南蒙古，结束了长期以来后金、明与蒙古三足鼎立的局面，从此以后，后金与蒙古各部互相联姻，结成牢固的政治联盟，共同对付明朝，从根本上扭转了三面临敌的危险处境，唯一的敌国明朝则成了孤家寡人而陷入包围之下。崇德三年（1638），漠北蒙古三大部，即喀尔喀蒙古的土谢图汗、扎萨克图汗和车臣汗三部皆遣使向皇太极称臣，讲“九白之贡”，也正式建立了臣属关系。

皇太极进军明朝，则有“五入长城”的战绩。第一次，天聪三年（1629），皇太极率领女真八旗和蒙古八旗军，由热河攻下长城的大安江与龙井关，进入罗文峪，占领遵化城。接着以遵化为基点，进军蓟州、三河、顺义、通州，军锋直抵北京城的东部与北部。明大同总兵满桂、宣化总兵侯世禄、锦州总兵祖大寿，与驻扎在宁远的督师袁崇焕等纷纷率师勤王，由袁崇焕统一指挥京师保卫战。皇太极见大势不妙，一边下令退兵，一边使用反间计，伪造袁崇焕通敌的信函，派汉人降将把信送交崇祯。崇祯独断多疑，立即逮捕袁崇焕，定下谋叛大罪，判以凌迟处死。可怜这任劳招怨的袁大将军，自称为“大明国里一亡命徒”，“三载深心，二十年僻学”，立志报国，结果却落得个怨死的下场。崇祯误杀袁崇焕，为皇太极铲除了一个最可怕的劲敌。

第二次，天聪八年（1634）五月，皇太极又发动了进袭明宣府、大同的战役，军锋深入今河北西北部、山西北部和中部等长城以内五十多个大小城镇台堡，抢掠财富不计其数，直到九月中旬才班师出塞。

第三次，崇德元年（1636）六月，皇太极命阿济格、阿巴泰等人率军攻明，由延庆（居庸关北）会师进入长城，大小56战，攻占北直隶（今河北）12个城镇，军锋直抵宝坻、文安等县，掳掠明人畜十余万而归。

第四次，崇德三年（1638）九月，皇太极命多尔衮为大将军，与豪格、阿巴泰等人率兵攻明，分别由迁安县（今属河北）北的青山关、密云县东北的墙子岭、董家口等地进入长城，多尔衮等一直打到山东，攻破济南，至次年三月才归。此次入关，共克、降大小城镇百余个，杀掉了英勇抵抗的明督师卢象升，逼死了明老将孙承宗，俘虏了明封济南的德王朱由枢，掠走人口50余万。

第五次，崇德七年（1642）十月，皇太极命阿巴泰为大将军，再次率军越过墙子岭，如入无人之境，一路打到山东衮州，又分兵攻下山东半岛的登州、莱州、青州各地，直到次年六月凯旋而归，共克、降九十余城，俘获人口36万，抢掠黄金12000两，白银220万两。在此之前，崇德七年三月，皇太极亲自指挥大军，加紧攻打松山和锦州，活捉并降服明主帅洪承畴和祖大寿，使明朝苦心经营的宁锦防线彻底崩溃，山海关变成孤城一座，北京也成了清军下一个攻占的目标。

崇德八年（1643）九月初三夜里，被称做清太宗的皇太极突然“无病”而终。皇太极死后的第六天，清廷众亲王、郡王、贝勒、贝子、议政大臣齐登崇政殿，商讨立君大事。尽管有人推举担任过户部管部大臣，又被封为肃亲王的“四大辅政”之一的皇太极的长子豪格，而多尔衮还是故意扶立了皇太极的九子，年仅六岁的福临当了皇帝，年号顺治，自己与济尔哈朗任辅政王，剥夺了豪格与阿济格的辅政地位。四个月后，即顺治元年（1644）正月十二日，他又示意摄政和硕郑亲王济尔哈朗传集内三院（即内国史院，内秘书院，内弘文院）、六部、都察院、理藩院长官，要他们办理各衙门事务时，必须“先启知睿亲王”，即便是起草公函文书，“亦宜先书睿亲王名”。多尔衮成了大清国首席摄政王，当了实际上的皇帝。

总督降清，“灭寇”成泡影

崇祯十二年正月，朱由检任命洪承畴为蓟辽总督，不仅仅为了应付眼前清兵骚扰近畿地区的困境，更着眼于今后的大局，在他的天平上，攘外是重于安内的，这从清军撤退后他不同意把洪承畴所率秦军精锐返回陕西，可以看得一清二楚。

而形势的发展又似乎不容不如此。清军几次南下都是从长城沿线突破，还没有从锦州、宁远越山海关进入关内的先例，非不为也，是不能也，因为锦州至宁远一线有明朝重兵把守，难以逾越。皇太极当然想早日突破锦州、宁远防线，深知此意的明朝降将、时任清都察院参政的祖可法、张存仁等联名上疏，提议直捣燕京，必须先攻下锦州、宁远，如欲不发兵而先得宁、锦，不如我兵屯驻广宁，逼临宁、锦门户，使对方耕种自废，难以图存，势必从锦州撤守，退回宁远，进而从宁远撤守，退回山海关。皇太极采纳了这一建议，派兵到义州卫（今辽宁义县），且耕且战，设营挖壕，把锦州城团团围住。

事态的发展引起了崇祯的密切关注，他在平台就此事与群臣商议对策。

崇祯对大臣们道出了近来内心的忧虑：北骑在义州，已经半月，对此有何筹划？并把他亲笔所写“灭寇雪耻”的条幅传示群臣，以表明他的坚定信念。

大臣们深知皇上御笔“灭寇雪耻”四字的分量，都不敢贸然奏对，独有新任礼部右侍郎蒋德璟成竹在胸，出班跪奏道：“我皇上‘灭寇雪耻’四字，就是中兴大有为根本。臣每见皇上传谕户兵各部，及申饬各边督抚等官，睿虑精详，无不周密，只是各边未有力行。就如练兵一事，申饬再三，其实兵何曾练？只是将花名文册点操一番，花刀花枪，全无实著。臣每读《会典》，见太祖高皇帝教练军士律，以弓弩刀枪分别试验，立行赏罚，此是练兵之法；凡卫所总小旗补役，以拚枪胜负为升降，凡袭替官舍比试，必须骑射娴习，方准顶袭，此是练将之法。当时百战百胜，只是兵练得精……难道二三百年来，并无一兵，到皇上才要设兵？难道本无一饷，到皇上才要加饷？”

崇祯听着蒋德璟引经据典侃侃而谈，不由得入神地站了起来，打断他的话点评道：“闻所未闻”。

蒋德璟听到皇上夸奖，进一步发挥他的练兵主张：“军即是兵，总计内外卫所三百余万军，兵尽足用，且养军之屯田盐粮甚多，二三百年来并不曾加派，饷尽足用。如今只将祖制振举，件件实做，自可灭敌。”蒋德璟主张恢复明初的卫所屯田制度，其实是没有多大可行性的空论，兵农合一、寓兵于农的卫所屯田早已失去了它赖以存在的土壤，屯田早已异化为将领豪绅们的私有田产，卫所士兵也蜕变为只会当差供役不会打仗的特种兵，要想重振祖制无异于画饼充饥。

崇祯却以为蒋德璟所论闻所未闻，或可弥补时局，迫不及待地说：“再奏，从容奏来！”

蒋德璟继续奏道：“今全盛天下，何忧小丑！肃皇帝（即嘉靖）时北有俺答，南有倭奴，蹂躏浙直福广诸省，亦极猖獗，只用俞大猷、戚继光诸好官，无不扫清。以皇上神武，同符世宗，灭此亦何难！臣尝纂有《俞大猷剑经》、《戚继光练兵书》，的是今日练兵要著。”

崇祯说：“《练兵书》朕亦看过。”

蒋德璟说：“是书虽经御览，只各将官不曾实行，中间练刀、练枪、练火器诸技，各有教师训课，如父兄子弟一般，所以可用。”

崇祯说："《练兵书》还说练胆。"

蒋德璟补充道："练胆是第一义，兵若无胆，如何站住？然必技艺精熟，继光云：艺高则胆壮也。"

听了这一大篇关于练兵的高见后，崇祯把话题转移到今日议论的主题上，问道："今敌在义州，作何筹画？"

蒋德璟答："义州距锦州九十里，锦州距宁远六十里，宁远入山海关至京师近千里，北骑在沈阳相距甚远，决不从关内外来。只恐占住义州，径至大宁（即可苛河套，在今内蒙、辽宁边境），仅二百六十里，便可犯蓟犯宣，却是可虑。"蒋德璟的分析不无道理，但他否定了清军政取义州意在拿下锦州及其近旁的松山、塔山、杏山要塞，进而威逼宁远的战略意图，显然过于武断，以后的形势发展也证明了这一点。

崇祯被他的地名、里程搞得不得要领，纠正道："里数亦不许算，只说目前要着。"

蒋德璟似乎提不出什么目前要着，又重提练兵，贾庄之战弃总督卢象昇于不顾的总兵虎大威、杨国柱。

崇祯明知故问："两总兵何名？"

蒋德璟装糊涂，推托道："臣偶记不真。"

崇祯说："汝记得的。"

蒋德璟只得说："似是杨国柱、虎大威两个奴才。"然后转换话题发挥道："今天下之大，豪杰之多，何患无将！国初中山王徐达、开平王常遇春诸名将，都是高皇帝驾驭得好，禁中颇牧，何患无人！且古来大将，如宋岳少保（岳飞）、韩蕲王（韩世忠）皆出自行伍，其所以破虏之法，皆用步兵。盖金以犷骑难当，惟步兵用藤牌及火器，可以制之。"

崇祯说："马亦少不得。"

蒋德璟接着谈了马政，又谈了团练乡勇之事，崇祯以为其中颇有可采之处。

最后，蒋德璟谈到唐太宗"雪耻酬百王。除凶报千古"之句，说："皇上神武百倍太宗，何患小丑！惟愿宪章二祖，修复祖制，自然指日中兴。"

这场召对反映了廷臣对于清军在义州的军事行动束手无策，蒋德璟的泛泛而谈虽也触及时弊，但难以操作，更不能解决辽东的实际问题。为了"灭寇雪耻"，为了解锦州之围，崇祯命洪承畴出山海关。不久，洪承畴率玉田总兵曹变蛟、蓟州总兵白广恩、宁远总兵吴三桂、广宁前屯卫总兵王廷臣抵达宁远，视察松山等要塞后，以兵力太少不足以御敌，请崇祯再调宣府总兵杨国柱、大同总兵王朴、密云总兵唐通、山海关总兵马科，云集宁远前线，总兵力达十三万之众，在锦州、松山、塔山、杏山一线摆开决战的架势。

崇祯十四年三月十六日，辽东巡抚丘民仰报告，从二月以来，清军不断向义州城运送军队、粮食、武器，其中红夷大炮三十门，小炮多得难以细数。明朝降将石廷柱及耿仲明、孔有德、尚可喜等在郑亲王济尔哈朗、武英郡王阿济格、贝勒多铎、郡王阿达礼统率下，一齐向锦州外围赶来。锦州方面的形势日趋紧张，崇祯收到锦州、松山请求救援的报告。清军围困锦州的意图是吸引明朝主力军的增援，在松山一带形成围点打援之势，因此说"势虽困锦，实乃伺松"。

对于这种格局，久经沙场的洪承畴当然了如指掌，故而对战略决战持谨慎态度，倾向于打一场持久战，不争一时一事的得失。他在向朱由检报告军事部署时，一方面表示解锦州之围的决心："大敌在前，兵凶战危，解围救锦时刻难缓，死者方埋，伤者未起，半月之内即再督决战，用纾锦州之急"；另一方面陈述他的应对方略——"且战且守"："久持松（山）、杏（山）以转运，且锦守颇坚，未易撼动。若敌再越今秋，不但敌穷，即朝鲜亦穷矣。此可守而后可战之策"。洪承畴的这种且战且守的战略是实事求是的，也是当时唯一可取的方案，况且坚守锦州城的总兵祖大寿被困五个月之久，仍信心十足，特地派上兵出城向洪承畴传话，城内粮食足可支持半年，要洪承畴用车营步步进逼，不要轻易交战。

崇祯对这种相持局面很担忧，崇祯十四年五月十八日在中极殿召见兵部尚书陈新甲，问他有什么解困良策？这个举人出身、曾经担任过宁远前线兵备佥事的陈新甲，虽然对辽东事务较为熟悉，但一时也拿不出两全之计，请求退而与阁臣及兵部侍郎吴甡商议。商议的结果，他向皇上呈上了一份“十可忧十可议”的报告，对形势持悲观态度，建议派遣兵部职方郎中张若麒前往宁远，当面与洪承畴商议决策。朱由检采纳了这一建议。

世上的人和事复杂多变，大凡对形势持悲观态度者，极易走极端——滋生急躁冒进情绪，陈新甲便是一例。他等不及张若麒与洪承畴商议的结果，急匆匆地向朱由检提出速战速决的方案，鼓吹主动出击：一路出兵塔山，趋大胜堡，攻敌营之西北；一路出兵杏山，抄锦昌攻敌营之北；一路出兵松山，渡小凌河攻敌营之东；一路出兵松山正面，攻敌营之南。

崇祯没有轻易作出决定，把这一作战方案交洪承畴的行营议论。洪承畴否定了这一方案，向皇上请求且战且守，主张在松山、杏山作持久之计，他认为拖的时间越长，越不利于清军及协助它作战的朝鲜方面。他向皇上指出：“今本兵（兵部尚书）议战，安敢迁延？但恐转输为艰，鞭长莫及，国体攸关，不若稍待，使彼自困之为得”。崇祯也以为洪承畴分析得有理，表示同意。

但是陈新甲固执己见，他的喉舌职方郎中张若麒与之一唱一和，此人躁率喜事，略有小胜便以为锦州之围可以立解，向皇上送去一份秘密奏疏，鼓吹上述意见，并请求留在洪承畴行营赞理军务，竭力促使速战速决成为事实。

崇祯经不住陈新甲、张若麒的再三鼓动，从支持洪承畴且战且守，一变而为要洪承畴速战速决，下达密敕，要他“刻期进兵”。陈新甲又写信给洪承畴进行刺激，对清军方面散布将再次从长城边关南下的谣言信以为真，警告洪承畴：你出关用兵一年有余，耗费饷银数十万两，既不能解锦州之围，若再使内地受困，到那时，你不进山海关，则长城沿线空虚；如往辽西，则宝山空返，何以副皇上圣明，而谢朝中文武诸臣之望？当此主忧臣辱之际，谅必清夜有所不安！为了促成洪承畴改变立场，陈新甲又推荐前任绥德知县马绍愉以兵部职方主事身份到洪承畴行营与张若麒相配合，以赞画军务的方式贯彻兵部主张。马绍愉到了宁远，与张若麒拍挡，再三张扬“我兵可战”。洪承畴顿时陷于进退维谷的境地，上有皇上的密敕、兵部的警告，下有赞画军务的张若麒、马绍愉的催促，不得已放弃持久战计划。

近日来，崇祯一直梦魂萦绕着锦州战事。七月十二日，他参加经筵完毕，心神不定地向兵部官员询问：为何近日没有边报传来？并且忧心忡忡地解释道：此一举，解围果然是胜算，但兵未离险境，朕甚为担忧！殊不知，这几天正是大战前的沉寂，洪承畴忙得不可开交。七月二十六日，洪承畴誓师援锦州。七月二十八日，洪承畴下令进兵，他把粮草囤于杏山、塔山之间，亲率六万人马于次日抵达松山。入夜，见清军屯于乳峰山之东，洪承畴传令半夜登上乳峰山之西角，控制制高点。乳峰山距锦州只有五六里，炮石之声隐约可闻。洪承畴命东西二路进兵以分割清军，使之腹背受敌，并立车营，环以木城。

清军主帅多尔衮报告皇太极，皇太极决定亲自出征，带了三千骑兵日夜兼程赶往松山。

皇太极围困锦州的本意就在于围点打援，见洪承畴已经上钩，且主力团聚于松山，便把松山与杏山、塔山的通道全部切断，使松山陷于孤立无援粮草断绝的境地，以达到不战而屈人之兵的目的。这一招果然厉害，立即引起明朝八路总兵的恐慌。

洪承畴见军心动摇，忙鼓励诸将说：敌兵新旧交替攻守，我兵既出，亦利速战，各位应激励本部力斗，我身执战鼓督战，解围在此一举。总兵们议论纷纷，欲回宁远就饷。连一向催促洪承畴出兵最起劲的张若麒也惶惶然不知所措，薄暮时分写信给洪承畴，赞成撤退，他说：松山之粮不足三日，敌军不但围困锦州，又复围困松山，各帅既有回宁远支粮再战之议，似属可允。此人昔日力主冒进，今日摇身一变，赞成逃跑，这种从一个极端到另一个极端的一百八十度大转弯，使军心更加涣散。洪承畴只得苦苦劝说：往时诸君都矢志报效，今日正是机会，虽粮尽被困，应明告吏卒：守也死，不战也死，只有战或可幸于万一。我决意孤注一掷，明日望诸君努力。当他送诸将步出军门不久，胆怯的总兵王朴率先逃跑，引起连锁反应，各总兵争先恐后逃跑，骑兵步兵互相践踏，弓甲丢得遍地都是，又遭清军伏击，损失惨重。

数万大军如此溃于一旦，只剩下洪承畴与总兵曹变蛟、王廷臣、巡抚丘民抑率一万军队困守松山城。崇祯获悉后，下令要洪承畴“极力死守”，一面调刘应国水师八千，扬帆松山、杏山海口，或乘夜偷渡松山，以壮声援；一面责成吴三桂、白广恩、李辅明收拾残兵，联络杏山、塔山，以图再进。崇祯下达的“以壮声援”、“以图再进”的命令似乎毫无作用，诸将畏首畏尾作壁上观，谁都不愿冒险增援松山，气得崇祯下旨痛斥：“围城望救甚切，已有屡旨剿援，乃至今未发一兵，未通一信”，各抚镇道“不得观望规卸”！但是依然毫无作用。

松山城内无粮草，外无援兵，岌岌可危，叱咤风云的洪承畴此时已英雄气短穷途末路，遵旨“极力死守”松山孤城已毫无实际意义，不过束手待毙而已。崇祯十五年三月，松山副将夏承德叛降清军，俘获洪承畴做见面礼。松山陷落，锦州守将祖大寿陷于绝境，无可奈何献城投降。清军挟连胜之余勇，相继攻陷塔山、杏山，使明朝丧失了宁远以北大片疆域。

松山、锦州兵败的消息传到京师，朝野为之震惊，因为它大大出乎人们的预料。此次会战，明清双方兵力大体相当，胜负殊难预料。导致明朝方面失败的原因在于战略战术的错误：第一，为了尽快解锦州之围，企图速战速决，对清军围点打援的计谋掉以轻心；第二，把六万增援大军聚集于松山，没有与塔山、杏山、宁远建立有机的攻防体系及后勤保障通道；第三，一旦松山被困，未采取及时应变措施，仓卒撤退，不战而溃。

首先指出这一问题的是山西道御史郑昆，他对崇祯分析道，清军围困锦州目的在于引诱明军主力，欲解锦州之围必须出奇制胜，不能急功近利；又如数万大军集中于松山孤危之地，首尾不能照应，正中敌方计谋，必败无疑；再如锦州之今日，就是宁远之明日，关外形势不容乐观。

一向催战最为激烈的张若麒率先从海上逃回宁远，激起人们的义愤，四川道试监察御史刘之勃不指名的弹劾他，“长安相传，谓整兵援锦之时，首祸实实有人，风鹤溃决之际，倡逃实实有人。果如所言，则是弄重臣于掌股，轻疆场于一掷，可激之以邀功，可卖之以逃死，并可诋之以匿罪，人情天理，灭绝极矣”。

待到松山陷落，洪承畴被俘，丘民仰、曹变蛟、王廷臣被杀的消息传来，人们愤慨之极地谴责张若麒及其后台陈新甲。南京山西道御史米寿图请诛张若麒以谢天下，他说：“督臣洪承畴孤军远出，以当积强横跳之虏，关外之存亡，神京之安危，决于一战，此何等事？忠臣义士心胆堕裂，自当虚心与督臣商酌，动出万全，相机破贼，以宁八城，以全十万之兵，以抒圣明之虑。何乃贼臣若麒攘臂奋袂，挟兵曹之势，收督臣之权，纵心指挥，致使三军但知有张兵部，不知有洪总督，而督臣始无可为矣！夫朝廷以十万付督臣者，以其能统三军之事也……催战必败，三尺童子可知，若麒一味催战，视国事如儿戏，驱死地如恐后。臣发其心，不过欲徼幸一掷，胜则揽功于己，败则移罪于人……若麒坐陷封疆，得罪宗社，自当立斩，以谢天下”。

人们对洪承畴是寄予同情的，松山陷落的消息传来，一度误以为洪承畴被清军杀死，已经“尽节”了。从锦州逃亡的人告诉吴三桂：清军把洪承畴押往锦州城北无极王营盘内杀死，并煞有介事地说：“洪督师临砍时，只求速死”。消息的另一来源是洪承畴的家人从乱军中逃回北京时，向皇上报告洪承畴“殉难”始末，说得活灵活现：“去岁八月战溃，家主坐困松城，乏食，杀马饲兵，忍饥苦守。及道将夏成德开门献贼，家主被执，骂贼不屈，惟西向叩头，称天王圣明，臣力已竭，死之。从来就义之正，未有如臣家主也”。崇祯震悼痛哭，下令设祭坛于朝天宫前，准备亲自前往祭奠，以示激励。几天后，崇祯下旨：已故总督蓟辽、尚书洪承畴赠少保，荫中书舍人。祭故总督洪承畴九坛，故巡抚丘民仰、故总兵曹变蛟、王廷臣各六坛，予祭议谥，合祠京师。近日死事文武大臣立坛，朕亲致祭。充分反映了崇祯对洪承畴的器重和怀念之情。他临轩垂泣，十分动情地说：“我不曾救得承畴。”

令人啼笑皆非的是，洪承畴并没有像崇祯所说的“节烈弥笃”，他被俘后经不住皇太极的再三劝降，终于变节。但是这一消息迟迟不被证实，以致酿成了人未死已被当做烈士看待的笑话。据近人李光焘的考证，直至崇祯十六年四月，辽东巡抚黎玉田在向崇祯报告时，一方面据从辽东逃亡人士的口供说“洪督师被奴酋拘系于别室”，另一方面又说“口供互异，未足为信，而督师存亡本院亦未敢悬拟”。李光焘认为，可见明帝待洪氏不薄，也可见当时明朝君臣上下之于洪氏，又皆群然以忠烈期之。其或终明之世，洪氏存亡未为定论，故妻子得安居耶？

松锦战役的惨败，洪承畴的降清，使崇祯“灭寇雪耻”的希望化成了泡影。

请和屈死，有口难辩

在洪承畴孤军困守松山时，清军方面以和议助攻战，再次发出和议信息。其起因，据说是崇祯十四年十一月辽东原野上下起了茫茫大雪，深达丈余，清军粮草补给断绝，正欲解围而归，又恐明朝军队尾随攻击，便通过蒙古人向明廷发出求和意向。兵部尚书陈新甲听信张若麒的意见，表示可以考虑。与此同时，辽东宁前道副使石凤台也获悉清军有意议和，写信给清军将领证实是否确有其事，得到了明确的答复，他立即把这一机密信息上报给崇祯。崇祯原本抱着“灭寇雪耻”的愿望，对和议毫无思想准备，接到石凤台的报告，立即以封疆大吏私自与敌方洽谈和议，有辱国威，下令把石凤台逮入刑部监狱。

到了崇祯十四年年底，松山、锦州形势日益吃紧，内阁辅臣谢陞与其他阁臣商量：“我力竭矣，款建虏以剿寇，风台言良是”。阁臣们以为谢陞的话有理，决定由兵部尚书陈新甲出面旁敲侧击提议此事。崇祯十五年正月初一日，崇祯御殿朝贺完毕，召见内阁辅臣周延儒、贺逢圣、张四知、谢陞、魏照乘、陈演及兵部尚书陈新甲等，他郑重其事地对阁臣们说：“古来圣帝明王，皆崇师道，今日讲犹称先生，尚存遗意，卿等即朕师也”。待这些客套话讲完，陈新甲抓住时机向皇上提出“款建虏”（与清议和）的主张，但又不便直接提及“款”字，迂回地说：“（松、锦）两城久困，兵不足援，非用间不可。”所谓“间”，本有离间之意，陈新甲讲此话的用意并非意欲离间清军，而是“款建虏”的委婉表达方式。崇祯对松山、锦州两城的困境一筹莫展，从石凤台的报告中了解到“建虏意欲和”，听了陈新甲的话，心有灵犀一点通，立即答道：“城围且半载，一耗不达，何间之乘？可款则款，不妨便宜行事。”讲完之后，询问在场的阁臣们有何意见，周延儒等老于世故，一言不发，只听谢陞说：“彼果许款，款亦可恃”。与清的议和之事就这样在朝廷的最高层面作为原则定了下来。陈新甲得到皇上十分明确的旨意“可款则款，不妨便宜行事”，以为可以大胆放手进行，立即向皇上推荐兵事赞画主事马绍愉作为谈判使节。皇上批准马绍愉以兵部职方郎中身份赐二品官衔，前往执行这一秘密使命。

正月初七日，马绍愉偕参将李御兰、周维墉一行快马加鞭赶到宁远，立刻与清军统帅济尔哈朗接洽。清军方面以为没有可信的文件为凭，要求提供明朝皇帝的敕书。马绍愉向朝廷发回信息，这一来一回费去不少时日，待马绍愉接到崇祯的敕书时，已是三月，松山、锦州已经陷落。

崇祯的敕书不是直接写给皇太极的，而是以“谕兵部尚书陈新甲”的形式写的：“据卿部（兵部）奏，辽沈有休兵息民之意，中朝未轻信者，亦因以前督抚各官未曾从实奏明。今卿部累次代陈，力保其出于真心，我国家开诚怀远，似亦不难听从，以仰体上天好生之仁，以复还我祖宗恩义联络之旧。今特谕便宜行事，差官宣布，取有的确信音回奏”。

崇祯的这份敕书颇费了一番心思，他既想与皇太极谈判，又不想以平等态度与皇太极对话，采取谕兵部尚书陈新甲的形式，间接地表示愿意接受清朝方面“休兵息民”的请求，通篇充斥天朝大国君主对外藩属国居高临下的口气。这引起了皇太极的不快，尤其使皇太极感到疑惑的是，既然是皇帝给大臣的敕谕，何以一反常例在文件上盖了皇帝之宝的大印，有点类似天朝给属国的敕书？实在不伦不类。何况历朝给属国的敕书都是龙边黄色笺，而此笺却是中横一龙；往时大印正方，上刻敕命之宝，而今之印却是长方，上刻皇帝之宝，因而怀疑是边吏伪作。皇太极满腹狐疑地把这份敕书拿给洪承畴鉴别。洪承畴一口咬定“此宝札果真”，说：“此次请和，决非虚语”。

皇太极这才深信不疑，为了显示身份，他也如法炮制，以敕谕英郡王阿济格等人的形式，间接地答复明朝。马绍愉立即奏报朝廷，崇祯再次以谕兵部尚书陈新甲的形式，准许兵部便宜行事，差马绍愉等人前往沈阳谈判。马绍愉此时正在塔山等待朝命，不料四月底清军攻陷塔山，派士兵护送马绍愉一行前往沈阳。为了给谈判创造一个平静的气氛，皇太极下令暂时停止对宁远的进攻，退兵三十里。谈判中，清方代表追述了起兵的缘由，大意谓："南关负婚，天朝助彼侵我地，故有抚顺、清河之役；又增兵杀戮我，我乃取辽阳、广宁；我犹未尝忘和，屡致书袁崇焕不报，是以入永平、遵北；又不远千余里至张家口求成于巡抚沈启时，俾我候命半载，又不报；复移书方一藻，又不报，乃入密云，攻山东；宁远治兵不已，我是以下松、锦"。

经过几轮谈判，最后达成协议，马绍愉带着皇太极的国书返回宁远。这份国书如此写道："大清国皇帝致书明国皇帝，向来搆兵，盖因尔国无故害我二祖，乃尔国反肆凭陵，夺我土地。我皇考太祖皇帝（努尔哈赤）于是昭告天地，亲征尔国。其后每欲致书修好，而尔国不从，事遂滋蔓，以至于今。予嗣位以来，蒙天眷祐，自东北海滨迄西北海滨……在在臣服，蒙古及朝鲜悉入版图。乃昭告天地，受号尊称，国号大清，改元崇德。我军每入尔境，辄克城陷阵，然予仍愿和好者，特为亿兆生灵计耳。若两国诚心和好，自兹以后，宿怨尽释，尊卑之别何必较哉！古云：情通则明，情蔽则暗。若尔国使来，予令面见，予国使往，尔亦令面见，则情不至壅蔽，则和事可久，至吉凶大事，当遣使交相庆吊。每岁贵国馈黄金万两，白金百万两，我国馈人参千斤、貂皮千张；以宁远双树堡中间土岭为贵国界，以塔山为我国界，连山适中之地两国于此互市。倘愿成和好，速遣使赍和书及誓书来，予亦赍书以往，否则再勿遣使致书也"。

马绍愉在宁远把谈判的结果报告给陈新甲，陈新甲又禀告皇上。六月初三日，崇祯召见内阁首辅周延儒，征询他关于此事的意见，追问再三，老奸巨猾的周延儒始终一言不发，崇祯只得慨然而起。其实周延儒是赞成和议的，当初谢陞与陈新甲提出此事时，他并无异议，只是没有公开表态，留下了伸缩余地。正如给事中李清所说："宁锦之溃，北边精锐几尽，而中州寇祸正张，上意亦欲以金币姑缓北兵，专力平寇，谢辅陞与陈司马新甲主之，周延儒亦欲安享其成，成则分功，败不及祸"。而今事情已成，他正可以安享分功，为什么沉默不语呢？因为当时此事泄漏出去，陈新甲已成众矢之的，他不想也成为众人的箭垛。

本来，此次和谈是秘密进行的，皇上再三关照不让外廷知晓。当时在沈阳的朝鲜官员也只是风闻其事，无法确证。不料马绍愉与陈新甲的书信，偶而疏忽而泄密。一日，陈新甲得到马绍愉的书信，阅毕放在书桌上，他的仆人以为是普通塘报，随手交给塘报官传抄，机密流传于外。马绍愉在这封信中写道："绍愉见憨（即汗，指皇太极），讲好索金三十万、银二百万，已许金一万、银一百万，憨尚不肯，决要金十万、银二百万，不从，即发兵，你家所失岂止此数！"兵科给事中方士亮上疏追究陈新甲的责任："各地塘报皆上闻，后发科抄传，今忽有此报，伪耶？兵部不宜为此眩惑人心；真耶？则陈新甲主和辱国"。此论一出，朝廷上下顿时沸沸扬扬，以为奇耻大辱，纷纷指责陈新甲："堂堂天朝，何至讲款！"要求皇上从重惩治陈新甲。在这种声势之下，周延儒感到左右为难，他知道得一清二楚，是皇上授意陈新甲"可款则款，不妨便宜行事"的，却遭到舆论的严厉谴责，如果他附和舆论，会得罪皇上，如果反对舆论，又会成为众矢之的，只有沉默不语才是上策，"故延儒缄口不敢异同，又以脱后罪"。

内阁首辅周延儒不为朝廷分担责任，一切的压力都落到崇祯身上，他犹豫不决了，一向刚愎自用的他此时也不敢冒天下之大不韪，公开阐明"可款则款"的道理，不得已改变初衷，屈从舆论。

按崇祯的本意，是想秘密达成和议，形成既成事实，减轻北边的压力，集中力量去对付中原的李自成、张献忠。谢陞、陈新甲成事不足，败事有余。和谈刚开始，谢陞就向言官透露消息："上意主和，诸君幸勿多言"。言官们一听骇愕不已，交章弹劾谢陞妄言，崇祯只得把谢陞革职以平息舆论，不致干扰和谈。虽然崇祯再三强调保密，但是官场中有哪一件政治机密可保不泄漏的？外廷渐渐风闻和谈之事，屡屡上疏捕风捉影地争论，只是苦于得不到真凭实据，徒唤奈何！这次抓住马绍愉的书信，铁证如山，于是言路哗然。给事中方士亮第一个出来弹劾陈新甲，崇祯恼怒得很，把奏疏压下不发，下旨严厉谴责陈新甲，其意图不言自明，要陈新甲主动承担责任，丢车保帅。陈新甲自以为是按皇上旨意行事，有恃无恐，不但不引罪，反而自诩其功，在申辩书上细陈和谈事件的始末，内多援引圣谕。这无异于向人们暗示：他并非自作主张。陈新甲一向聪明干练，时人评为才品心事与杨嗣昌酷似，这一招聪明过头，反而把自己推上了绝路：不愿独自承担责任，委过于皇上。崇祯更加恼怒，在给事中马嘉植上疏弹劾陈新甲时，他于七月二十九日下令逮陈新甲下狱。陈新甲在狱中向皇上上书请求宽恕，皇上毫无通融余地。至此，陈新甲才意识到不免于一死，嘱咐家人贿赂倡议必杀的给事中廖国遴、杨枝起、光时亨、倪仁祯。这四名言官收到贿赂后论调大变，奔走于刑部待郎徐石麒处，倡言陈新甲必不可杀。

刑部署部事右待郎徐石麒不但不听廖国遴等人的游说，反而大义凛然地上疏历数陈新甲的罪状，以为非杀不可，尤其指责他“不告君父而专擅便宜”。徐石麒讲得振振有词，然而他并不知道事情的内幕，所谓“不告君父而专擅便宜”云云，实乃无稽之谈，陈新甲真正冤哉枉也，明明是皇上亲口对他说：“可款则款，不妨便宜行事”，何专擅之有？只是不小心泄密，才遭来大祸，皇上不肯承担责任，陷陈新甲于百口难辩之境地。

崇祯有他自己的考虑，看了徐石麒的奏疏，以为定陈新甲“专擅议款”罪，似乎不妥——因为他心中明白这不是事实，便批复道：“陈新甲失事重大，法无可宽，但引律尚属未确，可另行复拟即奏”。徐石麒心领神会，再上一疏，指责陈新甲“陷边城四，陷腹城七十二，陷亲藩七，从来失事未有之奇祸，亦从来刑书所不忍载之条例者也。当临敌缺乏，不依期进兵策应，因而失误军机者斩”。于是朱由检决定以此罪处死陈新甲。首辅周延儒当面向皇上求情：“国法，敌兵不薄城，不杀大司马。”崇祯反驳道：“陈新甲职任中枢，一筹莫展，致令流贼披猖，戮辱我七亲藩，不更甚薄城？”廷臣们以为陈新甲“专擅议款”当斩，崇祯偏偏说陈新甲任兵部尚书期间使七名藩王遭到戮辱，比敌兵薄城罪更重，所以当斩，只字不提与清和谈之事，可见他并不认为和谈足以构成死罪，可置陈新甲于死地的恰恰是和谈。应该说，陈新甲在中原战场与辽东战场决策中确有重大失误，但不足以构成死罪，置他于死地的是遵旨议和，这不能不说是那种制度那种社会难以避免的悲剧。

平心而论，崇祯授权陈新甲秘密与清媾和，在当时内外交困的形势下，不失为一时权宜之计，对内对外都是利大于弊的。一些不了解全局又不明真相的大臣们死抱住《春秋》大义不放，用传统政治伦理来否定媾和，使颇有政治主见的崇祯也不敢理直气壮地力挽狂澜，怯懦地退缩了。经过此番波澜，崇祯再也不敢与清朝进行和谈，在攘外与安内的两难选择中，他已无牌可打了。

第六章　大顺寇烈宗殉国

谷城再起，大获全胜

崇祯元年（1628）七月，府谷人王嘉胤聚饥民起义，正式拉开了明末农民起义的序幕。同时起义的还有：白水人王二起兵于澄城，清涧人王左挂起兵于宜川。稍后起义的有汉南王大梁和高迎祥。王大梁于十月起兵于汉中，高迎祥于十一月起兵于安塞，称“闯王”。王二与高迎祥起兵后与王嘉胤乱会合，使王嘉胤成了陕北农民军的最早领袖。同年，22岁的张献忠也参加了王嘉胤的农民军，并成为青年将领之一，在军中被称为“八大王”。崇祯二年（1629）正月，一直隐瞒农民军真相的陕西巡抚胡廷晏不得不向朝廷奏报，说陕西全省各郡县都布满了农民军的足迹。陕北的农民军在王嘉胤的率领下，已壮大到七八千人。崇祯三年（1630），陕西继续大旱，斗米值万钱，陕北饥民和边

李自成像

兵参加农民军的人数越来越多，王嘉胤率军占领了府谷县城，张献忠率兵与明总兵杜文焕作战失利，便去米脂县组织18寨官兵起义，成为自领一军的“西营八大王”。与此同时，驿卒李自成也在西川参加了王嘉胤的部将不沾泥的队伍，成了该队伍中青年将领之一。后因不沾泥牺牲，他又投在闯王高迎祥的部下，号称“闯将”。

崇祯四年（1631）春，陕西农民军大批向山西转移，王嘉胤由府谷转移到山西河曲，高迎祥、张献忠、王自用等相继前来会师。王嘉胤在此称王并设立官署，以王自用、白玉柱为左、右丞相，以高迎祥、张献忠等为大将，山西各支农民军皆听其号令。六月，王嘉胤牺牲，王自用被高迎祥、张献忠推举为统帅，他联合山西各地农民军结成36营，统一号令，联手作战。张献忠、高迎祥和李自成皆为36营中的主要首领。这时明朝对农民军的政策正由以“抚”为主变成以“剿”为主。升任延绥巡抚洪承畴为陕西三边总督，对山西农民军展开激烈的围剿。崇祯五年，山西各营农民军向官兵发动了大规模的反击，同时将主力向晋、冀、豫三省交界的太行山区转移，显示出由边境向中原进军的趋势。盟主王自用牺牲，高迎祥被推举为统帅。崇祯六年十一月，农民军确定了自豫北渡黄河南进中原的宏伟计划。为了减少阻力，增加保险系数，他们采用假投降的策略麻痹敌人，然后冒雪踏冰过河，在南岸的渑池县境内登陆，史称“渑池渡”。渑池渡后，农民军广泛地活动于豫、楚、川、陕各省及江淮、江南各地，使明政府彻底剿杀的企图走向破产。它标志着明末农民战争完成了初期阶段的艰难历程，进入其发展阶段的第二历程。

明朝得知农民军进入河南的消息以后，惊惶失措，因为原先的局部问题从此变成了心腹大患，文武大臣大叫中原将从此崩溃，国家将因此而灭亡，请求崇祯速降圣旨，挽救败局。面对农民军在川、楚、豫、陕四省蔓延流窜，崇祯深感分剿无力，决定统一指挥进剿，便提升延绥巡抚陈奇瑜为兵部右侍郎，总督山、陕、川、楚、豫各省军务，对进入川、陕、豫、楚四省交界的武当山农民军主力进行大规模围剿。崇祯七年（1634）六月，农民军主力，包括高迎祥、张献忠和李自成等部四万人，在汉南兴安县车箱峡陷入陈奇瑜的重围之中。正在陈奇瑜得意忘形之际，李自成的谋士顾君恩提出诈降的计谋，农民军依计安全突围。崇祯为此大失所望，将陈奇瑜革职问罪，任命洪承畴代替陈奇瑜总督五省军务，负责剿杀农民军。

农民军车箱峡突围后，分几路向关中进军，张献忠与李自成率兵20余万联合攻下夔州，活跃于庆阳、巩昌与夔州之间。待明朝命洪承畴调集各路人马进入陕西围剿之时，高迎祥、张献忠与李自成又率农民军东出潼关，于十二月进入河南，组成“十三家七十二营”，屯驻在伊、嵩、宛、洛之间。崇祯八年正月，十三家起义军首领在荥阳聚会商议大计，一致赞同李自成”分兵定所向”的主张，决定了兵分几路主动进击的行军方案，即以一路对付四川、湖广明军，一路扼守黄河渡口，主力东征，另以一军往来策应。荥阳大会确定的联合作战、主力东进的战略，标志着农民军的发展进入了新的阶段：即组织上由各自为战状况趋于联合，军事上由盲目流动改为进攻重点，开始向明王朝的名都大邑进攻，以期摧毁明军的重要基地。

会后，高迎祥、张献忠、李自成率主力东下，连克固始（今河南固始）、颍州（今安徽阜阳），于正月十五日攻克明中都凤阳（今安徽凤阳），歼灭中都留守军四千余人，焚毁明王朝皇陵，推毁了明王朝的精神堡垒，在政治上给明王朝以沉重打击。崇祯听说帝乡龙兴之地被农民军占领，祖陵被烧，下禁痛哭流涕，下“罪己诏”，急调各镇兵赴河南，提升洪承畴为兵部尚书，限期六个月消灭农民军。

凤阳之战后，农民军主力兵分两路：李自成和高迎祥率部西走河南，张献忠率部南下，乘胜向庐州（今安徽合肥市）、巢县（今安徽巢县）、无为（今安徽无为）、潜山（今安徽潜山）、太湖（今安徽太湖）进军，取得了一连串胜利。三月，高迎祥和李自成分道还陕，分别向汉中和陕北进军。七月，明陕西巡抚孙传庭在周止阻止农民军，俘获闯王高迎祥于黑水峡，并押送京师处死。李自成收编高迎祥余部，继称“闯王”。从此，张献忠和李自成一个在南，一个在北，成了统帅农民军的两名主要领袖。高迎祥牺牲之时，张献忠正率部由江淮地区向江汉地区进军，向被称做是“天下之腰膂”、“王业之根本”的襄阳城发起了攻击。

崇祯九年（1636）七月，张献忠率军直抵襄阳城下，声称于八月接受官军招抚。湖广巡抚苗祚土信以为真，派人与张献忠谈判，并同意农民军进襄阳城购买物品。自八月至九月，大批农民军以买卖为名潜入城内。十月上旬，张献忠在襄阳西北的钧州秘密召集各路农民军首领聚会，布署攻城方案。十月中旬，除李自成部外，各路农民军二十余万人在张献忠的统一指挥下，攻占了襄阳城，取得了明末农民战争史上第一次奇取名都要郡的重大胜利。攻取襄阳的胜利使农民军军威大振，也使张献忠威望骤升，在此后的五年时间里，除李自成独立活动于西北地区外，其他各路农民军大都与张献忠协同作战，听从张献忠的节制和调遣。而张献忠也不负众望，率领数十万人马，足迹踏遍了整个长江流域的各省区，消灭了明军的主力部队。继高迎祥之后，创造了统率群雄的极盛时代，是为明末农民战争发展历程的第三阶段。

崇祯十年三月，张献忠率罗汝才、刘国能等各路人马开进大别山，与当地的“左革五营”会师，将士二十余万，连营数百里，分几路向大别山四周出击。其中向南取得了著名的丰家店（今安徽宿松县境）大捷，歼明军六千余人；向东沿江克取，烽火达淮、扬，南京为之震动。胜利带来了轻敌思想，闰四月，张献忠20万大军在桐城（今安徽桐城）挂车河遭到了明总兵牟文绶和刘良佐的偷袭，损失惨重，只好西走湖北的房县、竹山中，进行休整。同时，由于屡屡重创明军，使明朝充分认识到，张献忠已代替高迎祥成了农民军的统帅，因而必须将剿杀的重点放在张献忠身上。四月，明朝根据兵部尚书杨嗣昌的建议，以熊文灿为兵部尚书，总理南畿、河南、山西、陕西、湖广、四川军务，集兵12万，增饷银280万两，重点围剿张献忠。

八月，张献忠出山，进驻河南南阳城外，准备伺机攻取南阳城，不幸遭到明总兵左良玉和陈洪范二部的侧后袭击，张献忠身负重伤，率军逃到麻城，由麻城转入房县、竹山中休养。十一月，张献忠召集各路大军再次出击河南，恰遇太监卢九德率领明军抵达，再次退入麻城。十二月底，张献忠率部由麻城疾驰七百里到达谷城，扎营于谷城王家河。在此之前，李自成在潼关南原中了孙传庭部官军的埋伏，妻女俱失，全军溃散，仅以18

骑逃匿商雒山中（在豫、楚、陕三省交界处）。

崇祯十一年（1638）正月，农民军重要首领刘国能投降官军，使中南战场的农民军再次受挫，张献忠率领的“豫楚十五家”遇到了官军强大的攻击，形势一天天恶化。为了保存实力，张献忠于四月在谷城接受了熊文灿的招抚。十一月，罗汝才九大营农民军在房县受抚。整个农民战争进入了低潮阶段。但是除了刘国能和张万庆两人真正投降了官军以外，其他各路农民军都是利用官府“招安”的机会，暗中补充和休整部队，准备伺机再起。

崇祯十二年五月，张献忠在谷城正式宣布起兵，重新举起了反明的大旗。

张献忠下令，开仓济贫，火烧县衙，拆毁谷城城墙，并释放狱中囚徒。明谷城知县阮之钿服毒自杀，临死时被迫交出了县印；湖广巡按御史林铭球因负隅顽抗而被杀，举人王秉真、诸生潘独鳌、监军张大经都归顺了农民军。陈洪范派遣驻防谷城的两名将官马廷宝、徐启祚也率众归降农民军。

张献忠下令，发布《告楚人书》，声明谷城再起的原由，并开列明朝各级官员受贿名单，命人刻在高大的城墙上。总理熊文灿名列榜首，其次为朝廷内外大小各官的姓名，下注受贿数目和受贿时间，列得清清楚楚、明明白白，最后附笔：襄阳道王瑞檀，不受献忠贿者，独此一人！

张献忠下令由谷城向西进军，联合罗汝才九营大军，迅速包围并攻打房县。当熊文灿刚刚接到谷城警报的时候，张献忠已经同罗汝才会师于房县城下，一场新的战斗由此拉开了序幕。为了应付这场巨变，明朝又加派抽练边兵和各地民兵的“练饷”730万两，连同以前的“辽饷”和剿饷”，合称“三饷”，加派额共达1500多万两。人民群众早已无力负荷，民不聊生，“益起为盗”，更加促使农民战争高潮的到来。

崇祯十二年五月，张献忠部高举白色旗帜，罗汝才部打着红色旗帜，迅速向房县县城包抄过来，顷刻之间，二帜相交，环城立攻。明守城知县郝景春刚刚接到总理熊文灿的紧急传谕，还未来得及布置防务，就听得炮声隆隆，喊叫震天，他慌忙驱迫全城军民登城抵抗，不料守城指挥张之锡已经打开城门，将农民军迎入城内。这就是张献忠谷城再起后，与在房县起兵响应的罗汝才联合行动而夺取的房县大捷。

这时，原先接受招抚的各路农民军，除了刘国能、王光恩等人外，全部响应张献忠重新起兵，江淮楚豫大地几乎全部控制在农民军的势力之下，一度陷入低谷的农民战争又重新走向高潮。隐蔽在崤函山中的李自成，听到张献忠谷城再起的消息，立即出山，招集流散士卒向官军出击。驻扎在蕲州、黄州一带的老回回、革里眼与左金王也相继组织力量向官军发起了进攻。熊文灿惨淡经营的招抚局势，就这样遭到了彻底的破产。为了尽快挽回败局，熊文灿派左良玉和豫将罗岱率军向张献忠尾追而去，四川与湖广边境、巴楚山区的一场追逐战摆开了战阵。

张献忠与罗汝才在房县县城驻扎了一个月时间，对军队的行动计划进行了进一步的修订，最后决定继续向西进军，穿过四川与湖广交界的巴楚山区，进入天府之国四川地区。自古入川的道路只有两条，一条是从汉中南下，越大巴山，过剑门关，进入川山；一条是从湖北沿江西进，过瞿塘关进入川东。隔在这两条路中间的，便是横亘于川、陕、鄂三省交界的大巴山山脉东段及巫山北段，与这两个山脉东麓连为一体的，北为陕南的兴安、平利山区，南为湖广的兴山、归州山区，中间便是房县、竹山和竹溪山区（又称郧阳地区），这些山区因依巴、巫山脉连成一体，故称巴楚山区，是西入四川的必由之地。六月二十八日，张献忠与罗汝才离开房县县城，向西进入房竹山区，准备在这里度过署期再进军四川，不料左良玉已率官军尾随而至。

左良玉与罗岱得知张献忠已统兵入山，便不敢轻易冒进。作为一名久经沙场的将领，左良玉深知这一带多崇山峻岭，川险林深，道路狭窄，弓矢无所见长，匹马不能驰骤，粮料无从转输，只适宜于农民军屯驻，不适宜官军深入作战。所以，他向熊文灿指出："果行也，我师必败！"但熊文灿妄想侥幸取胜以减轻罪责，坚持要左良玉继续进兵。左良玉不敢违抗军令，只得硬着头皮，冒着酷署，以罗岱为前锋，自己押阵在后，小心翼翼地向前推进。七月十五日从襄阳启程，十七日粮食便接济不上，人困马乏，又加饥肠辘辘，士兵有的开始杀马为食，有的采摘山上野果充饥，哪里还有冲锋陷阵的斗志？七月二十五日，左良玉与罗岱赶到房县，见农民军西去，只好尾随追赶，赶至房县西八里的罗英山，正好进入张献忠与罗汝才布置的埋伏之中。

七月二十六日，张献忠派出小股农民军与官军交锋，故意“佯败二阵”以便诱敌深入。罗岱与另一副将刘元捷分左、右两路继续向罗英山深入，后面的官军见前锋深入无阻，也便紧随人山。当官军全部进入埋伏圈以后，张献忠一声令下，农民军从四面八方砍杀过来，把官军重重包围在连山坡上。官军知道中了埋伏，顿时乱作一团，死的死，逃的逃，副将罗岱被杀，左良玉拚死突围，大败而回。这便是著名的罗英山大捷，张献忠大获全胜，左良玉“军符印信尽失，弃军资十余万，士卒死者万人”，最后只剩下几百人逃回房县。

兵败自杀，气数已尽

张献忠谷城再起的消息刚刚传到京师，左良玉全军覆灭的战报紧接着又来到朝廷，崇祯勃然大怒，下令逮杀熊文灿，并责令左良玉革职杀贼自赎。杨嗣昌见自己极力保荐的熊文灿兵败被逮，自己大力维持的抚局也全盘瓦解，深知罪责难逃，只好硬着头皮“请剿自效”，主动要求崇祯批准他“率师南讨”。崇祯虽是气急败坏，但还没有忘记自己重用杨嗣昌和一意孤行的过失。八月二十五日，为了平息群议，他特旨批准，并赐给具有皇上权威的上方宝剑，让杨嗣昌带着“督师辅臣”的头衔和银印，督师出征，以功覆过。蒙此皇恩又受此重托，杨嗣昌哪里还有推脱的余地。

为了保证杨嗣昌出马督师能够载誉归来，崇祯又赐给杨嗣昌紵丝绯绢各500匹段、本折色银200万两、赏功银400万两、剿饷银50万两，供军饷费用；又特赐密谕，作为督师的总方针，强调“张献忠曾惊祖陵，决不可赦！其余剿抚互用。”还授予杨嗣昌兵部尚书、东阁大学士的官衔，简称督师阁部或阁部，以示鼓励。根据皇上的密谕，经过几天的精心设计，杨嗣昌提出了“专剿献忠”，“然后以胜利临余寇”的大方案，方案的核心内容是：集中优势兵力将张献忠剿灭在川、陕、楚三省交界的地方，也就是在巴楚山区歼灭张献忠的农民军。杨嗣昌把这一方案交皇上审核通过，崇祯皇帝表示满意，并再次强调："张献忠罪大，必诛，曹操以下反正可赦。"

九月初六日，杨嗣昌自京师出发，崇祯皇帝设宴于平台，亲自斟酒，赠诗送行。诗道："监梅今暂作干城，上将威严细柳营；一扫寇氛从此靖，还期教养遂民主。"御笔亲题，皇恩荡荡，杨嗣昌感动万分，拜泣再三，直把那四句御诗当场背诵了几遍，立下了"誓死杀贼"的豪言壮语，才谢恩出朝，登程启行。十月初一日，杨嗣昌到达襄阳，会见各路将领，当即大誓三军，曰："誓必灭贼，诛赏所必行！"然后公布分工事项：以襄阳为督师大本营，竣城修濠，储备五省甲仗资饷亿万，调集军队20万，由杨嗣昌亲自坐镇指挥，任命左良玉为"平贼将军"，以张克剑为监军，永州推官万元吉为军前监纪，马乾为川东兵备剑事，集中兵力，重点进攻张献忠于川、楚之间。如果张献忠北走汉中，由左良玉阻击；如果张献忠南走夔门，由四川巡抚邵捷春阻拦；如果张献忠东走襄阳，由杨嗣昌亲自堵截；湖广官军负责向房县、竹山中的张献忠驻军进攻，迫使张献忠出山作战。

张献忠与罗汝才取得罗英山大捷后，为摆脱官军的四面围追，开始联兵入川，八月十九日，攻克竹溪、竹山县，决计西走汉中，再由汉中进入川北。九月，兵抵陕西兴安，被明陕西总督郑崇俭和副将贺人龙、李国奇等重兵阻击，只好折而向东进入兴安、平利山区，罗汝才则分兵南走兴山、归州山区。在平利白土关，张献忠又遇到官军大部队的堵截，张献忠临阵誓师说："我自谷城突围，转战千里，未尝少挫，今至此，彼众我寡，彼锐我疲，若非沉船破釜，大决死战，则尽为虏耳！且死于墨吏，不如死于锋镝！"将士异口同声地回答："愿效死命！"于是，张献忠一马当先，冒矢石奋死血战，士兵个个以一当十，不过一顿饭功夫，歼灭官军万余人。十二月，张献忠由白土关向西，经紫阳县向川北太平县（今四川万源县）进军。

杨嗣昌在军事布署的同时，又于十二月展开政治攻势，下令赦免罗汝才，并悬赏缉拿张献忠。通令各地刻榜出示："能擒张献忠者，赏万金、爵封侯。”榜文上画张献忠的头像，并附书《西江月》一首，云：

此是谷城叛逆，而今狗命垂亡。
兴安平利走四方，四下天兵赶上。
逃去改名换姓，单身黑衣逃藏。
军民人等绑来降，玉带帛衣升赏。

榜文于各府、州、县，各交通要道张贴出来，结果只是一纸空文，无人响应。

崇祯十三年（1640）正月二十四日，张献忠率军到达太平县枸坪关，不意与左良玉发生遭遇战，部队伤亡很大，被迫从大竹河向南转移，驻军于太平县九滚坪。左良玉穷追不舍，其他几路官军也闻风而至，侦察兵纷纷报告张献忠，说左良玉部已至城口厅（今四川诚口）之鱼渡溪，陕西巡抚郑崇俭及副将贺人龙、李国奇等已靠近九滚坪，张献忠匆忙进登玛瑙口，企图依山阻敌。二月初七日，官军分兵四路，参将张令与总兵罗敞为前锋，左良玉为右翼，郑崇俭为左翼，贺人龙、李国奇及楚将张应元、王云凤为后卫，一齐攻山。张献忠率军殊死搏战，拚命突围，奔退四十里，方才摆脱官军的追击。

兴山、归州山区，南临长江三峡，北承巴山与房竹山地，西通巫山，与川东的大昌、大宁相望，东走荆山与武当山脉相接，其中神农架海拔3100多米，崇山险岭，古木阴森。张献忠率残军进入山区，得到了山区百姓的支持和帮助，在官军的封锁下，农民军与市民互通市易，购买柴盐油米，平买平卖，纪律严明，深得山民的信任和拥护。不少山民为农民军充当耳目，随时报告官军动向，使官军无法知道农民军藏伏何处。张献忠乘此机会养兵息马，收集散亡士卒，逐渐恢复元气。同时，他又派人利诱和分化尾随而来的左良玉，利用左良玉与杨嗣昌的矛盾，以兔死狗烹之理晓喻左良玉，说一旦张献忠被灭，追杀张献忠的主将也就会寿终正寝；不但要被主帅杨嗣昌夺功，还有可能被杨嗣昌陷害身亡。左良玉本来就骄横跋扈，这下又为张献忠的利诱和劝说所“心动”，立即改变了过去穷追猛打的做法，一方面减轻了对张献忠的攻击，另一方面开始拒绝服从杨嗣昌的调遣和指挥。

三月二十四日，杨嗣昌由襄阳来到兴、归山区东南面的夷陵州（今湖北夷陵县），见主将左良玉逛逞难制更盛于前，便想扶植另一员大将贺人龙为“平贼将军”，不料消息泄露，左良玉更加拥兵自恣，不听指挥，贺人龙也因此大为不满。如此一来，杨嗣昌想将张献忠围歼于巴楚山区的计划也就很难实现了。尽管如此，杨嗣昌仍然故作镇静，饮酒赋诗云：

青鞋踏破旧因缘，欲话游踪恰悄然；
家近半千身半百，酒醒中夜月中天；
俱看草草劳入梦，独讶星星圣主怜；
安得功成棹归去，前溪忽逼武陵烟。

虽是强打精神，但字里行间却充满了无限的凄苦和彷徨。为了不负皇上重托，他又提出了一项所谓“点滴不漏”的“圆盘计划”，企图以三面大军从湖广把张献忠逼进四川，然后实现“以蜀困贼”的目的。按照这个“圆盘计划”：放开四川大宁、大昌与湖广交界的32处隘口，势使张献忠入川，然后利用川东的山川险阻，四面环攻以取胜，说什么“四川如鸡笼，军势如圆盘，可以点滴不漏。”谁知这一计划一出，四川巡抚邵捷春大为不满，愤怒地说：“今以蜀地委贼，是督师要存心杀我！”张献忠却借用了这项计划，乘势跳入“圆盘”之中抢占了有利的地势，决定采用“以走致敌”的战略来拖垮杨嗣昌。

邵捷春虽心怀愤怒，却缺少左良玉那样的反抗精神，军令一到，只好撤出隘口。张献忠乘机夺关斩将，率军西进，势如破竹，六月进入武山隘，迅速占据四川新宁、夔州、开县、云阳、大竹等地，七月与巫山罗汝才会师。八月十九日，张献忠与罗汝才联军抢渡巴雾河，进军夔州土地岭，攻打楚将张应元与王云凤率领的五千守军。杨嗣昌立即命令驻军开县的贺人龙率师驰援，不料贺人龙因杨嗣昌许诺“平贼将军”未果，心怀愤恨，竟以缺饷为借口，三檄不至。张献忠侦知官兵救援不至，立即命令农民军展开强攻，战斗从早晨打到中午，依然不分胜负，张献忠便亲自率领农民军绕后山而下，突入官军营中冲杀。因这些官军都是刚刚招募来的新兵，一见农民军杀人营内，顿时乱了阵脚，死的死，逃的逃，鬼哭狼嚎，一片惨败景象，张应元至傍晚才突围逃脱，王云凤负重伤死于山中，其部将白显、潘映奎战死，五千官后全部覆没。张献忠在战斗中身负箭伤，但一想到这是半年来第一次大捷，心中又有说不出的高兴。

杨嗣昌接到土地岭战败的消息，万分震骇，用颤抖的毛笔，向崇祯写了一份《乞恩请罪以速剿功事疏》声称出师一年以来，时时屈指，刻刻焦心，取得了无数的胜利，只剩下张献忠小股部队逃入四川，他要亲自督师入川，以图早日廓清，云云。九月十四日，杨嗣昌由夷陵至夔门，设立行营，坐镇指挥，企图旗开得胜，实现全歼张献忠的"圆盘计划"。无奈此时已非昔日可比，左良玉、邵捷春、贺人龙等战将皆已离心；杨嗣昌自己也日益虚浮自用，猜忌多疑，军行进止，柴米油盐，无不自行裁决，千里待报，动失良机，加上土地岭大败，官军士气低落，败象已显，只是杨嗣昌一人不敢正视而已。

正当杨嗣昌督师入川之际，张献忠又联合罗汝才在夔州城北的竹菌坪歼灭了蜀将张令和秦良玉的三万官兵。秦良玉乃是一名杰出的巾帼英雄，生于官宦之家，自幼操练武艺，演习军法，24岁远嫁石柱土司宣抚使马千乘为妻，帮助丈夫组建了一支强悍的"白桿兵"，丈夫死后，她便成为主将，久经沙场。应杨嗣昌的调遣，她率兵与张令守夔州，当张令中箭身亡之时，她毫不畏惧，镇静应战，不料三万人被张献忠一举全歼，最后只剩下自己一人逃奔重庆，从此，她便时时不忘雪此奇耻。九月底，张献忠与罗汝才乘胜攻占了巴州（今四川巴中），杨嗣昌将行营移驻万县，向张献忠大军尾随而来。

张献忠接连两次获胜，士气大振，十月三日又冲破明副将张奏开部的阻击，十一日，穿过庆元县，渡嘉陵江西进，十三日破剑州（今四川剑阁），杀署印官。十七日，佯装北上出阳平阁、百丈关进汉中，待明总兵赵光远疾奔阳平阁，贺人龙、李国奇赶守百丈关之际，张献忠突然军锋急转，回师剑州，向川西挺进。十九日，农民军设伏剑州，生擒官军罗万象、韩光荣、刘贵、谭绎四将。二十一日南攻梓潼县，先于梓潼七曲山伏击贺人龙、李国奇追兵，活捉了投降官军的扫地王张一川，接着又于梓潼县城南门分割围歼了明总兵方国安的追兵，缴获大批武器物资，官军全军覆没，损失空前。《纪事略》中描写说："梓潼一战，累骨如山，十三省大军丧殁殆尽。”杨嗣昌为此又向崇祯上了一道《独请臣罪疏》，自称“拊心顿足，仰天嗟吁”，同时把失败归罪于四川当局的疏于防范和陕西官军的挟饷鼓噪。结果，四川巡抚邵捷春被论罪弃市，陕西总署郑崇俭被革职问罪，原监军道廖大亨和丁启睿分别接任四川巡抚和陕西总督。

梓潼大捷后，张献忠率军进占绵州（今四川绵阳），渡绵河向西，经绵竹南下，十一月连克什邡、德阳、金堂、新都、汉州（今四川广汉）等州、县地，再由简阳、资阳，进驻安岳、乐至一带。十二月一日，破隆昌县，初五日，破泸州，攻无不克，战无不胜，官军中流传着“想杀我左镇，跑杀我猛镇”的说法，表明农民军充分运用了“以走致敌”的战术，才使得官军留恋左良玉的按兵不动，反对猛如虎的穷追不舍。猛如虎原为总兵，现在被杨嗣昌和万元吉提拔为总统，还以张应元为其副总统，负责指挥各路官军追剿，所以他驱迫官军紧迫农民军不放，最后落得个身败名裂还未醒悟。

杨嗣昌于十二月将行营移至重庆，再次采取了分化和收买的战术，下令赦免罗汝才的罪过，说罗汝才若投降官军，可封官加赏。同时张贴榜文，大书：“惟张献忠不赦，擒斩者齐万金，爵侯。”不料榜文刚一贴出，杨嗣昌的府第内、厕所里以及重庆的大街小巷中，到处都出现了“有能斩阁部杨嗣昌头来献者，赏银三钱”的大幅题字，直把杨嗣昌吓得大冒冷汗，又气得暴跳如雷，甚至“疑左右皆贼”，下令“勒三日进兵”。这时，官军士气更加低落，众将领也都不愿出击，万元吉便主张改变战术，他认为张献忠进泸州，前面已是川南土司地区，难以再进，因此官军必须停止追击，重点扼守张献忠向北回师的退路即可。但杨嗣昌一意孤行，坚持集中兵力加紧追击，这又为张献忠的回师北返创造了条件。

张献忠攻占泸州后，杀掉了刚上任的泸州兵备道黄谏卿和泸州知州苏琼。驻兵二日，便立即回师北上，初七日攻克南溪县，十一日攻克荣县，十四日攻克仁寿县，杀知县刘三策，十六日绕成都城继续北上，直捣德阳、绵州，东渡嘉陵江，二十九日夜间，“诈称杨阁总兵”，叫开城门，进占巴州，然后再攻达州，向川东迅速开进，于崇祯十四年（1641）正月抵达川东开县。这时官军大部还在川西南围追堵截。

从崇祯十三年八月到十二月，前后不到五个月的时间，张献忠率领农民军“倏东忽西，晨南暮北”，采用“以走致敌”的对策，以每日二、三百的速度驰逐山谷风雪中，随机转进，随时休整，随地歼敌。北至广元、昭化，南至泸州、南溪，西至成都各州县，东到巫山、夔门的四川大地上，农民军先后往返驰经大昌、通江、万县、巴州、剑州、保宁、梓潼、昭化、绵州、罗江、汉州、什邡、绵竹、德阳、金堂、简州、资州、荣昌、永州、泸州、南溪、广元、达县等地。官军尾随追击，兵损将折，最后疲于奔命，望尘莫及。其狼狈之相，被张献忠的部下编成歌谣，随军高唱。词曰：“前有邵（捷春）巡抚，常来团转舞；后有廖（大亨）参军，不战随我行；好个杨（嗣昌）阁部，离我三天路。”川中千里转战，使农民军经受了严峻的考验，越发变得士气旺盛、斗志昂扬，又锐不可挡了。

崇祯十四年（1641）正月十三日，四川开州（今开县）黄陵城地区正下着小雨，官军部兵猛如虎率领官军最精锐的部队，乘着傍晚向张献忠的军队集拢过来。因衣物全被淋湿，加上道路泥泞不堪，连续追奔了40多天的官军已是士卒疲病，人无斗志了，将领们纷纷请求明日再战，猛如虎也打算稍事休息后再向农民军发动进攻。但是几十天的追赶，今天还是第一次赶上了张献忠的大队，参将刘士杰心里涌动着立功邀赏的强烈愿望，便向主将提出了威胁性的语言，说自泸州追赶张献忠，至今已一个来月，今天好不容易才赶上，还不与其作战，“谁任其咎”？

猛如虎在刘土杰的极力煽动下，不觉产生了侥幸取胜的心理，便任命刘士杰为前锋，冒雨向农民军发起了猛攻。张献忠命一部分农民军一再佯’败，向深山退却，派另一部分农民军暗中绕到官军背后的山上，待官军进入山谷之中，农民军乘高大呼驰下，以排出倒海之势，向官军发起了强大的攻势。因雨天道滑，又近傍晚，在农民军的突然袭击之下，官军一片惊慌，左良玉部最先溃散，刘士杰和游击郭开、李仕忠以及猛如虎的儿子猛先捷等被农民军击毙。官军马仗军符尽失，士卒死亡殆尽，猛如虎仅率千余人突围逃走。至此，杨嗣昌“逼贼入蜀，歼尽蜀中”的计划彻底破产。杨嗣昌听到皇陵城败报后，威风顿时扫地，匆忙离开重庆，移镇川东的云阳县，准备返回宜昌，堵截张献忠出川入楚。

张献忠在黄陵城的胜利，宣告了川中“以走致敌”的结束，为农民军东进湖广，再取襄阳扫除了后顾之忧。当杨嗣昌撤离重庆之时，张献忠与罗汝才已毫无阻拦地东出夔门，经巫山进入湖北地区，准备捣毁杨嗣昌的老巢，决计奇袭襄阳。与第一次攻打襄阳相比，这一次攻打襄阳的意义十分重大，任务也更加艰巨。自杨嗣昌督师襄阳以来，以襄阳为军符，贮五省饷金及弓刀火药。可见，襄阳不仅是军事重镇，同时也成了政治经济重镇。杨嗣昌为巩固这个大本营，不惜重资重加修竣，令士兵在襄阳城四周挖出了又深又宽的护城河，河外再挖深沟方洫加以环卫，造巨梁，设吊门，架于护城河及沟洫之上，凡巨梁、吊门之上都陈列重火器，驻守精兵，出城入城，没有符牌勘合者，一律不准出入。经过重新修缮，加上东、西、北三面又被浩淼的汉水环抱，南面的一脉大山形成了自然屏障，襄阳城确实不负“其险足固，其土足食”的美誉，所以，江汉间列城数十，倚襄阳为天险。它的得失，关系到整个农民战争局势的扭转，甚至关系到朱明王朝命运的存亡。

为了保证奇袭襄阳的成功，张献忠大军在席卷出川的同时，采取了严密封锁消息的措施。农民军将湖广与四川之间七百里邮传驿舍全部焚断，并沿途截杀塘卒，使川、楚两地官军完全失去了联络。当张献忠夺取黄城陵大捷，出夔门，过白帝城，到达当阳的时候，襄阳的官军还对四川的战事一无所知。面对身后的追兵，张献忠采取了声东击西的战术，一方面声称回兵四川大昌，另一方面却从大昌迅速折向郧西，于二月初二日，经保康苦水河绕道当阳。然后，张献忠命罗汝才率部分军队北向郧阳与都御史袁继咸的部队相持，自己则率领一部一日一夜奔驰三百里，直向襄阳城而去。

在绕道当阳的途中，张献忠杀死了杨嗣昌的特使，查缴了杨嗣昌送往襄阳的文书、军符及有关情报，得知襄阳防守甚严，便命农民军大部队潜伏山谷，并遣部下扮作商人乘夜过江，盗取城内杨嗣昌的告示，将告示上的印信拓下来，依样刊刻伪印，然后假发杨嗣昌调兵文书，书中说张献忠已死，余党皆散，只剩李自成在河南日益猖獗，命襄阳守将迅速出兵河南，云云。襄阳守将接到这个调令后，核对符印，完全符合，便信以为真，不数日便领兵北发，以致襄阳守城官军减少大半。

襄阳守兵虽大部分被调走，但余部若据险抵抗，农民军依然难以破城，一旦时间持久，杨嗣昌援兵赶到，农民军就有腹背受敌的危险。张献忠又决定采用里应外合的打法，他在派出罗汝才的同时，命间谍数十人，化妆成商贩、乞丐等，偷偷潜入襄阳城，以便从城里接应，又派养子刘文秀选挑骁骑二千人，化妆成官兵，持杨嗣昌令箭文书先入襄阳城，以便占据城中军事要害；再派部分农民军袭杀去襄阳送蜀鞘银的押运队，穿上他们的服装，以押送鞘银为名进入襄阳城，帮助刘文秀的部队从城内向外冲杀；张献忠自己率大部队继后，于二月初四日到达襄阳城郊。

张献忠到达城郊时，天色已近傍晚，硬攻襄阳城的办法仍然不能采用，张献忠又令李定国进行武装偷袭。李定国率领28骑伪装成官兵，带着军符文书飞抵襄阳城门外，驻守襄阳的监军副使张克俭亲自检验信符无误，才允其进入城内，并安排他们在城内的奉天寺住宿。李定国迅速与刘文秀取得了联系。约定深夜三更在城内发动袭击，配合大部队攻城。待至三更时分，监军副使张克俭正在召集襄阳知府王承曾等人讨论城防事宜，突然听说承天寺起火，等他们出门一看，襄阳城的南门、端礼门以及城东南的襄王府均已火光冲天，城内军民乱作一团，纷纷传言是监军家丁造反，还不知道农民军已经攻城。

城中火光四起，守候在城内的农民军立即强攻襄王府，并分头打开城门，放下机桥飞梁，使城外农民军迅速进城，内外夹击。二月五日天刚亮，农民军便占领了整个襄阳城，逮捕了襄王朱翊铭和朝廷驻在襄阳的大部分官吏。监军副使张克俭及原襄阳知县蔡邦瑞等在混战中被杀，襄阳知府在王承曾、福清王朱常澄、进贤王朱常溦等乘乱化妆逃脱，襄阳知县李大觉自杀。张献忠进城后，立即派人打开监狱，接回了原来在玛瑙山战役中被官军关押的谋士徐以显、藩独鳌及妻妾等人。

吃过早饭，张献忠坐进了襄王宫正殿，命部下清点杨嗣昌积存在襄阳的五省饷金，以及宗室藩王、左良玉等人储存在襄阳的金银财产。其中杨嗣昌所积饷金、弓刀、火药数十万，左良玉寄存的家产和降丁家口，还有宗室藩王朱翊铭等人的资产，全部被农民军没收，除留归军用外，发银五十万以赈饥民，同时收编了襄阳官军数千人，全城人心大快，军民同庆，张献忠的威风也顿时增高了几倍。

中午，张献忠设宴“招待”襄王朱翊铭。朱翊铭见到张献忠，吓得面如土色，跪在地上不停地叩头叫喊：“求千岁爷饶命！”张献忠命他坐于堂下，“劝之以卮酒”。酒过之后，张献忠面露难色，以商量的口吻对朱翊铭说：“吾欲断杨嗣昌头，而嗣昌远在蜀，今当借王头，使嗣昌陷藩伏法。”说罢，张献忠亲手一连三刀，将那哀哭干嚎的朱翊铭杀死在西门城楼上。随即下令火烧襄王府，将朱翊铭的尸体投入火中，烧成一缕青烟，直向那北边飞扬而去。朱翊铭的宫眷妻妾及其第三子贵阳王朱常法等，同时被斩杀于西城门外。襄阳推官邝日广顽固不化，也被斩杀不误。

当张献忠再取襄阳城之际，杨嗣昌正忙于出川。二月初二日，他檄调左良玉迅速带兵东转，去湖广追剿张献忠，他自己则舟发夔门，由长江三峡东下湖广，初三日至巫山县南木园，遇逆风停宿。初四日，船过巴东至归州又停宿。初五日，船发归州，逆风怒卷，风浪迅猛无比，船无法再行，停泊西陵峡。登舟启程之前，每天都有塘报：某日张献忠过兴山，某日，张献忠至当阳，现在船行江中，塘报突然中断，张献忠不知去向，襄阳城也失去联络。他哪里知道，正当他逆水行舟，船泊归州的时候，襄阳已成了一片火海，他精心修竣的六道城门和1523垛城垛俱被推倒，府、厅、县及察院衙门，尽化为灰烬。

二月初六日，西陵峡黄雾弥漫，舟船一律停开，杨嗣昌从船上差人上陆，第十九次檄调左良玉火速东进，并督发诸部官军加紧追赶。初七日，杨嗣昌船出西陵峡，傍晚至湖广夷陵。从陆上东进的官军，无不沿途迟滞，越追离张献忠越远。佥事孔贞会和副将张应元分别于初七日、初八日才至当阳，评事万元吉初九日才到荆州，其他各路官军，更加疲惫沮丧，直到二月下旬尚未全到夷陵。二月十一日半夜，杨嗣昌正“扶病”在床，一个名叫王自成的襄阳府差役，步行送来了襄阳失守、襄王被杀的噩耗。杨嗣昌被人从床上叫起，他接过塘报，刚读了一半，便口吐鲜血，号啕大哭起来。

杨嗣昌一边大哭，一边给崇祯上疏，请罪请死，并开始绝食。他深知襄阳丢失，等于失去了中南战场的核心基地，军资甲仗全被农民军抢走，官军军饷物资无从供应。更为重要的是，那襄王朱翊铭，是明仁宗的嫡传后裔，也是崇祯的至亲藩王，他的被杀，等于宣判了杨嗣昌的死刑。二月十五日，杨嗣昌自夷陵东下，抵江陵县沙市，在沙市的徐家花园扎下了行辕大营，准备在湖广再来一次对张献忠的大围剿，不料塘报来传，说张献忠自二月七日与罗汝才会师后，初八日离开吕阳，渡江破樊城，再由樊城起兵向河南开拔，十三日过南阳，折向唐县（今河南唐河）而去。杨嗣昌已数日饭食不进，听完塘报以后，自知重点围剿张献忠的计划已彻底破产，只好有气无力地宣布徐图再举了。

正当杨嗣昌谋图再举的时候，突然又来了河南的塘报，说李自成攻陷洛阳，福王朱常洵被杀。原来，当张献忠出四川再攻襄阳之际。李自成正率军由陕西商雒进入河南，并乘河南官军防务空虚之机，迅速占领了洛阳东、南、西三面的永宁、偃师和宜阳三城，对洛阳形成了三面包围的形势。就在张献忠再破襄阳城、杀死襄王朱翊铭的前13天，李自成攻破洛阳城，逮杀了崇祯的叔父福王朱常洵，正式打出了“闯王”的旗号，并提出了“均田免赋”的土地政策和“平买平卖”的商业政策。这一消息迟迟未到督师府中，却在襄阳城破、襄王被杀的消息传来三天之后到达，杨嗣昌更加忧愤惭惧，身心交瘁，真是福无双至，祸不单行。一想到连陷两藩，定是罪上加罪，不禁抚膺大恸，忧惧万分。

襄阳、洛阳的失陷，对朝廷的打击十分沉重，所谓“洛阳国帑，襄阳军资”，都是军事上致胜的基本保证，现在被农民军所得，为张献忠和李自成由战略相持阶段走向战略进攻阶段提供了前提条件。所以当时的明兵科给事中张缙彦说：“襄阳再陷，南北咽喉，拱手资贼，中原腹心，千里流血。”正因为如此，朝廷内外不少要员向杨嗣昌发动猛烈的攻击，出现了交章论列的局面。户科给事中左懋第说杨嗣昌领兵虚妄欺诈，“在楚则征巴蜀之精兵自卫，而张献忠得入川；在川则征楚豫之精兵自卫”，造成“藩封死亡，社稷阽危”，罪莫大焉；刑部主事雷縯祚列举了杨嗣昌六条可以处死的罪状，说他狡诈欺公，说谎欺君，使张献忠“鸱张入川”，罪不可赦；兵科给事中孙承泽指责杨嗣昌兵出四川时，不走陆路而乘船由长江东下，误了时机，才使张献忠从容攻取襄阳；其他如吏科给事中章正宸，河南道御史叶初春等，无不上疏弹劾，列举杨嗣昌种种罪行，弄得崇祯不知所措，杨嗣昌自己则又气又怕，深感末日已经降临。

二月二十八日，是杨嗣昌54岁生日，为了强作镇静，他摆出了祝寿的宴席，一些地方官僚被邀请前来祝寿，不料左良玉却派人送来了特殊的生日贺礼——一封痛诋“督师辅臣”的长信。信中，左良玉将杨嗣昌在军事上的错误一一罗列，历数其失，毫不留情，最后以“玩寇贻患”四个字给杨嗣昌盖棺定论。杨嗣昌读过此信，不觉仰天长叹，心中无限痛楚，不知从何说起，只有绝望的感觉不时地袭击心头。但作为显赫一时的政治家和军事家，54岁的年龄还正是太阳当顶的时候，怎么能轻易绝望呢？他把最后一线希望摆到了惠王朱常润的身上。

气息奄奄的杨嗣昌从夷陵来到了荆州（今湖北江陵），求见惠王朱常润，想通过惠王来观望朝廷的态度，同时希望惠王能在崇祯面前替他说情。不想朱常润非但拒绝接见，反而派人传话说：“老先生要见我，还是先到襄阳去谒见襄王吧！”受到苛刻的揶揄和谴责，杨嗣昌更感到事态的严重，羞愧难堪之外，便是进一步的憔悴和绝望。他给湖广巡抚宋一鹤写信，渲泄了心中的委屈和最后的哀鸣，说天降奇祸，突中襄藩，叫他无面目以见天子，只有一死了之。三月初一日，他把军政事务暂时委托给督师行辕、评事万元吉代办，然后在沙市徐家园服毒自杀。其子杨山松及佥事杨卓然皆以“病卒”上报。

杨嗣昌的死讯传到京师，满朝文武议论纷纷，很多人主张：其人虽死，其罪难逃，应该依律治罪，开棺戮尸。崇祯因为杨嗣昌是自己力排众议、委以重任的大臣，对大小臣僚的非难极为不满：果真将杨嗣昌开棺戳尸，皇上知人善任的“圣明”将何以存？他首先诏谕兵部，说襄阳失守，文武官员都罪不可逃！第一个是左良玉，不听督师调遣，应削职戴罪自赎；其次是湖广巡抚宋一鹤和巡按汪承诏，皆剿杀不力，亦应革职立功自赎；郧阳抚治袁继咸被逮捕，郧阳道万言策被罢黜。诏改冒起宗为襄阳道、王朝升为襄阳知府，进丁启睿为兵部尚书兼右都御史，代替杨嗣昌，督师中原。河南巡抚李仙风，总兵王绍禹，陕西三边总督郑崇俭皆因配合杨嗣昌不力而被逮杀，汪乔年、高名衡分别接任陕西、河南巡抚。

为了进一步掩饰自己用人失误并安抚军心，崇祯又御赐祭文，说杨嗣昌“临戎二载，屡著捷功，尽瘁殒身，勤劳难民”，故追认为太子太傅，许归葬武陵，以期“英魂有知，尚其诋服。”张献忠闻知此事，不禁抚掌大笑。

张献忠深知，明朝中只有杨嗣昌是一个具有很高的政治、军事素养的“能臣”，他集中了明军中最精锐的部队，拥有充分的粮饷和军械，制定了最有杀伤力的重点围剿计划，运用了高明的“圆盘战术”，最后仍然避免不了灭亡的命运，这正是明王朝气数已尽的充分表现。杨嗣昌势穷自杀，从此两湖无强兵，朝廷中也无人再敢言剿了。所以说，杨嗣昌的自杀是明朝失败的象征。相比之下，农民军不仅在短短的几个月内转战千里，战胜了官军的围追堵截，而且在“以走致敌”的过程中，能够以己之长，击彼之短，变被动为主动，变守势为攻势，表明天下形势已发生了根本性变化，农民军已除掉了劲敌，迎来了全面进攻的新阶段，这正是张献忠抚掌大笑的原因。

西安建国，建元“永昌”

当明军主力被张献忠摧垮之际，李自成在河南也获得了巨大的胜利。

从崇祯十四年（1641）开始，明朝的“剿寇”活动变成了农民军的灭明运动。在军事力量对比上，除杨嗣昌留下的三万人外，明朝能用于对抗农民军的只有贺人龙等六千人，及宁夏兵、陕西兵三四千人和川兵、土司兵若干人，统归新上任的督师丁启睿指挥，兵饷不给，靠抢劫维持生存；农民军除张献忠在南方发展壮大以外，李自成部则乘张献忠消灭明军主力之机，在河南迅速壮大，由千余人发展到四、五十万人，提出了“均田免粮”、“割富济贫”的口号，获得了人民的广泛拥护。强弱易势，攻守换位，形势的变化给农民军的发展创造了有利的前提条件。

崇祯十四年（1641）正月十九日，李自成派兵攻打河南洛阳，洛阳地处天下之中，自古为兵家必争之地。明朝分封福王朱常洵在此建立藩国，横征暴敛，骄奢淫逸，所辖山西、陕西、河南三省，人民生活万分痛苦。这朱常洵既是明神宗万历皇帝的第一个爱子，又是崇祯的胞叔，平时只知吃喝玩乐，对洛阳地方文武官吏的战守请求一概不理。现在，李自成的军队已杀至城北，急报接二连三地飞入王宫，朱常洵守着那亿万家财，急得像热锅上的蚂蚁一般，一面向朝廷上表告急，一面急令河南巡抚李仙凤和巡按高名衡前来救命。无奈李仙凤正统兵在外，高名衡正保护周王防守开封，只调了总兵王绍禹和副将刘见义、罗太、刘英等部前来增援。当李自成大军兵临城下时，王绍禹的部卒不但不抵抗，反而临阵倒弋，逮捕了明兵备副使王胤昌，洞开城门，迎接农民军军进城。正月二十一日晨，农民军占领了洛阳全城，俘虏了福王朱常洵和前南京兵部尚书吕维祺。李自成下令抄没福王府的金银和粮米，并将洛阳官僚豪绅的窑藏一并没收，除部分充作农民军军饷外，其余全部散发给贫苦饥民。同时，宣布福王朱常洵的死罪，当即斩首。农民军将福王砍碎，把他的肉与鹿肉和在一起当菜吃，把他的血和酒混在一起当饮料，欢呼痛饮，名为福禄宴。

攻取洛阳，开仓济民，中州百姓纷纷参加农民军，“日夜不绝，一呼百万”。李自成打起了“闯王”的旗号，募兵设官留守洛阳，自己则亲率大军向开封开拔，于二月十二日抵达开封城下，打响了三打开封城的著名战役。

开封古称“大梁”，是咽喉九州、称王建都的形胜之地，明朝封周王朱恭枵于此，同时又将河南承宣布政使司的治所、开封府的府治和祥符县的县治设在这里，以重兵驻防。李自成大军攻到城下，守城的巡按高名衡、左布政使梁炳、右布政使蔡懋德、开封府知府吴士讲、祥符县知县王燮等谋立社、所，坚壁清野，闭门死守。在激烈的攻城战斗中，李自成的左眼不幸被乱箭射中，加上明军副将陈永福援兵赶到，农民军于二月十八日夜主动撤出战斗，移兵西向，于三月上旬连克河南密县、登封和嵩县，转而向南占领伏牛山区，由于四面出击，势不可挡。崇祯忧惧万分，急令兵部右侍郎兼右佥都御史傅宗龙总督陕西三边军务，代替丁启睿专办李自成。

七月初，原先与张献忠联合作战的罗汝才率部北上邓州，与李自成合兵，连营数百里，声势空前浩大。八月底，李、罗联军由豫西向项城开进，于九月初实现了对项城的包围。明三边总督傅宗龙与保定总督杨文岳企图负隅顽抗，无奈内无粮草，外无援兵，被迫于九月十八日突围。农民军四方截击，俘虏并斩杀了傅宗龙，收编了傅宗龙的部队，乘胜向豫中进军，连克商水、南阳、襄城、新野、泌阳、舞阳、禹州、许州、新郑、陈留等州县，于年底再次兵抵开封城下。十二月二十三日，第二次攻打开封城的战役打响，李自成设指挥部于汴堤外应城郡王的花园中，离城十里，罗汝才设指挥部于城外东南隅的繁塔寺，离城五里，两部密切配合，联手攻城，战鼓之声，枪炮之声，交响一片，日夜不绝。战斗持续至次年正月，天降大雪，寒冷异常，农民军军粮告匮，李自成再次决定撤围，将部队转向开封西南的朱仙镇进行休整，同时攻取开封府所辖各州、县，为第三次攻打开封城作准备。

傅宗龙战死后，崇祯令陕西巡抚汪乔年为陕西三边总督，率部东出潼关，同左良玉部夹攻农民军。崇祯十五年（1642）二月十三日，李自成听说汪乔年的部队已到达襄城，立即由郾城西进，迎击汪乔年的部属，明总兵贺人龙、郑嘉栋、张国钦、张应贵、牛成虎等部官兵。战斗一打响，贺人龙、郑嘉栋、牛成虎三部皆不战而退，左良玉部在郾城遭击后向东撤走，张国钦、张应贵二人被火炮击毙，汪乔年被农民军俘虏处决。三月十八日，农民军攻克太康，四月十六日，攻占杞县，五月二日，农民军再次抵达开封城外，打响了第三次围攻开封城的战斗。明朝急令督师丁启睿、保定总督杨文岳和总兵左良玉、虎大威、杨德攻、方国安等部驰援，一战即溃，杨文岳逃往归德，丁启睿逃向光州，农民军大获全胜，收编降卒数万人，缴获骡马七千匹。五月二十五日，李自成、罗汝才指挥大军乘胜包围开封城，并采取围而不打，长期困守的战略战术，一下子将个开封城围困了五个月，城中粮草不继，骡马也全被杀光，普通百姓大都饿死，守将高名衡无计可施，与周王一起密奏朝廷，请求炸开黄河大堤，借暮秋洪水淹击农民军。九月十四日深夜，朱家寨、马家口两处大堤同时溃决，河水横溢，汹涌无比，百里之间，波涛一片。农民军火速向高处转移，溺死数万人。五月十六日，洪水冲破开封城北门，以一丈多高的巨浪冲进城内，全城顿时汪洋一片，周王府及各郡王府也全部淹入水中，周王搭船北渡逃命，高名衡和文武百官也纷纷偷渡逃走，只有那无数的百姓爬在层顶上嗷嗷待毙。农民军奋力抢救难民，官军却乘机炮击，使大批无辜的难民死于洪水之中。

水淹开封的暴行激起了巨大的民愤，崇祯却下令奖赏开封守城将官：高名衡加兵部右侍郎，赏银四十两，黄澍授江西道御史，赏银三十两，陈永福加官两级，赏银三十两，其他官员俱因护藩决堤守汴有功，升赏有加，而那古老繁荣的开封城，百万人口葬身鱼腹，残存者不到十万，不投身农民军去推翻明王朝，还能有一条更好的出路么？而那“勤政爱民”的明思宗，除了自取灭亡以外，就是在营造一条不得好死的通道。

李自成、罗汝才不仅每得一城，皆严禁抢掠，所过集镇皆秋毫无犯，而且明文规定：杀一人者如杀我父，淫一女者如淫吾母。中原人民欢迎农民军，中州大地也成了农民军的天下。第三次开封大战后，李自成决定由河南南下湖广，去消灭屯居襄阳的明军主力左良玉部20万军队。十二月初四日，李自成率农民军主力进居襄阳，在此前一天，左良玉便拔营东遁。崇祯十六年正月初一日，农民军攻克承天（今湖北钟祥），明湖广巡抚宋一鹤自杀身亡，巡按御史李振声被俘，总兵钱中选被击毙。正月十八日，农民军攻克汉阳府，左良玉逃往九江。正月二十一日，李自成回师襄阳，改襄阳为襄京，在此建立新顺政权，开科取士，整顿军队，进军关中，去消灭明陕西总督孙传庭部的有生力量。与此同时，张献忠占领武昌，称大西王，也建立了农民政权，准备西进巴蜀，至此，明末农民战争进入了鼎盛时期。正是明朝的疯狂剿杀政策，才使自己的人民变成了自己的敌对力量。

李自成和张献忠两支农民军的同时发展壮大，同时建立政权，使崇祯感到末日就要到来了，他于崇祯十六年四月下令，要求全国各地的地方武装杀“贼”录功，企图调动整个地主阶段的力量与农民军决战到底。五月，崇祯又勒令陕西总督孙传庭准备统兵出潼关入河南作战；六月进孙传庭为兵部尚书，总制三边及豫、楚、川、黔各省军务，称“督师”，赐上方宝剑，令其火速出关与农民军主力决战。当时明朝的主要力量分成三大部：左良玉一部在南方，专门对付张献忠；孙传庭一部驻守关中，遥控中原，专门牵制李自成；还有一部在辽东，专门阻挡清兵南下。孙传庭所统率的陕西官军，是明朝镇压农民军的最后一道王牌。这道王牌立于关中不动，农民军想北攻京师就有后顾之忧，因为关中乃天下之首，谁占领谁便据有天下。现在崇祯孤注一掷，让孙传庭离开关中，孤军深入河南，实在是犯了军事上的大忌。但崇祯也顾不得许多了，他一心想着孙传庭一旦全军出关便可旗开得胜，一旦于河南消灭了李自成部农民军，明朝便可转危为安。

孙传庭像

孙传庭虽然一再推迟出关，但朝廷严旨最终是不可不执行的。八月初一，他在西安关帝庙誓师，然后发兵分道开出潼关、雒关，于八月十二日到达洛阳，九月八日，师次汝州，九月十日，进攻宝丰。李自成为了诱敌深入，自洛阳，经龙门、汝州，到宝丰，一路退军”败走”，当孙传庭攻打宝丰时，李自成退到郏县。至此，官军粮秣不能接济，士马饥饿，又会天降大雨，军心一片恐慌。李自成反攻的时机到了，他一边派人到孙传庭部挑战，一边派轻骑出汝州，阻截官军粮草。九月十七日，孙传庭被迫还汝州迎粮，不料，前军一退，后军即刻大乱，争向汝州逃跑。李自成乘机率军猛追猛杀，万骑驰驱，锐不可挡，官军向西溃逃，愈逃愈狂，一路上丢盔弃甲，人仰马翻，行至孟津，十余万人只剩下数千人，孙传庭惊惶失措，由孟津北渡黄河，走河南阌乡，转奔陕西潼关。李自成命部将李过率兵追杀孙传庭，自己则率部十万人直取潼关，同时又令大将袁宗第、刘体纯等领十万人马，从南阳出发，过内乡、淅川，南取陕西商州。十月初六日，孙传庭陷入农民军重重埋伏之中，被杀身亡，李自成指挥农民军长驱入关，迅速攻克关中各地，于十月十一日占领西安城，张贴安民告示，改西安为长安，以秦王府为新顺王府，封投降过来的秦王朱存枢为权将军，号召明官归顺，禁军士抢杀，一切军民人等，各安生理，秩序井然。

崇祯十七年（1644）正月初一日，李自成在西安建国，国号“大顺”，建元“永昌”，以该年为永昌元年，造《甲申历》，追尊先祖谥号，拜宋献策为军师，牛金星为天佑殿大学士，增定六部为六政府，置各部尚书、侍郎。设弘文馆、文谕院、尚契司、验马寺、书写房、谏议、直指使、知政使等官职。分封功臣，颁布新政。

六政府尚书有：吏政府宋企郊、户政府杨建烈、礼政府巩焴、兵政府张磷然、刑政府陆之祺、工政府李振声。

封功臣为侯者主要有：汝侯刘宗敏、泽侯田见秀、蕲侯谷英、亳侯李过、磁侯刘芳亮、义侯张鼐、绵侯袁宗第、岳侯李岩、淮侯刘国昌、义侯李双喜、淳化侯李适、三水侯李通、华阳侯李迪等若干人。

封功臣为伯者主要有：诚意伯宋献策、灵宝伯牛金星、祥福伯李岩、光山伯刘体纯、太平伯吴汝义、巫山伯马世耀、桃源伯白广恩、武功伯周凤梧、平凉伯贺锦、韩城伯罗虎、文水伯陈永福、平南伯刘忠、高陵伯李友、岐山伯李牟等72人。

封功臣为子爵者主要有：宁陵子田虎、甘泉子高立功、褒城子李时亨、山阳子李运亨、西乡子李其亨、蒲城子李来亨等30人。

封功臣为男爵者有：临朐男高一功、肤施男张国绅等55人。

地方官中，各省巡抚曰节度使，布政使曰统会使，各道副使曰防御使，知府曰府尹，知州曰州牧，知县曰县令。

各级武官有权将军、制将军、果毅将军、威武将军、都尉、掌旅、部总、哨总等官，统率步兵40万，骑兵60万。军旗有前黑、后黄、左白、右红、中青之分。营制有中吉、左幅、右翼、前锋、后劲之名。

赋税上，对百姓“三年免征”，对明官绅追赃逐饷（即没收其钱财充农民军粮饷）。铸永昌通宝为大钱，每枚值白银一两，另铸当十钱和当五钱为小钱，平抑物价。

开科取士，以《定鼎长安赋》为题，考试选拔人才，中试者授府、州、县官。

同时，李自成颁发了《登极诏书》，曰：

上帝鉴观，实惟求莫，下民归命，祇切来苏。命既靡常，情尤可见，粤稽往代，爰知得失之由；鉴往识今，每悉治忽之故。兹尔明朝，久席太宁，浸池纲纪，君非甚暗，孤立而炀蔽恒多；臣尽行私，比党而公忠绝少。赂通官府，朝端之威福日移；利擅宗绅，闾左之脂膏殆尽。肆昊天聿穷乎仁爱，致兆民爰苦于祲灾。

朕起布衣，目击憔悴之形，身切恫瘝之痛。念兹普天率土，咸罹困穷，讵忍易水、燕山，未苏汤火！躬于恒、冀，绥靖黔黎。犹虑尔君若臣，未达帝心，未喻朕志，是以质言正告。尔能体天念祖，度德审几，朕将嘉惠前人，不吝异数，如杞如宋，享祀永延，用彰尔之孝；有室有家，民人胥庆，用彰尔之仁。凡兹百工，勉保乃辟，抑商孙之后禄，庆嘉客之休声，克殚厥猷，臣谊靡忒。

惟今诏令，允布腹心。君其念哉！罔怨恫于宗工，勿阽危于臣庶；臣其慎哉！尚效忠于君父，赓诒谷于身家。永昌元年谨诏。

这份农民军诏书，指斥了明朝统治的黑暗腐朽，论证了新顺政权取代大明王朝的合理性，表达了农民军救民于水火的决心。

吊死煤山，空余悲恨

1644年春节已经来到，紫禁城里却没有半点欢乐。

崇祯接到一封封来自前线的奏报，心里充满着悲凉和恐慌。

说来也不凑巧，那年的春节显得格外的悲凉。

北风呼啸，起瓦震屋，沙石横飞，人们咫尺之间都看不清楚。

春节朝班，常年礼数最为隆重。

这一天，崇祯起得最早，等待百官朝贺。但只有仪仗，不见大臣。

负责朝贺的内官奏称："群臣不闻钟鼓声，谓圣驾未出，来者益迟。令再鸣钟，启东西门，远近闻之，自皆疾弛。"崇祯令鸣钟，不要停歇，并开启东西门，但久久仍不见大臣们的影子。

后来朝臣们来了，又仪容不整，萎萎缩缩。崇祯不由得顿生一阵无名之火。

早朝完，崇祯强压心头之火，叫阁臣们留下来喝茶。

阁臣们议论说："库藏久虚，外饷不至，一切经费刻不容缓，所持者皇上内帑耳。"

崇祯半晌没说话，后来才有气无力地说："今日内帑有难以告先生者。"看来他确有难言之隐：曾想过许多办法集饷，先是加派于民间，后来又叫官员助饷，最后还动员皇亲国戚出饷。

为了筹饷，他曾把万历宫中积留下来的上好人参拿出变卖，又令暂借民间房租一年。以致民怨沸腾，有了"重征"（崇祯谐音）的绰号。崇祯十二年（1639），他说皇亲有钱，于是便向皇亲们伸手。他首先找的是他曾祖母家的武清侯李国瑞，数目是40万两。李国瑞死活不肯交，相反，拆屋毁房，把器什物品摆在大路上变卖，以示一无所有。

周皇后之父、嘉定伯周奎害怕借到自己头上，便替李国瑞说情。他被惹火了，命逮李国瑞入狱，剥夺李的爵位。李惊吓而死，外戚们为了保住自己的家财联合起来抵制借钱。他还听从过户部尚书倪云璐的建议，实行赎罪与捐纳制度。后来甚至禁止大臣服饰袖长超过一尺，宫中尽撤金银器皿，换上铜器。为了练兵，他曾与大学士蒋德璟商议良久，可当他听说：正统时兵饷数万，万历时不过300余万，而今兵饷2000余万，但兵反少于前，尽皆耗蠹；过去京卫有47万，畿内有28万，今皆虚冒，也皆丧失了信心。有的大臣请发帑银，他只好说："三十六衙搜括已尽。"

自从正月初一空朝以后，崇祯一直处于一种大难将至的灰色情绪中。向吴三桂发出那道紧急诏书，并挤出30万两白银送到宁远以后，崇祯松了一口气。关宁铁骑月余之后肯定能到达京师：李自成目下还刚过黄河，一个多月无论如何攻不到北京城下；只要关宁铁骑劲旅一到京畿，北京城就可变成金城汤池……

然而，所发生的一切，打破了崇祯的梦想。

甲申年（1644）正月初三，还是天寒地冻时。李自成在西安誓师讨明。前锋部队是刘宗敏、李过率领的2万精锐骑兵，李自成则统大军20万，自禹门东渡黄河北上。

更有甚者，李自成竟派出特使委出西官府飞呈北京兵部战书一封，相约进行总决战！书中断言：三月初十将打到北京城下！

崇祯相信李自成会打到北京。虽然有吴三桂的关宁铁骑，但那总非根本之计。

他急召左中允李明睿商议御寇急务。

李明睿虽不大，却是个颇有战略头脑的人。他提出，"唯有南迁，可缓目前之急"，并建议立即迁都南京，沿江设防，确保江南，后图恢复北方……这一建议的实质是要大明王朝主动放弃北方而到南方振兴。在当时情况下，不失为一条根本大计，而且后来也事实上建立了南明小朝廷。但在崇祯看来，这是比弃地更为重大的南逃责任，是丢弃社稷宗庙的大罪……崇祯内心虽然想这样做，但却依旧不想承担责任。他郑重叮嘱明睿："此事不可轻泄。"

不过，崇祯也发动廷议，讨论南迁。由李明睿上疏发动，提出如下策略：以皇上亲征为名，先撤入山东，再退入南京；皇上行营驻扎凤阳以待勤王之师，而后西征李自成。然而主战派坚决反对，主张杀李明睿以安民心军心！崇祯看众议汹汹，便默然不语，将光时亨等主战派责备几句，便不再提南迁之事。

2月初，李自成大军由山西一路攻关而来。2月初三攻陷怀庆。2月初八攻克太原。2月初十攻克忻州。2月初十一，攻克代州。

明朝三关总兵周遇吉于惨烈战斗中死守宁武关，大顺军20天内攻关不下，伤亡重大。崇祯又沾沾自喜，以为贼兵不足虑。崇祯这时的姿态是下了一道《罪己诏》，号召臣民忠君爱国，若有人擒斩闯、献二贼，给予通侯封赏！之后于2月20日，又连派内监高起潜、杜勋等10人前往京南十关监军力战。兵部尚书张缙彦反对，激烈上书："内臣十员监军，不惟空耗物力，且事权分散，使督抚将军难以指挥，恳请撤回！"但崇祯不同意，他相信监军的作用，认为他们可靠！

监军到达宁武关，周遇吉指挥受制。

三月初，李自成大军破关擒杀周遇吉，战局急转直下。另一路出河南向北进军直隶的大军，攻克彰德、真定、大名。两路大军对北京形成夹击之势！

崇祯又召廷臣讨论，议决由内监与朝臣组合，分守京师九门，严禁百姓上城。

不久，大同总兵姜襄，宣化监军杜勋、总兵王承恩开关投降李自成。

崇祯又来了一个老套，再颁《罪己诏》，宣布有能擒李自成者封伯爵、奖万金；又下诏命司礼太监王承恩任提督内外京城，有生杀大权！

随后，李自成另路大军北面攻克居庸关，明总兵唐通投降。大顺权将军刘宗敏布告京师，宣布将不日入京！随着李建泰困死在保定，李自成的大顺军终于对北京形成全困之势。

当这一惊人的凶讯传来时，京师上下风声鹤唳，草木皆兵，人人惶恐不安，坐卧不宁。在无人堪当此重任的窘况下，崇祯只有亲自部署京城防守，决定拼死一搏。他令内监与各官分守京城九门，襄城伯李国祯提督城守，老少勋戚一齐上阵。城内实行宵禁，昼夜巡逻，严缉奸细。由于外饷不至，太仓久虚，又下令百官捐赞助饷。太监王永祚、王德化、曹化淳各捐五万两，但其他太监却是铁公鸡一毛不拔。值此生死存亡关头，崇祯再不顾什么颜面，竟亲自向皇亲、太监门讨起钱来。太监们能舍掉自己的命根子，但却舍不得已到手的白花花的银子，干脆题诗墙壁：此处不留爷，自有留爷处。竟一跑了之。有的太监甚至偷偷给农民军报信，另谋明主。奉命戴罪守城的太监曹化淳竟至阴阳怪气地对崇祯发牢骚："魏公公若在，事必不至此。"到了这个时候，崇祯再顾不上什么尊严，竟厚下脸皮传谕收葬魏忠贤遗骸。

三月中旬，李自成大军进占昌平，焚烧大明十三陵陵园；同日大败明朝的京师三大营数万军队于沙河；大顺军自西山至沙河，连营于北京城外，前锋数百骑直抵平则门下（今阜城门）。

昌平失守的消息传来，群臣大惊失色，崇祯更是难以自控，竟一下从龙椅上跌下，昏死过去。

狂风像洪水猛兽一般来回冲撞着，裹着草木，卷着尘土，夹着碎石和沙子，盘旋冲突于大街小巷，呼呼出响，嗷嗷直叫，使老树截枝断头，令湖水腾浪拍岸，直刮得黄沙弥漫，天昏地暗，使整个京城笼罩在一片飞沙

明十三陵陵园

走石的迷茫之中。忽然，一道闪电刺穿了压城的黑云，沉默片刻，一声异常激烈、干燥而又尖厉的霹雳炸彻全城，跟着便下起了滂沱大雨。

沉闷的雷声撕破了黑幕重重的天空，瓢泼的大雨冲打着麻木的地面，异样的猖狂放肆。俄而，强劲的雨点变成了密集的冰雹，冰雹借着风势，沉重地、兽性地、急骤地向下攒射着，击碎在房顶和地面上，乒令邦郎地交响成一片。一阵冰雹过后，又是电闪雷鸣，又是横风斜雨，雨中又夹带着冰雹……如此这般，从早晨直到午后，一阵紧似一阵。

这种奇特的天气，只有神话中方会出现，人世间何曾得见？恰恰许仲琳《封神演义》中的一段雷鸣风吼的描绘，竟与此不谋而合。其文曰：“风气呼嚎，乾坤荡漾；雷声激烈，震动山川。电掣红绡，钻云飞火；雾迷日月，大地遮漫。风刮得沙尘掩面，雷惊得虎豹藏形，电闪得飞禽乱舞，雾迷得树林无踪。那风只搅得通天河波翻浪滚；那雷只震得界牌关地震山崩；那电只闪得诛仙阵众仙迷眼；那雾只迷得芦篷下失了门人。这风真是推山转石松篁倒；这雷真是威风凛冽震人惊；这电真是流天照野金蛇走；这雾真是弥弥漫漫蔽九重。”

《封神演义》写的是两位神仙的决战情景，而北京城出现此景观，却是大顺国王李自成和大明帝国皇帝朱由检二人最后决斗时的天象。

北京城外，自十七日以来，李自成指挥大顺军三路攻打平则门、彰义门和西直门，守在门外的明军三大营全线溃散，阵地上战车、火炮、铁蒺藜等构成的道道屏障，丝毫未能阻挡大顺军排山倒海的攻势。根据李自成的丞相宋献策占卜，如果十八日无雨，则京师不可破；有雨，则一攻即下。十八日上午，北京城已被围得水泄不通，大顺军用缴获的巨炮、战车和蒺藜，趁着凄风苦雨的掩护，向北京城发起了进攻。

摆在明思宗朱由检面前的出路只有两条：要么缴械投降，要么拼命顽抗。

关于投降，又称“割地和谈”，按现代人的话讲就是谈判讲和。这确属最理性的文明途径，只是当时双方皆准备不足，毫无程序化和规范化，从根本上决定了这条道路的行之不通。尤其是对于那些“朕即国家”、“朕即法律”和“朕即真理”的万岁爷来讲，要同自己奴役下的“暴民叛卒”平等对话，举行“此地无银三百两”的政治游戏和指左趋右、声东击西的“踢皮球”活动，无疑是变相投降。只是每每想到铳炮攻城、万矢齐发、人财两空、玉石俱焚之惨象，人们又梦求通过它获得出奇制胜的效果。所以，李自成一面令大顺军武力攻城，一面派人提出了“割地讲和”的谈判条件；而在明朝方面，虽然崇祯对和谈之事难以启口，但负责守城事宜的襄城伯李国桢，最了解敌对双方的力量，擅自答应了李自成谈判的倡议。如是，一场既无诚意又无可行性的谈判便悄悄地开始了。

北京外城彰义门外，李自成命以红毡席地，临时设殿发号施令。首先命俘虏来的明晋王朱求桂和秦王朱存枢陪侍左、右，代农民军向城内军民传话，劝文武百官早早出降。同时派在宣府投降过来的明太监杜勋等人进城，转达农民军“割地讲和”的谈判方案。

上午巳刻，杜勋来到城下喊话，明襄城伯李国桢答曰：“我入你营为质，你当遣人与圣上面讲。”杜勋回答：“我杜勋一无所谓，何质为？”提督太监王承恩本来和杜勋是同事，现在一见杜勋代表李自成来与皇上谈判，相见叙旧自不待言，不定将来还能给自己谋条出路呢，便立即放下吊绳将杜勋缒上城来，送皇宫见崇祯去了。

此时，崇祯正在奉先殿中坐立不安，听说杜勋前来，立即命于平台召见。杜勋来到宫中，跪倒在崇祯脚下，奏称：“臣奉了秦、晋二王令旨前来拜见陛下，尚乞陛下赫臣死罪。”接着转达了李自成的三项谈判条件：

一是请崇祯封李自成为王，割西北地归大顺军管辖；

二是发给大顺军犒赏银百万两，大顺军随即退守河南；

三是大顺军不听明朝调派，不奉崇祯召觐，但可为朝廷平定内乱，并以强兵劲旅阻止辽东清军南下。

当时城上城下，大顺军进攻的炮声一阵紧似一阵，缘城廨舍片片崩塌，矢石飞坠城中如蝟，守城的明军纷纷惊溃，阖城号哭奔窜。崇祯自知大势已去，除了接受李自成的条件以外只有死路一条，但又不能自己背了投降的恶名，便转身问大学士魏藻德：“此议如何？今事已急，可一言决之。”谁知老奸巨滑的魏藻德竟一声不吱，只是一个劲地鞠躬俯首。崇祯忧惑不解，起身站到龙椅背后，再次问询魏藻德意见，魏藻德叩头谢罪以外，仍是一声不吭。崇祯心急火燎，焦躁万分，但仍然强压怒火，再三征询魏藻德意见，那魏藻德仍是守口如瓶，最终不发一言。崇祯万般无奈，只好另派亲信宦官代表自己继续与李自成谈判，同时命杜勋向李自成传话说："朕计定，另有旨。"企图拖延谈判时间，以等待各地勤王兵的到来。

谈判持续到下午仍无丝毫实质性进展，兵部尚书张缙彦到正阳门巡视城防，看到双方谈判代表尚在争论不休，缙彦前来询问时，内官拿出了明崇祯"再与他谈"的亲笔御书，可见谈判还在拖延着。李自成的等待是有限度的，最后他派在昌平收降的守陵太监申芝秀进城，"备述贼犯上不道语，请逊位。"这已是最后的通谍，而且条件空前苛刻。所谓"备述贼犯上不道语"，也就是对明崇祯进行挑战和痛骂；所谓"请逊位"，就是要让崇祯举手投降，让出皇位，或者说是给崇祯判个死刑，就差没有执行用刑仪式而已。

在这样的情况下，崇祯只好拿出引火自焚的招数，大声怒叱道："秦、晋二王，乃太祖高皇帝封建懿亲，以屏藩王家，不图嗣王不肖，既不能御诲扞患，丧厥守土，又复腼颜降贼。尚敢以巧言导朕偷生，祖宗天潢之裔，何其不知自爱如此？朕已决定一死，以殉社稷。岂能低首屈辱，以遗祖宗羞耶？"杜勋、申芝秀等皆是宦官之流，一旦主子生气便吓得魂不附体，现在又投降李自成当了叛徒，一见龙颜大怒，怎不自感小命难保？特别是杜勋，自投降农民军后，明朝还以为他为国殉难，特别赠他为司礼监太监、锦衣卫指挥签事，并立祠纪念，现在更是胆战心惊，所以马上伏地叩头，口中阿谀奉迎之辞也随即吐了一大堆："奴才愚昧无知，哪里知道天理大义，只是身蒙圣恩，诚恐圣上有个三长两短，所以才在情急之中胡说八道。今闻圣谕，忽然开朗，回去只说城中尚有精兵十万，各地勤王兵指日可到，届时内外夹攻不在话下。料闯贼听了此言也会吓个半死，唯恐退兵不及，哪里还敢围攻王城？"这才像是自己臣下的说话语气，崇祯心中顿时生出了几分慰藉，欲哭无泪的眼中有了几丝亮光，一天来劳神费思、不遑他顾的身心也稍稍轻松几许，君临天下至高无上的感觉又回来了，他仿佛看到了李自成慌忙撤退的场面，当即说道："尔等尽力去办吧，倘能骇退贼兵，将来援兵到了，社稷转危为安，尔等功在国家，朕不吝封侯之赏。”只有王承恩等几个孝顺的宦官明白杜勋、申秀芝是在蒙骗皇上，所以请求将他们扣押起来，杜勋急中生智道：“有秦、晋二王在城下为质，我等不返，则二王性命难保。”其他如王则尧等一帮太监则早已在外面等候，待杜勋等人一出，便问他和谈结果如何？杜勋急于下城，只简单地说了一句：“吾党富贵自在也。”用现代的话说就是“我们的富贵总没不了”。此话传开后，众太监个个心中石头落地，暗中纷纷与农民军约定开门内应。

和谈已彻底破灭，崇祯唯有负隅顽抗、垂死挣扎，方可博个“国君死社稷”的美名。

申时刚到，李自成下令全线攻城，守城太监曹化淳首先打开彰义门投降，德胜门、平则门也相继开启，大顺军迅速占领了北京城外城。崇祯真正感到了亡国的威胁，他宣布了亲笔起草的《亲征诏书》，曰：“朕以渺躬，上承祖宗之丕业，下临亿兆于万方，十有七年于兹。政不加修，祸乱日至，抑贤人在下位欤？抑不肖者未远欤？至干天怒，积怨民心，赤子化为盗贼，陵寝震惊，亲王屠戮，国家之耻莫大于此。朕今亲率六师以往，国家重务悉委太子。告尔臣民，有能奋发忠勇，或助粮草器械、骡马舟车，悉诣军前听用，以迁丑逆。分茅胙土之赏，决不食言！”

亲征诏书下过，崇祯又于内廷召见内阁大臣，

问：“卿等知外城破乎？”

阁臣回答：“不知。”

又问：“事亟矣，今出何策？”

阁臣回答：“陛下之福自当无虑，如其不测，臣等巷战，誓不负国。”

这些大臣的表态，使崇祯深受宽慰，但他也知道这些全是自欺欺人的空话，于抗战救亡一无所补，真正能信得过、用得上的，还是自家的皇亲国戚，所以他命令大臣各自去守城，急召驸马都尉巩永固来见，要巩永固率自己的家丁护送太子去南京监国。巩永固回奏：“臣等安敢私蓄家丁，既便有少量家丁，也不足以保卫太子冲出重围。”

周皇后

正说话间，忽见九岁的永王朱慈炤和七岁的定王朱慈炯两人手拉着手，蹦蹦跳跳地跟着16岁的太子朱慈烺走进大内，崇祯见这三个皇子到来，仍然穿着往日宫中的衣服，便大声责问："这是什么时候？你们还不知道更衣改装吗？"立即命太监取来破旧衣帽，亲手给他们穿到身上，系上鞋、帽带子，然后谆谆告诫："汝等今日为太子皇子，明日皇城一破，就是普通小民了，赶快逃生去吧！朕与母后都将以身殉国，自愧有何面目去见列祖列宗于地下？汝等乘乱逃走，须改名换姓，见到年老者要呼之以老爹，见到年轻者要呼之以伯叔，见到年幼者要以兄弟相称，其他如文人、军人、官人等各有称呼，务必谨慎小心地加以区别。万一将来保全性命，不要忘了回来为你父母报仇雪恨。"言语毕，呜咽不能成声，左右宫女太监无不痛哭失声。诗人所谓"影匿名埋气莫高，今从霄汉坠蓬蒿，缠绵衣带心同系，珍重蒙尘一布袍"，说的正是崇祯父子生死离别之景。

据说周皇后当时曾哭着建议说："趁此时贼兵未到，请陛下放他三人一条生路，叫他们暂住妾父（周奎）家，好给朱家留一脉香火。"崇祯擦干眼泪，起身牵着太子和永王、定王，命太监王承恩引路，迅速往国丈周王府奔去。出宫城不远，便见周王府大门紧闭，门两边空无一人。走近门前，方才听到管乐之声从内堂隐隐透出，敲门半晌，才有一仆人出来说道："今日国丈八十寿辰，任何人都不得进内！"说罢又将大门合上。崇祯无奈，只得领太子回宫，不料经过庆云巷时，正巧遇上田贵妃的父亲田宏遇骑马过来。思宏遇下马行礼，叩问圣上贵干，崇祯便概要地介绍了托孤的意思。田宏遇二话没说，当即请求将永、定二王及太子交他抚养，并当场扶三皇子上马奔田府去了，崇祯目送三皇子走远，才转身回宫。

清代人张岱在《石匮书后集》中专著《太子本纪》和《烈二王世家》两卷，对崇祯之太子慈烺、次子慈炤和三子慈炯逃难后的史事、特别是清代有关这三位皇子的传说作了详细述说。

酉时，李自成指挥百路人马加紧攻打内城，一时间，鼓声如雷，喊杀连天。大顺军将士，人人奋勇当先，个个冲锋陷阵，一架架云梯从墙跟竖起，一门门火炮向城内喷射。李过、俞彬、马世耀、马维兴、高一功、高立功、周凤梧、李达、袁宗第等数十员大顺军战将，各率大兵，分头攻打九门城楼。城内文武大臣，如大学士范景文、户部尚书倪元璐、左都御史李邦华等百十余人，各率精兵家丁，分头向月城、角楼、城濠、闸桥及各门、各街、各巷短兵接战，攻打声、喊杀声、马蹄声、刀剑声，一时并作。就在这激战的关头，守宣武门的太监王相尧、守正阳门的兵部尚书张缙彦、守齐化门的成国公朱纯臣等，同时打开城门投降，可怜那些"誓不负国"的忠臣义士，或死于矢石之下，或亡于乱箭之中，尸横遍地，血流成河，作了维护主忧臣辱、主辱臣死的野鬼。

崇祯在宫内，只听得炮声隆隆，喊杀声阵阵紧逼，知内城顷刻即破，连忙传旨，召见群臣商议最后办法，谁知那些文武大臣，忠义者死亡殆尽，偷生者非逃即降，能应召议事的，已是所剩无几。崇祯感到自己是真正的孤家寡人了，只好独自在这曾大显龙威的宫城中思考着如何不当瓮中之鳖。

正在此时，太监王承恩惊惶失措地冲了进来，连声大喊："大事不好了，内城已破！"闻听此言，崇祯再也无法坐等了。他走下龙座，绕殿环走，拊胸顿足，仰天长号，大呼："大营兵安在？李国桢安在？"得到的回答是：大营兵已作鸟兽散，京营总督李国桢早已独自逃命，请皇上"急走"为宜。所谓"急走"，也就是突围逃跑。这虽是太监和内侍的劝谏，其实也是崇祯内心的企图。接下来，崇祯便在皇城和紫禁城中展开了一场“急走”加“困兽斗”的运动。

话说这北京城，外城包着内城南面，内城包着皇城，皇城包着紫禁城。从外城到紫禁城，每城周围都绕以既宽且深的护城河。紫禁城又称大内，周围六里，设有四门，南有午门，东有东华门，西有西华门，北有玄武门。皇城周围18里长，设有六门，南面第一门为大明门、第二门为承天门、第三门为端门，东面为东安门，西面为西安门，北面为北安门。内城周围四十里，修有九门城楼：正南面为正阳门，南之左为崇文门，南之右为宣武门；北之东为安定门，北之西为德胜门；东之北为东直门，东之南为朝阳门；西之北为西直门，西之南为阜城门。外城即包围内城南面的外罗城，周长28里，设有七门，正南为永定门，南之东为左安门，南之西为右安门，东为广渠门，东北角为东便门，西为广宁门，西北角为西便门。

自外城沦陷后，李自成一面派人和谈，一面组织围攻内城，崇祯借以

玄武门

负隅顽抗的地方，实际上只剩下皇城和紫禁城了。到了夜间，内城又被攻破，崇祯也就只能在紫禁城内挣扎了。

崇祯这时反倒不再慌乱。他提起朱笔，写上最后一道谕旨："谕：成国公朱纯臣提督内外诸军事，夹辅东宫。"他收起这道谕旨：又从一方小盒中拿出早已写好的绝命书，命王承恩缝在内袍衣襟上……

内城失陷后，崇祯与太监王承恩一道，悄悄地走出宫门，登上紫禁城后面的景山，山上月色昏蒙，寒风凄凉，夜鸦喳喳地哀鸣，夹杂着四周阵阵嗷啼声、哭叫声，顺风吹来，惨不忍闻。这主仆二人爬到景山山顶，走进新建于山顶上的寿皇亭，放眼四望，但见满城烽火烛天，伴随着一团团跳起的火光，一座座殿堂楼阁变成焦土，一个个无辜的生灵死于非命。崇祯泪流满面，泣不成声，哽咽着向王承恩说道："朕心已碎，不忍再看，卿扶朕下山吧！"于是主仆二人又匆匆下山，悄悄回到紫禁城内乾清宫中。

此时，震天的号炮声已将整个大明皇宫笼罩在一片血雨腥风中，崇祯一脸惨白，凄苦无助地对周皇后言道："贼势甚众，城内防御甚虚，看来是难逃此劫了。"言毕，潸然泪下。周皇后也动了感情，呜咽凄楚。夫妻相对而泣，情景至为悲惨。

突然，崇祯收泪向左右内侍们言道："尔等侍朕有年，今日大难临头，朕不忍你们一起陪着送死，各去收拾东西，赶紧逃生去吧！"太监们闻言，恰似死囚遇赦，随即一哄而散。只有宫女们迟迟不愿离去，内中有魏、费二宫人，挺身言道："奴婢们蒙皇上和皇后厚恩，无一回报，愿舍身相随，虽死无悔！"崇祯闻言，惨然说道："尔等女流之辈，犹存忠义之心，那班王公大臣，高官厚禄，贼兵困城，却毫无策略，甚至弃城而遁，这都是朕之不明，近佞拒贤，豢养这些吃里扒外的奸人，如今悔之莫及。"言及于此，崇祯突然放声大哭："朕若成了亡国之君，有何颜面与列祖列宗九泉相会？"

周皇后伏在案上，与贵妃袁氏相对哀恸，满室之中，但见阴风窜动，鬼气扑面。哭过一阵，周皇后凄然相谏："事已至此，陛下不如潜出京师，南下调兵，然后挥师剿贼，或可使社稷转危为安！"话音未落，突遭崇祯叱责："朕自昏瞀，致招此祸，宁可以身殉国，亦不愿苟且偷生。"言毕，含泪召来太子慈烺、永王慈炤、定王慈炯付托后事。

是时年幼的定王、永王并不懂眼前的危险，依旧华服锦衣面见父皇。崇祯见状，禁不住心中一酸，含泪为他们换上破衣，凄苦地说道："大明社稷即将倾覆，致使天地震怒，贼势如蚁，这实是父皇的罪过。皇儿们今日贵为皇子，明日就要流浪四方。战乱之时，千万要隐姓埋名，勿要出头露面。万一侥幸保全了性命，一定要为父皇报仇呀！"言毕，将两位小皇子紧紧搂在怀中，恸哭不已。

周皇后紧紧搂住太子慈烺，母子二人哭成一团。叮咛再三，才交由太监领出。左右宫女见状，无不失声痛哭。

大哭一场之后，崇祯忽然收泪对周皇后说："大势去矣，尔为天下母，宜死！"周皇后起身说道："妾事陛下十八年，卒不听一语，今日同死社稷，亦复何恨？"言毕大哭着走进坤宁宫，悬梁自尽了。话说这贤慧文静的周皇后，自幼聪颖端庄，勤劳好学。自从当上皇后以来，她力去往常后妃养尊处优的旧习，穿的是寻常布衣，吃得是粗茶淡饭，决心与皇上同尚节俭，带头减支椒房资用，一切女红纺织，皆自己动手操作。所谓"员分百二领璇宫，撙节咸资内教功；三洒亲蚕重浣服，拟将恭俭赞王风"说的就是周皇后。周皇后既克尽妇道，又治理后宫有方，常以儒家道德规范和礼仪教化、导引诸妃嫔，深受太监和宫女嫔妃的敬爱。特别是她自幼即熟读《资治通鉴》等名著，养成好学的习惯，常常从《二十一史》中披览几千年兴亡史事，总结历史经验教训，所以对一些国计民生的大事，往往独具慧眼，识见盖过皇上和朝廷谋士。诗人称她"二十一部资内治，四千年事鉴明时；只今玺绂临金石，犹拜尘居一语师。"实不为过誉。正因为周皇后才德过人，所以常常对一些重大的疑难国事提出建议，对皇上的重大过错也能提出批评。遗憾的是崇祯刚愎自用，对周皇后的良言多所不纳。如京师告急之时，周皇后就主张迁都江南以图振兴，而崇祯于此策犹豫不决，反复无常，最终误了大计。所谓"妾事陛下十八年，卒不听一语"，或即指说此事，也未可知。

想起周皇后的为人和18年以来的夫妻情感，崇祯悽怆不敢回首，令内侍取酒来，自斟自饮，一连喝了几大觥，方觉意气自如，转问袁贵妃待何时自尽？袁贵妃连忙哭拜道："妾请死在陛下之前！"说罢系鸾于庭柱之上，伸头自缢，不料鸾带中断，袁贵妃堕地未死。崇祯立即从墙上取下宝剑，向袁贵妃身上连砍数下方止。可怜这妩媚无比的袁贵妃，昔日荣华富贵不知如何享受，今日却落得这般下场，岂不哀哉！后人有诗为叹：

忠谠其如不见原，到头唯有泪潺湲。
多君社稷教同殉，知重微躯弗重言。
不成哀怨不成怜，幸不赀躯就义全。
正是深宫三月暮，落花和雨葬婵娟。

砍杀袁贵妃后，崇祯借着酒劲，又一口气杀死了另外几个妃嫔，然后大声对着南宫仁寿殿传旨："莫坏皇祖爷体面！"通宫中的懿安皇太后张娘娘速死。说完再挥剑闯入坤宁宫，见周皇后已吊死在梁上，连声说："好！好！"十五岁的长平公主在一旁痛哭不已，崇祯对她说："汝何故生我家？"言毕用左手挥袖遮面，右手挥剑砍去，公主本能地用左臂一挡，手臂折断，顿时昏厥过去。长平公主本是如花似玉的少女，哪里经得起这宝剑的锋芒，昏死几天后才宛转复生，被清廷抚养，但不到两年便泣血身亡。后人著文为祭：

人非鹤市，慨紫玉之重生；镜异鸾台，看乐昌之再合。金枝秀发，玉质含章。逢德曜于皇家，迓桓君于帝女。然而心恋宫帷，神伤辇路，重云笔墨，何心金榜之门；飞霖谷林，岂意玉箫之馆。弱不胜悲，溘然薨逝……

崇祯手刃长平公主后，又搜寻至昭仁殿，见年方六岁的昭仁公主正快步向自己奔来，便咬了咬牙根，一剑砍将过去，这幼小的娇女还未哭出声来，便倒在地上，鲜血直流。后人有诗哀怜曰：

云条无复剩根芽，此夕摧残一剑加。
惊魄与魂应共语，有生莫坠帝王家。

看着两位玉容娇艳的公主倒卧血泊、呻吟挣扎的惨状，崇祯浑身颤个不停，想不到自己三十出头的年纪，一心忙着治国救弊，到头来竟落得如此自残的下场！这叫人怎么也接受不了。他扔掉宝剑，让太监王承恩再拿酒来，二人对饮起来。现在只有这位司礼监太监最最可靠了，他不仅忠于主子，而且了解主子的心理需求，二人挥泪痛饮，一切尽在不言之中。饮过数杯后，崇祯命王承恩召集未逃走的太监，分发武器，准备强行突围。

半夜三更时分，崇祯身着便衣，脚穿承恩鞋靴，手持三眼枪，骑着快马，夹在数十名太监之中，一路朝东华门奔去。谁知刚到齐化门，守城的内监以为宫中有了内变，便喝令放箭射杀。吓得太监们四散逃亡。王承恩冒死上前对守门官史呈度说："这是当今圣上，还不快开城门？"史呈度说："皇上有令，无令箭者一律不许出门！这位长官一无令箭，二无皇上衣帽，真假难分，门是决不会开的！"眼见得无法商量，王承恩又领着崇祯循墙向北而去。到了东直门，又被守门的挡了回来。君、臣二人无奈，只好再向安定门、崇文门、正阳门等走去，仍旧一一遭挡如前。眼看着天快亮了，只好折回宫内。

回到宫内一看，三殿两宫一片寂静，自愿留下来的宫女内待也大多不知去向。崇祯突然想到了那些从未开启过的内库，现在该是开视的时候了。根据传说，崇祯前去查看的时候，守库太监按籍具报库存，崇祯逐一查看，库库满藏金银宝物，其数目皆同册籍所载相符。直看到最后一库，门上注有"永不开验"四字，思宗已顾不得许多了，急令开门验查。谁知开锁一看，库中空无一物，入库查看，才发现其中有一小铁柜，铁柜外加漆封，上有府篆与"洪武三十一年正月十三日铁冠子拜封"一行字样。崇祯问铁冠子是何人，有一老太监解释，铁冠子姓张名中，字景华，江西临川人氏，因受异人传道，能知前后几百年世事，曾助明太祖高皇帝破陈友谅于鄱阳湖，又曾预言皇太孙建文帝逊国之事，是国初的一位神仙。崇祯又问柜中装的是何物？老太监又解释，此柜原藏于南京内库，历世禁人开看，武宗正德时移至北京内库，世宗嘉靖皇帝时用铅灌锁，贴上"永不开验"封条。崇祯越听越想开视，便令砸开铁锁。当看守太监砍开铁锁一看，柜内原是一巨幅画轴，绫绢外套上题有"二百四十年后开视"八字，崇祯掐指一算，自洪武三十一年至今已有240余年，正是开视的时候了。便命打开画轴，原来是几幅绢画装在一起。第一幅画了一个高踞中坐的太监，四周恶鬼群立，仔细辨认，那太监正是魏忠贤面貌。揭开第二幅，乃是一帝王中坐，全身光芒千丈，四周群臣跪伏。揭开第三幅，仍是一帝王高坐，百丈光芒四射，四周是饥民与官军打斗。揭开第四幅，仍是帝王上坐，光芒渐短，饥民增多。揭开第五幅，帝王被满地白骨包围，身上光芒渐弱。揭开第六幅，帝王形体缩小，光芒全无。揭开第七幅，帝王变成一团黑影。崇祯不愿细看，匆匆打开最后一幅，只见一人黑素绸袍，披发跣脚，吊死在一角亭上，瞧其面目，不是别人，正是自己容颜，不觉惊愕，呆立如痴，良久方醒，命烧毁画轴，默然回宫。

由内库走向宫中，一路上阴风惨惨，崇祯料定了自己的归宿，感到苦思焦虑已毫无必要了，他擦着额头上的冷汗，浮生入梦的景象于眼前缭绕纷呈。他不禁想起了他的列祖列宗：一统天下，万里江山，何等英雄！何等兴旺！如今毁于一旦，连宗庙也难以保全，有何面目去向祖宗交待？想着想着，便决定去太庙拜一拜，再言脱身之计。来到太庙后，先入奉先殿拜过祖宗神位，再命王承恩取笔墨过来，在墙上写下四句话留给李自成，曰：

朕与你留宫殿，你与朕留太庙；
朕与你留仓库，你与朕留百姓。

写完这几句话，君臣二人又回到前殿，时间已是崇祯十七年三月十九日凌晨。按照贯例，每日凌晨五鼓，正是鸣钟上朝的时候。17年来，每日早朝，君臣共议国事，除了特殊情况外，很少中断。虽然大多数情况下，早朝只是个仪式而已，而且迂臣们常常吵吵闹闹，弄得耳根不清静，但毕竟积久成习，积习难改，成了君臣生活中不可缺少的一部分。万历皇帝曾经不上朝，遭当时的清官忠臣们一片骂声，后世的史学家也浓墨重载于史册。崇祯即位以后，慨然有拨乱之志，日夜励精图治，早朝总是严肃地持续着，而且都是在这大内前殿举行，都是在这清晨时刻。想到这些，崇祯情不自禁地走下殿来，亲手执着钟杵，便劲将景阳钟敲了一场，又拿起鼓槌，将旁边的大鼓咚咚咚打得震天作响，然后回到御座，专等文武大臣入朝。谁知左等右等，终不见一个廷臣到来。崇祯多想最后看一看文武朝班的气势啊！但严酷的现实又迫使他冷静下来，紫禁城外，李自成的“孩儿兵”（敢死队）已伐杨树为云梯，正倚墙“猿升而上”；紫禁城内、白家巷墙头上，早已悬起三盏标志城破的白色信号灯。崇祯仰天长叹一声，撕下一片御衣，咬破手指，写下了最后一道诏书——《血书遗诏》云：

朕自登极十七载，三邀天罪，致虏陷地三次，逆贼直逼京师，诸臣误朕也。朕无颜见先皇于地下，将发覆面，任贼分裂朕尸，可将文臣尽行杀死，勿坏陵寝，勿伤我百姓一人。

书毕，崇祯手牵太监王承恩出宫，直朝景山寿皇亭而来。时天已微明，小雨与小雪交替下着，北京城经过几天的血战，也渐渐地沉入死寂；李自成的大顺军已攻入皇城和紫禁城。崇祯走到寿皇亭边的一棵大树下，解下身上的鸾带，含泪爬上石扶栏，自悬于树枝之上，见其太祖太宗去了。历代亡国之君中，崇祯自残自绝最为悲壮，所以被后人谥为庄烈皇帝，简称烈皇帝。清人有诗哀其不幸，读来令人泪下，曰：

花生玉露柳生烟，坐览军书上未眠。
夜半月斜殿影黑，黄封犹降凤池宣。
虎踞龙蟠说旧京，六宫拟从翠华行。
君王也道江南好，只是因循计不成。
风雨凭城下玉台，锦筵空为射堂开。
天弧夜夜高张在，却放狼星易度来。
贼兵百万涨尘埃，鼙鼓惊天晓角哀。
闻报六宫皆掩面，玉銮日暮出平台。
空炮连声震若雷，园陵十二尽成灰。
平台召对何人对，天子无言拭泪回。
白家河畔草迷离，万户烟深怨乌啼。
怅望南云无去路，东风吹到马频嘶。
城上悬灯贼入濠，九门已陷六军逃。
士民欲为朝廷战，三百年中不佩刀。
血渍衣襟泪两行，殉于宗社事徨徨。
此日天地方沉醉，不觉中原日月亡。
燕台四月草青青，马上悲笳耳倦听。
过客若还忆旧主，回头一望寿皇亭。

王承恩见崇祯驾崩，捧着他的双足，伏在他的腿上痛哭一场。回头一看寿皇亭，但见苍树翠柏，一派惨绿，映衬着亭上的琉璃碧瓦，无限凄凉。茫茫大地，万事皆空。堂堂天子不过如此一死，何况咱一个太监！遂长叹一声，伏地向崇祯叩头曰："皇上慢走，王承恩保驾来了！"言毕解下腰带，于崇祯右边松树上自缢而死。后人有诗悼曰：

不敢悲君敢自悲，提兵中外竟何为？
邀他一死恩尤重，祔葬桥山更有谁？

崇祯自缢，大明王朝宣告灭亡，史学家称这一政治事变为"甲申之变"。《明史》曰："帝（崇祯）承神、熹之后，慨然有为。即位之初，沈机独断，刈除奸逆，天下想望治平。惜乎大势已倾，积习难挽。在廷则门户纠纷，疆埸则将骄卒惰。兵慌四告，流寇蔓延。遂至溃烂而莫可救，可谓不幸也已……是则圣朝盛德度越千古，亦可以知帝之蒙难而不辱其身，为亡国之义烈矣。"可见，崇祯的自杀，获得了人们极大的同情，令人们为着一个并非亡国之君的亡国悲剧而思前想后，愈是不得其解愈是为之求索。不仅如此，与甲申之变相伴随的，还有几十天内紫禁城数易其主，李自成遽尔败走，吴三桂引狼入室，清政权乘机入主中原，天子易位，将相殒命，奴才一日事数主；骄兵掳杀，生民涂炭，农工商竟悲怆。当时虽无电报电话，但事变的消息仍然于旬月间传遍全国各地。各地政治力量纷纷起来，或打着崇祯的旗号拥立皇太子；或打着复仇的旗号逐鹿中原；或组建小朝廷绵续明祚；或组织兵马割据称王，可谓：国亡于上，教沦于下，羌戎互僭，君臣屡易。"各派力量合纵连横、远交近攻，相互较长论短，引起了一连串的连锁反应，真是英雄辈出，此起彼伏，波澜壮阔，天翻地覆。中国的政治在发生着剧烈深刻的变化，中国社会出现了空前激烈的动荡，中华民族于一片"反清复明"的悲歌声中，再次迎来了世界上最专制的封建统治。

早在张献忠与李自成出生这年，即万历三十四年（1606），工科给事中王元翰给万历上了一道"痛哭书"，陈述了八件令人痛哭的时事，概括这八大痛哭之事，无非是说，万历晏居深宫，二十余年不见群臣，不问朝政，造成了政府机构严重瘫痪和溃烂；由于皇上大肆挥霍，大量的国库银两转入宫廷内库私用，造成了政府机构的严重危机；大批的宦官被任命为矿监、税使往各地抢夺民财，造成了社会矛盾异常尖锐。这份上书指到了万历的痛处，但不能使昏庸的万历改邪归正。有道是：上梁不正下梁歪，上有所好，下必效之。各级官吏供张僭侈，掠夺百姓，更是无所不用其极，“官以财进，政以贿成”，是当时吏治败坏的最好写照。除了皇帝的搜刮、官吏的追索外，政府的勒逼也日盛一日，人民陷入了水深火热之中。农民的土地都被皇室、官僚和乡绅兼并而去，生活失去了依托。官僚在兼并土地的同时，还把各种赋役负担都转嫁到农民身上，农民田产已破，而田赋犹存。常年的赋税已压得百姓喘不过气来，到万历末年，明政府为了解决与后金战争的巨额费用，又额外加派“辽饷”，后来为镇压农民起义，又加派“剿饷”和“练饷”，合称“三饷加派”。明朝常年税收每年约1460万两银子，而三饷合计便达1670万两银子，比正赋还多出200万两。农民的负担早已超出了负荷。与此同时，长延不断的严寒苦旱造成了空前大饥馑的局势，也是从万历末年就开始了的。自此而后，府库积存彻底告罄，官府开支无限扩大，财政危机无以未复加，人民的负担自然也就有增无减。于是，天怒激化人怨，人祸加剧天灾，“饥馑荐臻，人人思乱”，农民起义此起彼伏，各地起义军联合起来，组成强大的农民军集团，建立自己的政权和国家，也就成了历史事实。陆放翁诗云：“一年老一年，一日衰一日，譬如东周亡，岂复须大疾？”所以说，明之亡自神宗始。但“如武宗之败度，熹宗之不君，皆足以亡”，然不亡而亡于怀宗（即崇祯）”，岂不怪哉！（《怀陵流寇始终录》卷首）。崇祯堪称“励精求治之君”，何以便遇板荡之运？

第七章　天崩地解话南明

崇祯死了，他的躯体从这世界上悄然而逝，他的影响却并不因此而消失，因为他是明朝的末代皇帝，他的名号依然具有相当大的号召力，各个阶层各个集团都惦量得出它的分量，因而都没有对崇祯的死等闲视之。明朝在北方仅存的以吴三桂为代表的政治军事集团，企图打着他的旗号拥立皇太子；以多尔衮为代表的清朝企图打着为他复仇的旗号入主中原；以福王为代表的南明小朝廷企图打着他的旗号延续明朝的国祚，林林总总，令人目不暇接。于是各派政治力量重新分化组合，互相较量，引起了一系列连锁反应。甚至崇祯的三个儿子（太子、定王、永王）也被明朝遗民迷恋地追踪着，似乎把他们看做崇祯政治生命的延续，而清朝征服者则对此怀有过分敏感的警惕。这种种现象，实在令人叹为观止。

北京称帝，西安立都

甲申（1644）三月十九日，也就是崇祯自缢于煤山的同日中午，李自成大军举行入城式。

精心挑选的一千精锐骑士，从正阳门入城。

李自成身着青衣长袍，头戴白毡斗笠，乘乌驳马；有大顺丞相牛金星、军师宋献策、权将军刘宗敏等大员随后。

李自成朴素依旧，只是神色兴奋异常，他在骑队拥围下入正阳门。看到京城军民长长的欢迎队列与“大顺永昌”香案，李自成认为民众是真心拥戴大顺政权的。

李自成拔出箭来，再拔去铁簇头，向后军速发三箭，大声传令，“军兵入城，有敢伤一人者，斩！以此箭为令！”

老百姓狂呼：“大顺天子万岁！”

到达紫禁城外已是中午了。

崇祯自缢煤山处

李自成走进天安门时，忽然心血来潮，顺手拈弓搭箭，笑着对牛金星、宋献策等人说：

“我若能为天下之主，当一箭射中天字之中！”——他的神箭善射在大顺军中是久负盛名的。谁也不会怀疑他射不中。左右一片欢呼。

然而，令人不可思议的事情却发生了。

往日百发百中的李自成于百步之外拈弓搭箭时，他是势在必中的。然而在今天但当一支利箭带着啸音飞向承天门正中的“天”字时，却牢牢钉在了“天”字的底下……

李自成默然，竟不知何以解脱了。

牛金星机智地拆解：“中天字之下，当坐天下也！我主大喜！”

众军士将领重新欢呼。

李自成却心事重重。

这个脆弱的内心世界就是他迷信天命暗示，将自己的成败得失寄希望于天与神的暗示。这个脆弱的心理使他的坚强不知不觉受到极大侵蚀。

在李自成最艰难的时刻，也就是刚从商洛山中杀出时，李自成是消沉的。这时候，适逢宋献策来投，为他献上了一条“泄露天机”的谶语：“十八子，主神器”——十八子，李姓也：主神器，执掌天子威权也！姓李的人当为天子了。这是神秘的纬学之士从古代预言典籍中考据出来的。据说灵验极了！李自成雄心大振。部下军兵亦群情昂扬。

甲申年正月初一，李自成在西安举行称王建国大典。碰上雨天，不知哪位知天机者又送来一幅对联拆解这一天象。联云：“风云有会扶真主，日月无光灭大明”——大明当灭，真主当兴！李自成又是化愁闷为昂奋，断然誓师讨明。

今日入城，射“天”字而下，却被牛金星解为“当坐天下”——难道不对吗？天道玄远，谁说不是一种神妙的暗示呢……这种天命观，导致了李自成在精神上的松懈，造成了北京城甲申年的又一个大悲剧。

很快，李自成大顺军的“不伤害百姓，不骚扰百姓”的纪律没有维持多少天，便崩溃了……

李自成对明皇室与降官没有明确对策，而由大将权臣自发处置。

三月二十一日，录用四品以下降官92人，以后又陆续任用300多人，派往省府任地方官者多达400余人！

李自成没有自己的官员可用，没有长期根据地训练的吏员，又有什么办法？

三月二十三日，刘宗敏逮捕明室大臣故吏800余人，严刑拷打追赃：限大学士交银10万两，部臣及锦衣卫帅交银七万两，科道官员交五万两，翰林学士交万两，一般官员交一千两——仿佛凡为官者皆有钱！一种穷苦农民对官吏的天然仇恨显示得明明白白。

三月二十四日，牛金星主持处斩大明皇室禁军武职官员500余人。

与此同时，大顺高层领导的内讧也表面化：

李自成与刘宗敏离心：李自成怀疑以至杀害了最有政治头脑与战略才干的大将李岩，种下失败祸根。

李自成重用华而不实、大言浮夸的牛金星；信任诡秘善变的宋献策，对手下的大将们日益疏远。

李自成置山海关的危险于不顾，大敌当前，却在紫禁城里享乐起来。

大将李岩进北京后，提出了四大对策：

一是扫清六宫，修葺皇城，而后择日正式称帝典礼：制定礼法：禁止任意毁坏。二是故明皇室除死难归降官员外，宜查清政行，分为三等：贪官追产入官，抗命为敌者定罪，清廉者免刑。三是各营兵马应退守城外守（要）塞之地，听命出征：借住民居，恐失民心。四是应招抚吴三桂部，许以父子封侯：应封大明太子为王爵，为明室守宗库，世代袭之……若如此，“则一统基业可成，干戈之乱必息”。

在当时条件下，这是最高明的战略与政策主张了。可惜李自成不但不予以采纳，反而认为李岩有野心，最终竟杀害了这位忠臣。

这样，李自成的失败也是必然的了。

很快，守在山海关的吴三桂率兵围攻北京城。

李自成一面命令刘宗敏、李过、李岩等将领统兵出城布阵以应吴军；另一方面令牛金星、宋企郊等人加速筹备登极大典。刘宗敏等遵令于北京城下连兵18营，与吴军展开了城下之战。但出师不利，被吴三桂连拔八营，刘宗敏负伤败回，损失军士两万。

城外依旧杀声连天，战鼓连响。

皇城里的老营中，却在秘议一件大事。

李自成与牛金星、宋献策在商议天命何在。

宋献策说：“大顺天子王气发于西，而成于北、再固于西。当在北京称帝而后撤西安立都，后当大业再起。”

牛金星点头称是。他是大顺朝丞相，当然赞成称帝。他附合说：“时间虽紧，但大事不可省减。明日即行称帝，而后大军护驾南下……”

李自成心头也萦绕着一个帝王梦。西安称王，那只是开头，最终是成帝业。李自成也不例外。李自成信天命。他自小就知道阴阳家认定李氏祖坟是大贵之地。那年狠毒的崇祯派人捣了他家祖坟，见到了一条长角的蛇在墓前草中游动，而且发现人骨上已长出了长长的白毛！角蛇，就是龙。骨长毛，即王气已生。加上后来的“十八子主神器”的谶语。他认为自己就是天子命！

这个仪式当完成在北京——这是宋献策的测算。

那就北京吧。本来这事早该办了，硬是让吴三桂小子搅得一团糟。

经过匆忙准备，李自成于北京称帝了。

甲申年四月二十九日午时，北京紫禁城内武英殿。盛大而忙乱的登极称帝仪式开始。

仪仗、伞盖、斧钺、金瓜……全都零乱不整，只是一片明黄色闪耀。金钟齐鸣，净鞭三响，司礼大臣高颂：

“大顺天子登极——！”

李自成从仪仗夹道的红毡中前呼后拥地入殿而来。他今天罕见地脱掉了青布长衫与毡笠，一身皇帝装束。他头戴天平冠，身穿大龙袍，足穿厚底靴。

然而，这身装束使他感到浑身不自在。进殿时不知为什么一个踉跄，差点跌倒。左右扶起，均不敢说话——按照天兆，这是不祥兆头，李自成没理会，径直走上龙椅坐定。

“百官朝拜！”司礼大臣又高喊。

一片乱哄哄的叩拜，就像一片乡民向菩萨叩头一般，轰轰嗡嗡，你起我伏。这种朝仪不经训练，又怎能整齐。汉朝开国皇帝刘邦为了训练称帝礼仪，令人整整花了两个月呢。大顺军入京以来，何曾有机会认真训练这玩艺儿，乱是自然的。

乱了一阵，百官分文武两列站定。

再后是封高氏为皇后，并封百官。

下来应是祭天地大礼——天子天子，天的儿子，称帝时自然要隆重祭天祭地定国号……

然则李自成实在不耐了。他招手将司礼叫到近前，烦躁地命令：“散朝！丞相代祭天地！”

“散朝——！丞相代祭天地——！”司礼大臣像狗一样立即照样传诵。这是旧明朝的司礼大臣，降官，哪敢多言。还有许多仪式没有完成就散了……

李自成将一身使人不胜累赘的天子行头摔掉，换上青衫毡笠，顿觉爽快，他立即将大将大臣们聚到老营，布置明日撤退诸事……

当天深夜，北京城中骑使飞入街巷高喊：

“大顺天子圣谕：民居人等立即出城，以避清灾！”……这是李自成离开北京前，为北京民众着想而发的圣旨。

然而，现在这道圣旨没有多少人相信了。

夜黑沉沉的，李自成一个人在皇城中做最后的告别巡视。他在这里住了一个多月，太少了！本想一直住下去的，子子孙孙一直住下去，却不想现在就要走了……这是大明的皇城，是朱家盖的。朱明和他李自成有不共戴天的血仇！朱由检挖了他的祖坟，他也掘了凤阳朱家的皇陵老祖坟，并最终揭毁了朱明的社稷……这些宫殿真他妈的不该留，让谁坐？是的，应该烧！对，掘陵焚宫，彻底灭掉大明……

北京市民们看见大火从皇城燃起，惊呼相告：“李自成烧皇宫了！”又纷纷掩门而躲。他们怕大顺军再有什么怕人的举动……

天安门城楼也在这片火光中遭到严重损坏。

甲申年四月三十日凌晨，李自成率领大队军马出城。

时天色仍黑，城外有吴三桂人咕马嘶声。

兵士们昨夜忙乱极了。收拾一个多月来抢来分来的各种财宝细软，忙着和有情的女人道别，忙着杀掉自己来北京的新仇人，忙着再多拿一些东西。

出发时，每个人都背着沉甸甸的包袱。大将们更是车拉马载，不堪重负。

这支大军再也不是往昔赢如飘风的闯字大军了。

大将左光称与谷可成受命断后。他们率领的一万骑兵同样也是散乱负重之骑。

身后火光遥遥。李自成从北京撤离了。

冲冠一怒，为父报仇

明清鼎革之后，吴伟业在回首往事时，不胜感慨地写了《圆圆曲》这首为世人传颂的长篇叙事歌行，抒发他对世事沧桑的独特感受，透过一介武夫吴三桂与绝代佳人陈圆圆的因缘，寄托对明亡的哀思。诗的头几句就把吴、陈的悲欢离合放在严峻的改朝换代大背景下展开：

鼎湖当日弃人间，破敌收京下玉关。
恸哭六军俱缟素，冲冠一怒为红颜。
红颜流落非吾恋，逆“贼”天亡自荒佚。
电扫黄巾定黑山，哭罢君亲再相见。

诗的末尾申述了他对吴、陈因缘的评价，也点明了这首诗歌的主题：

尝闻倾国与倾城，翻使周郎受重名。
妻子岂应关大计，英雄无奈是多情。
全家白骨成灰土，一代红妆照汗青。

陈圆圆是姑苏名妓，声噪一时。后为田贵妃之父田弘遇所得，由姑苏来到京师，金屋藏娇。另一说则以为陈圆圆是周皇后之父周奎所得，送入宫中侍奉崇祯，以分田贵妃之宠

尽管说法歧异，但有两点是一致的：一是陈圆圆乃多才多艺的绝色美人，二是吴三桂颇有意于她。关于前一点，当时的风流公子冒辟疆在回忆录中曾写到崇祯十四年慕名拜访陈圆圆的印象：“其人淡而韵，盈盈冉冉，衣椒茧时背顾湘裙，真如孤鸾之在烟雾。是日燕，弋腔红梅以燕俗之剧，咿呀啁哳之调，乃出陈姬之口，如云出岫，如珠在盘，令人欲仙欲死。”关于后一点，沙定峰《陈圆圆传》说得很详细：当京师危急时，陈圆圆向田弘遇建议，当此衣冠易虑远近崩心之际，应该结交一名将帅作为后援，最佳人选无如吴将军。正巧他奉召入京，可深情结交。田弘遇有点为难：与吴三桂素无来往，一旦厚礼结交容易引人怀疑，何况吴将军奉召至京，公务繁忙，哪有机会可以与他寒喧缱绻呢？陈圆圆说：听说吴将军一向仰慕田府歌舞，何不以此纳交于吴，吴必欣然乐从，于公无所损，而结交一大援。千万不要为了金谷侑酒者，忘却终身之祸。田弘遇表示同意，于是设家宴招待吴三桂，管弦杂奏，肴脍纷陈，陈圆圆翩翩起舞。当吴三桂将告辞时，田弘遇问：“设寇至，将奈何？”吴三桂率直地说：“公能以圆圆见赠，公元恙，国亦元恙。”吴三桂携陈圆圆离去，两人如胶似漆亲昵百般之时，宫中传来严诏促

吴三桂像

其出关，吴三桂本想携圆圆同行，其父吴襄当时在京督理御营，恐帝闻此事，劝留圆圆于府中，吴三桂依依不舍离京出关而去。

三月初，吴三桂接到崇祯圣旨，放弃宁远，率兵勤王。三月上旬迁徙宁远，十六日入山海关，二十日抵达丰润，获悉京城已经陷落，便收兵退回山海关，率父老子弟望南恸哭。

农民军进京后，宫人死的死逃的逃，李自成问太监：上苑三千，为何没有一个国色天香？太监回答：先帝忧心于国事，屏绝声色，后宫鲜有佳丽。有一陈圆圆，绝世所希，田弘遇进御而帝谢绝，后由田弘遇赠吴将军。将军出关，圆圆留府内，今在吴襄处。李自成追查此事，吴襄只得把陈圆圆献出。李自成一见惊喜不已，顾虑到吴三桂是自己的劲敌，霸占其所爱，恐怕他拼死力争，于是决定派降将唐通与文武官员二人，带了犒师银四万两及吴襄手书前往山海关招降吴三桂。

这封劝降家书其实是牛金星写了底稿让吴襄誊清的，通篇说理多于抒情："……事机已去，天命难回，吾君已逝，尔父须臾。呜呼！识时务者亦可以知变计矣。昔徐元直弃汉归魏，不为不忠；（伍）子胥违楚适吴，不为不孝。然以二者揆之，为子胥难，为元直易。我为尔计，不若反手啣璧，负锧舆棺，及今早降，不失通侯之赏，而犹全孝子之名。万一徒恃愤骄，全无节制，主客之势既殊，众寡之形不敌，顿甲坚城，一朝歼尽，使尔父无辜并受戮辱，身名俱丧，臣子均失，不亦大可痛哉！”唐通带了这封信，到了吴三桂军营，当面对他说：“老总兵（吴襄）新主（李自成）十分优礼，专待将军共图大业，以作开国元勋。”又说：“新主好贤，太子完善。”

吴三桂信以为真，便统兵入关，行军至永平西沙河驿。这时他派往北京打探情报的细作返回，报告李自成在京捉拿勋戚文武大臣，拷掠追赃，吴襄也未幸免，凑足五千两银子交出。与此同时，吴襄也派手下旗鼓傅海山赶来，把京中真实情况一一诉禀吴三桂。吴三桂听说后，不胜发指，誓言君父之仇必以死报。尔后，派往京城的探子陆续返回，吴三桂问：“吾家如何？”答：“为贼籍矣。”吴三桂自我宽慰道：“吾至当自还也。”又一探子返回，吴三桂问：“吾父如何？”答：“闯拘系矣。”吴三桂还是自我宽慰：“吾至当即释也。”最后一探子到，吴三桂问：“陈夫人（圆圆）尚在府内耶？”答：“贼得之矣。”吴三桂终于怒不可遏，矍然而起，拔剑掷案，大怒道：“逆贼如此无礼，我吴三桂堂堂丈夫，岂肯降此狗子，受万世唾骂，忠孝不能两全！”于是从沙河驿纵兵大掠而东，屯兵山海城。

这就是“冲冠一怒为红颜”的由来。

细细揣摩，其中不乏文人墨客的渲染与夸张成分。吴三桂的“冲冠一怒”其实并不仅仅为了一个红粉知己，更着眼于为君父报仇这种伦理纲常。当初他与唐通谈判时，提出的唯一条件只有五个字：“得东宫即降”，而并没有说得陈圆圆即降。这种根深蒂固的忠孝观念在他给父亲的复信中流露得淋离尽致：“侧闻圣主晏驾，臣民戮辱，不胜眦裂。犹忆吾父素负忠义，大势虽去，犹当奋椎一击，誓不俱生。不则刎颈阙下，以殉国难，使儿缟素号恸，寝戈复仇，不济则以死继之，岂非忠孝媲美乎！何乃隐忍偷生，训以非义……父既不能为忠臣，儿亦安能为孝子乎？儿与父诀，请自今日。父不早图，贼虽置父鼎俎之旁以诱三桂，不顾也”。

吴三桂回师山海关时，一举全歼李自成派驻山海关的唐通八千兵马，这一战表明了他“移檄讨贼”的开始。他发布了一篇洋洋千言的“讨贼”檄文，亮出的头衔赫然是崇祯册封的“钦差镇守辽东等处地方团练总兵官平西伯”，向远近宣布他此举是为了“兴兵剿贼、克服神京，奠安宗社”，明白无误地打起“请观今日之域中，仍是朱家之天下”的复辟旗帜。毫无疑问，吴三桂是以崇祯钦差官员的身份号召明朝遗民起来为帝后复仇，为复辟明朝而战斗，这种政治态度决非“冲冠一怒为红颜”的儿女情长可以涵盖的。

吴三桂深知，虽有关宁铁骑在手，但要与李自成对抗仍感力量不足，于是决定向清朝“泣血求助”。他写信给清朝的摄政王多尔衮表明了此意，早先投降清朝的舅舅祖大寿、顶头上司洪承畴又为之从中斡旋，终于一拍即合。

农民军方面传闻吴三桂不受招抚的消息，顿时徬徨失措，当时人如此描述这一动向：

“闯贼兵将掠饱皆怀去意，闻三桂来，益恐。有客在道，贼曳去令作家书曰：父母妻子皆在秦中，生死未知，欲寄书以慰之。作贼多得财无用，悔为李闯所误。今闻左（艮玉）兵南来，吴（三桂）兵东来，未知生死所，皆泣下。所作书寄父母妻子者，悉署永昌年月，以零落簪珥（首饰）为润笔”。

“贼闻关东兵至，成涕泣思归，无有斗志。有客行市上，触贼刀背，遂为牵去……群起问能作字否？曰：能。出瓦砚秃笔争握之曰：我辈不解字，若为代书。我辈父母妻子在陕，生死未卜，聊寄家书以慰之。作贼不过多财，得亦无由寄，从征辛苦，何以家为？悔为李闯所误。左良玉老于战中，恐旦夕江南兵来，又闻吴三桂入关，且急，我等那能敌？李闯相驱至此，尚不知死所。言之各泣下，争出腰间环钏碎缄之，有寄山西、陕西者，寄父寄子寄妇者”。

大清入关，修缮思陵

顺治元年（1664）三月，多尔衮听到李自成在西安建国、率领农民军攻取河南、山西，并不日即将打进北京的消息，便计划乘虚而入，与李自成抢夺明朝江山。这一理想首先得到了汉人谨臣范文程和洪承畴的理论支持，并把它变成切实可行的具体行动计划。

四月初四日，内院大学士范文程给多尔衮上了一份极为关键的意见书，直接促成了清军的入关。书曰：

乃者有明，流寇距于西土，水陆诸寇，环于南服，兵民煽乱于北陲，我师燮伐其东鄙，四面受敌，其君若臣，安能相保耶？顾虽天数使然，良由我先皇帝忧勤肇造，诸王大臣祇承先帝成业，夹辅冲主，忠孝格于苍穹，上帝潜为启佑，此正欲摄政诸王建功立业之会也。窃惟成丕业以垂休万祀者此时，失机会而贻悔将来者亦此时。何以言之？中原百姓蹇罹丧乱，荼苦已极，黔首无依，思择令主，以图乐业，虽间有一二婴城负固者，不过自为身家计，非为君效死也。是则明之受病种种，已不可治，河北一带，定属他人，其土地人民，不患不得，患得而不为我有耳。盖明之劲敌，惟在我国，而流寇复蹂躏中原，正如秦失其鹿，楚汉逐之，我国虽与明争天下，实与流寇角也。为今日计，我当任贤以抚众，使近悦远来，蠢兹流孽，亦将进而臣属于我。彼明之君，知我规模非复往昔，言归于好，亦未可知。傥不此之务，是徒劳我国之力，反为流寇驱民也。夫举已成之局而置之，后乃与流寇争，非长策矣。曩者弃遵化、屠永平，而径深入而返，彼地官民，必以我为无大志，纵来归附，未必抚恤，因怀携贰，盖有之矣。然而已服者，有未服宜抚者，是当申严纪律，秋毫勿犯，复宜谕以昔日不守内地之由，及今取中原之意。而官仍其职，民复其业，录其贤能，恤其无告，将见密迩者绥辑，逖听者风声，自翕然而向顺矣。夫如是，则大河以北，可传檄而定也。河北一定，可令各城官移其妻子避患于我军，因以为质，又拔其德誉素著者，置之班行，俾各朝夕献纳，以贤辅翼。王于众论中，择善酌行，则闻见可广，而政事有时措之宜矣。此行或直趋燕京，或相机攻取，要当于入边之后，山海长城以西，择一坚城，顿兵而守，以为门户，我师往来，斯为甚便，惟摄政诸王察之。

这份上书收录在《清世祖实录》之中，正是多尔衮入关前后一切军、政行动的指南。究其要旨，一是阐明明朝“四面受敌”，清军入关时机已到；二是强调与清军争夺中原的主要对手不是明朝，而是农民军，“我国虽与明争天下，实与流寇角也”；三是指出清军入关后，一定要改变过去杀人夺财的抄掠作风，只有“申严纪律，秋毫无犯”，才能安抚百姓并争取汉族官僚的支持；四是提出具体的进军方略，主张清军避免农民军那种攻而不守的“流寇”战术，而要建立稳定的军事据点，步步为营，稳扎稳打。

四月初八日，顺治于笃恭殿赐多尔衮大将军敕印，命其统军征明，授“一切赏罚，俱便宜从事”特权。四月初九，多尔衮同豫郡王多铎、武英郡王阿济格、恭亲王孔有德、怀顺王耿仲明、智顺王尚可喜、多罗贝勒罗洛宏、固山贝子博洛、辅国公满达海、吞齐喀、博和托、和托，以及八旗固山额真、梅勒章京等大小将领，统率满洲八旗、蒙古八旗和汉军八旗14万大军，由盛京沈阳出发，向关内开拔。十三日清军开到辽河边，得知李自成的大顺军攻克北京城、崇祯自杀的可靠消息，多尔衮心中无比欣喜，决定加快进军速度，以期同大顺军抢夺地盘。但如何对付强大的农民军，多尔衮心中无底，便把明降将洪承畴请来商议，因为降清的明将之中，唯有洪承畴多次与农民军交战，最了解农民军的底细。洪承畴立即拿出早就准备好的敬献新主子的建议——一份详明的攻打农民的作战计划。这份重要的建议也收录在《清世祖实录》之中。其主要内容有：

（1）首先宣布王令，说明清军入关的目的只是“扫除乱逆，期于灭贼”，以“破格封赏”为诱饵，号召大明故旧官吏将领为清朝效力。

（2）针对农民军“遇弱则攻，遇强则走”的特点，指出清军宜计道里、限时日，辎重在后，精兵在前，从蓟州、密云疾行前进，若农民军退走，则以精骑追杀；若农民军据城抵抗，则围城强攻。

（3）对农民军的战斗能力，不能掉以轻心，为防止农民军埋伏，清军行军时“宜于骑兵内选作步兵”，让步兵在前，骑兵在后；及入关后，则改步兵为骑兵，直趋北京。

（4）清军到达北京后，要“连营城外”，以切断陕西、宣府、大同等西路农民军前来增援之路。

建议中还详细估计了农民军在北京城的活动情况和发展趋势，指出大顺军“今得京城，财足志骄，已无固志。一旦闻我军至，必焚其宫殿府库，循而西行。贼之骡马不下三十余万，昼夜兼程，可二三十里，及我兵抵京，贼已远去。”这个分析和估计后来竟不期而言中，对清兵军事行动的战略指导作用是无可比拟的。

根据洪承畴的建议，多尔衮率清军继续前进，于四月十五日进至阜新附近的翁后镇。正在清军准备小心谨慎地向山海关开拔的关键时刻，明朝的山海关守将吴三桂竟派来两名代表向多尔衮求援，请求清军入关共同讨伐李自成。这个出人意料的求援，导致了局势的全面改观，多尔衮抓住这一千载难逢的机会，下令清军急驰疾进，仅六天工夫便抵达山海关。接着便打响了著名的山海关战役。

四月十五日，吴三桂派副将杨坤、游击郭云龙从山海关北上递送书信。在书信中吴三桂提出“先帝不幸，九庙灰烬”，“三桂世受国恩，悯斯民之罹难，拒守边门，欲兴师问罪”，无奈兵力不足，只得“泣血求助”，声称“乱臣贼子亦非北朝所宜容也”，“除暴翦恶，大顺也；拯危扶颠，大义也；出民水火，大仁也；兴灭继绝，大名也；取威定霸，大功也”，事成以后，一定“裂地以酬”。这是多尔衮求之不得的，立即于次日作出答复，赞扬吴三桂“思报主恩，与流‘贼’不共戴天，诚忠臣之义也”，并以明白无误的语言向他劝降。二十一日，清军抵达山海关外欢喜岭，按兵不动。吴三桂多次派人催促进兵无效之后，便亲自会晤多尔衮。

双方展开了一场谈判。

吴三桂向多尔衮求借清兵十万，以图恢复山河，为朝廷雪耻。

多尔衮不允，说：明朝文臣素无信义，元帅欲建盖世之功，俺国多难举众相助，但恐成功之后不知元帅安身何地？

吴三桂说：桂父子受朝廷厚恩，今日“贼”兵弑逆，士民切齿，人神共愤，天地不容。吾闻勇士不怯死而灭名，忠臣不先身而后君。今君后俱罹逆变，桂食君之禄，岂有坐视之理？如君之所言，必计及成败而后行，是有觊觎于衷。桂今誓死报国，虽肝脑涂地，亦所不辞，安问其他！

多尔衮要他明日再议。

吴三桂恐怕拖延时日致生他变，次日清晨披头散发身穿孝服会晤多尔衮，痛哭哀恳，多尔衮才答应发兵十万相助。

再说李自成鉴于招降吴三桂不成，于四月七日下令要刘宗敏、李过率军出征，但“刘，李耽乐已久，殊无斗志”，不愿出征，只派小部队东进。四月九日，李自成决定亲自出征。四月十三日黎明，李自成与刘宗敏、李过率步骑兵五万，从北京出发，随行的有明朝太子及二王。

北京城内的政治气候立即发生敏感的变化，谣言四起：“喧传总兵吴三桂率虏骑数十万，旦暮且至”；“又传总兵马岱知都城失守，走山海关……与三桂合兵入讨”。城内外到处可见张贴的告示：“订我民各带缟素，齐心复仇杀敌。”遗老们制作素帻应变，“酌酒相庆”。一些归附大顺政权的明朝官僚，陆续设法逃离北京，有的甚至扮作乞丐、僧道混出城去。十四日以后，城内已人心惶惶。

四月二十一日，李自成的军队抵达山海关，立即展开了争夺关城的战斗，攻西罗城的农民军受挫，守北翼城的吴三桂军失利。二十二日，多尔衮向吴三桂提出，双方必须盟誓为信，为与“闯兵”相区别，要吴三桂全军上下按满俗薙发；吴三桂欣然同意：“今兵少固然，薙发亦决胜之道”。于是歃血为盟，薙发称臣。

以英王阿济格骑兵二万为左翼，豫王多铎二万骑兵为右翼的清军，向农民军发动突然袭击。有人描述当时战况道：“清军三吹角，三呐喊，一时冲突（“贼”）阵。发矢三巡，剑光闪烁。是日风势大作，一阵黄埃，自近而远，始知（“贼”）之败也”。农民军全线崩溃，刘宗敏中流矢身负重伤。

李自成兵败后退至永平，吴三桂派人议和，提出以交出太子作为停战条件。李自成迫于无奈，派山海关防御使张若麒把太子送到吴三桂军营，吴三桂同意停战，但要李自成回京后，“速离京城，吾将奉太子即位”。

吴三桂得到太子，整军向北京逼来，一路上以明朝名义发布文告：“义兵不日入城，凡我臣民为先帝服丧，整备迎候东宫”；降贼诸臣，许其反正，立功自赎”。京城内的官僚士绅们互相传播吴三桂将入京为先帝发丧的消息，加紧赶制素帻，张贴标语，扬言“即日拥戴新主，恢复前朝”。

李自成回到北京后，对牛金星说：“鞑子势头来得急，城中人心未定，我等人马不可在此屯扎。就是十个北京，也不如一个陕西。”。牛金星依然热衷于“劝进”，李自成不同意：“时事方亟，安能及此！”被军事上的挫折搞得束手无策的刘宗敏附和牛金星，对李自成说：“若不正大位，即求还关中，不可得也”。李自成终于接受“劝进”，宣布明日登极，同时布置部将合兵十八营守卫北京。当吴三桂逼到城下时，把吴襄押上城墙向下喊话，吴三桂下令士兵射箭，把看押吴襄的农民军射死，李自成震怒，下令立即把吴襄及其家属30多人全部处死。

四月二十九日，李自成在武英殿称帝。第二天便开始撤离北京。北京城中一时形成权力真空状态，原御史曹溶出面邀约官僚士绅商议迎候吴三桂等善后事宜。这些人遵照吴三桂“惟素冠者不杀”的命令，各自头包白巾，为先帝挂孝。孙承泽、高尔俨等为崇祯立牌位于都城隍庙，抓住来不及撤退的农民军士兵，“脔割于市”，祭奠亡灵。

然而当吴三桂准备进城时，多尔衮却命令他绕过北京城，向西追击李自成，不许他护送太子入京。因为多尔衮利用吴三桂的目的是由清朝取而代之，而不是恢复明朝。吴三桂不得已，连夜把太子送往太监高起潜处。

北京城中的官僚士绅们还蒙在鼓里，满怀希望地准备迎接“报君父之仇”的吴三桂，西江米巷的富商合资为吴襄家买了30多口上好棺材、衾衣为之殡殓。他们正在那里“延颈望太子至”呢！

五月三日，原吏部侍郎沈惟炳、户部侍郎王鳌永、锦衣卫指挥使骆养性等人，准备了法驾、卤簿，迎候于朝阳门外。人群熙熙攘攘，传呼着“幸太子至”的喊声。忽然，有人望见远处的尘埃，于是乎大家一起俯伏

多尔衮像

在地。殊不知，进入北京的并非太子，而是身穿异样服装的清朝摄政王多尔衮。多尔衮一行乘銮舆，由骑兵护卫着，进入朝阳门，直奔紫禁城。

五月初五日，多尔衮向明朝官民发布了一个政策声明，为清朝入主中原辩护："……天下者非一人之天下，军民者非一人之军民，有德者主之。我今居此，为尔朝雪君父之仇，破釜沉舟，一贼不灭誓不返辙。所过州县能削发投顺开诚纳款者，即予爵禄，世守富贵；如抗违不遵，大兵一到，尽行屠戮"。为了笼络人心，他还发布告示，要臣民们为崇祯挂孝哭临三日："逆贼李自成系明朝子民，聚凶党，妄兴大逆，逼弑君后，诚天地所不容，神人所共仇者也。予与明朝虽为敌国，殊切痛惋，今特令举国臣民挂孝三日，以尽君父之情。仍令礼部、太常寺等衙门尊以帝王之礼，葬于原拟之圹。三日以后，除服剃头，衣冠悉遵大清之制"。

五月初六日，多尔衮为崇祯在帝王庙设灵堂，允许在京群臣为先帝哭临三日，投降李自成的大臣熊文举、杨枝起等也陪位哭临。他还任命李明睿为礼部侍郎，负责崇祯的谥号祭葬事宜。李明睿遵命拟上先帝谥号为“端皇帝”，庙号为“怀宗”，并议改葬梓宫。后因众人建议帝后已葬入田贵妃坟，不必改葬，便把田贵妃坟命名为思陵。

明朝遗民对思陵将信将疑，有人以为是“疑塚”，“遗弓已不可问”。谈迁于顺治十一年八月特地前往踏勘，适逢守陵太监许氏，告诉他：“思陵本故田贵妃园，李贼委先帝后梓宫于昌平城外，于是吏民悲泣，醵葬于此”。还告诉他，从顺治二年开始，每年春秋祭祀，各陵祭田六顷，奉祠太监二人，陵户八人；顺治六年祭田减为一顷，清明、霜降二节备羊猪合祭于红门外，正旦、元夕、七月半，冬至各素祭，荐酒一卮。燃寸烛，献茶三瓯。许太监感慨地说：“崇祯家老奴不过如此！”

六月十五日，多尔衮向南明小朝廷发布檄文，通篇围绕为明复仇的主旨展开：“予闻不共戴天者，君父之仇；救灾恤患者，邻邦之谊……蠢兹逆贼李自成……喋血京师，逼殒帝后，焚烧宫寝，流毒缙绅，以金银为营窟，视百姓如草菅。皇天震怒，日月无光。我大清皇帝义切同仇，用伸大义，六师方整，蚁聚忽崩；斩馘虏遗，川盈谷量。予用息马燕京，抚兹黎庶，为尔大行皇帝缟素三日，丧祭尽礼，谥曰怀宗端皇帝，陵曰思陵。梓宫聿新，寝园增固。凡诸后妃，各以礼葬。惟尔率土臣民所欲致情于大行皇帝者，我大清无不曲体其诚，有崇靡缺……”

十分清楚，清朝当局是打着为明朝臣民雪君父之仇的旗号，入主中原的，他们为崇祯举行哭临礼仪、议谥号，都是为此而采取的措施，带有明显的功利倾向。当他们准备平定江南时，依旧打着这一旗号。多尔衮给史可法的信中说：“夫君父之仇不共戴天，《春秋》之义，有贼不讨则故君不得书葬，新君不得书即位”。这显然是以南明的不报君父之仇作为衬托，来突出自己，“入京之日，首崇怀宗帝后谥号，卜葬山陵，悉如典礼”，“报尔君父之仇，彰我朝廷之德”。

如果说此前清朝当局打出“为尔雪君父之仇”的旗号带有明显的政治目的，那么顺治十四年（1657）下令修缮思陵，则完全是从表彰崇祯的道德层面考虑的。清世祖给工部的谕旨的说：“朕念明崇祯孜孜求治，身殉社稷，若不急为阐扬，恐千载下，竟与失德亡国者同类并观。朕用是特制碑文一道，以昭悯恻。尔部即遵谕勒碑，立崇祯陵前，以垂不朽”。据奉旨营建思陵碑的大学士金之俊说，顺治对于明朝兴亡之本末了如指掌，深悉崇祯之所以失天下，另有深刻原因，他本人并非亡国之君。但当时既无实录，日后虑多传疑，决定于顺治十四年二月立碑表彰。顺治指示金之俊，要突出两点：一是“崇祯尚为孜孜求治之主，只以任用非人，卒至寇乱，身殉社稷”；二是“若不亟为阐扬，恐千载之下竟与失德亡国者同类并观”。

为此而建的思陵碑亭是一外个四边各长四丈四尺的方形建筑，正中立一龙首龟趺石碑，高一丈六尺，宽六尺，上面镌刻九个金色大字：大明庄烈愍皇帝之陵，背面是大学士金之俊奉勒建明思陵碑记。在享殿中供木神主三块，中间一块写着：大明钦天守道敏毅敦俭弘文襄武体仁致孝庄烈愍皇帝，左为周后神主，右为田妃神主。

顺治十六年（1659）十一月十四日，大清顺治皇帝福临前往明十三陵祭扫，十七日致祭思陵，失声而泣，连呼：“大哥大哥，我与若皆有君无臣。”清世祖的祭明崇祯文镌刻于碑亭后东门左，祭文写道：“维帝英姿莅政，志切安民。十有七年，励精靡懈。讵意寇乱国亡，身殉社稷。向使时际承平，足称令主。只以袭敝政之余，逢阳九之运。虽才具有为，而命移莫挽。朕恒思及，悯惜良深。今因巡幸畿辅，道经昌平，陵寝在焉，顾瞻增感，特以牲帛醴齐庶品之仪，用申祭亨，尚其歆格！”对崇祯的推崇备至之情溢于言表。

十七年十月初四日，顺治鉴于明十三陵中，各陵都宏大壮丽，独有思陵荒凉庳隘，特下诏重修。只是不久他就与世长逝，修陵之事终于不了了之。因而思陵成了十三陵中最为简陋的一座，留给后人凭吊。

南明小朝廷，腐败无能

崇祯之死，在江南也引起了巨大的回响。

众所周知，朱元璋建立明朝，定都于南京，明成祖朱棣把首都从南京迁往北京，但仍在南京保留了一个形式上的中央政府班子。北京陷落后，南京政府的动向，是关系到明朝国祚能否延续的大问题，因而成为遗民们目光注视的焦点。

南京方面的反应是缓慢而迟钝的，原因之一是，南北遥隔千里，原先的情报传递系统在战争动乱中已运转不灵，北京事变的消息沿着运河交通线采用最为原始的方式向南梯次传递，颇费时日。据日本学者岸本美绪教授用新闻传播学视角对此所作的精深研究，由于北京陷落，邸报的发行中断，关于北京事变的消息首次到达江南的过程，最详细最重要的情报源首推从北京南下避难者的实况报导，例如四月初魏学濂家人、吴尔埙家人，武进士王三锡、京商周云章等抵达江南，谈及京中诸事，便是当时江南士民获得的最初消息。另一种北京情报向江南"第一次传播"的媒体是传递军情的塘报。在崇祯十七年三月至五月邸报断绝期间，塘报是传递北京情报的重要手段。一般说来，崇祯年间的塘报大多由军方直接派人探报，北京陷落后的塘报却依据民间传闻写成。例如赵士锦《甲申纪事》附录副总兵张士仪关于崇祯缢死及京师情形的塘报，就是依据四月初二日从北京逃来的难民口述而写成的。关于北京情报的第三个资料源是所谓"北来单"、"公道单"，即李自成政权为了联络与控制官员而发布的简单公文。

从现有的文献记载来看，北京事变的消息传到南北两京之间的军事重镇淮安，大约是在三月二十九日。《明季南略》说："三月廿九日丁巳，淮上始传京师陷，众犹疑信相半"，"（巡抚路）振飞分设壮丁守城，拈分守门官"。到了四月九日，这种疑信参半的消息得到了证实，那是京营将校李昌期抵达淮安，报告路振飞关于北京陷落及"大行之丧"的消息，路振飞立即召集士民，公布这一重大变故。另一记载则说路振飞得到北京事变的塘报，在四月初九日召集部下，从袖中拿出一份塘报，让大家传阅，并说："闯贼已入京城，百官从逆者甚众，伪官代本院（指巡抚）者即至……"

不过，南京的衮衮诸公们"犹疑北变风影"，没有采取什么大动作，直到四月二十五日，"北报确信"，史可法才约各大臣出议善后事宜；二十七日，南京文武诸臣才告迎于奉先殿，议立新君。

明思宗崇祯

新君人选有潞王常淓、福王由崧，前者贤能而有人望，后者在皇室世系的亲疏关系上占优势，史可法倾向于潞王，凤阳总督马士英则非福王不立。高杰、刘泽清等统兵将领向路振飞征求意见，路振飞明确地表示“议贤则乱，议亲则一”，支持拥立福王。

五月初三日，福王在南京监国，次日发布悼念大行皇帝（崇祯）的哀诏：“呜呼痛哉！维先帝以天挺神资，丕承祖宗宏绪，国步多难，民生日蹙。而勤学力政，罔有休暇；念兹在兹，无时或怠。自有生民以来，未有如先帝之焦劳者也。不期以礼使臣，而臣忍以不忠报；以仁养民，而民忍以不义报……呜呼痛哉！何皇天不吊，遂有三月十九日之事，爰及国母………闻丧之日，止于本处哭临三日……”大行哀诏传到苏州，当地士民奔走呼号，苏州三学生员先已设大行牌位于明伦堂，至是争相哭临。哀诏传至金坛，诸生于发哀日相率前往学宫乡贤祠，击毁降“贼”的周钟、吴履中的祖宗神主，又至周钟、吕兆龙家，击毁其门榜。

五月十五日，福王在南京即皇帝位，以明年为弘光元年，颁布国政二十五款，宣布“陷贼各官，本当戮窜，恐绝其自新，暂开一面，有能返邪归正者，宽其前罪；有能杀贼自效者，准以军功论”。果然，不少曾在大顺政权中任职的旧官僚纷纷赶往南京，“蒙面求用于行宫前，章奏杂投，甚有擅入朝班者”。

福王对拥戴他登极十分卖力的马士英表示嘉奖，任用他掌兵部，入阁办事。马士英大权独揽，飞扬跋扈，为了排挤史可法，假意对他说：“我驭军宽，颇扰于民，公威名著淮上，公诚能经营于外，我居中帅以听令，当无不济者。”史可法只得上疏自请督师江上。

五月十八日，史可法辞朝赴扬州，立即以督师大学士身份发布一篇檄文，一方面追怀先帝，“告天则躬可代牲，祈谷而泪尝遍地。遇灾省过，每累月不入寝宫；蔬膳布袍，无一念敢忘民瘼。其他求贤简牧，百千事美不胜书；旰食宵衣，十七年过无可举”；另一方面谴责李自成，“邮传佣奴，市井猾贼，发蓬如薙，鼻折以尖，箭镞贯睛，每正冠则头欲裂；疮瘢遍体，逢阴雨骨为劘。偶乘杀运以射天，遂肆凶锋而犯阙，逼我帝后，纵掠宫闱。豕聚朝堂，行酒而遍征民妇；团张市肆，编册而尽括赀财。尤可恨者，为搜金而掠朝绅，十四代之衣冠，廉隅扫地……”表明他与马士英辈虽有矛盾，但在大是大非问题上是见解一致的。

马士英在五月底建议福王发出诏书，嘉奖吴三桂“借夷破贼”的功劳，封他为蓟国公，赏赐五万两银子、十万石大米，责成淮抚由海路运到天津，向吴三桂讨好。七月间，马士英与福王更加深信“借夷破贼”之可取，决定派遣几年前曾向清朝议和的太子太傅陈洪范和太仆寺少卿、兵部职方司郎中马绍愉为副使，兵部右侍郎兼右佥都御史左懋第为正使，打着“经理河北，联络关东军务”的幌子，北上议和，条件是割让关外及岁币十万两。议和使节随带白银十万两、黄金一千两、缎绢一万匹作为“酬夷之仪”，于七月十八日出发。

为了配合议和，刘泽清、陈洪范、马绍愉分别写信给吴三桂，希望他能从中斡旋。刘泽清在七月三十一日发出的信中，除了向吴三桂报告南明已封他为世袭蓟国公之外，对他“借夷破贼”表示支持，他说：“联合建旅（清军）协力助剿，当长安未闻此音之先，泽清曾有成议，约结清王入驻内地，共图灭闯。今亲翁（吴三桂）此举正与初议暗合也”。透露了南明小朝廷与吴三桂持有完全相同的立场，因而希望吴三桂“勖勷两国而灭闯”。陈洪范、马绍愉八月一日在北上途中发出的信件，要表达的也是这个意思，“感清助兵之义，嘉老亲台（吴三桂）破贼之忠”，要他“鼎力主持，善达此意”，“同心灭贼”；还提出南明愿与清朝“订盟和好互市”，“两家一家，同心杀灭逆贼，共享太平”。

这毕竟是一厢情愿的幻想，清朝方面根本不想与南明合作。多尔衮给史可法的信明确地表示：“国家之抚定燕都，乃得之于闯贼，非取之于明朝也”。要南明“削号称藩”。史可法在回信中当然免不了要为南明辩护一番，接着就对清朝表示感谢：“殿下入都，为我先皇帝后发丧成礼，扫清宫阙，抚戢群黎”，“此等举动振古铄今，凡为大明臣子无不长跽北向，顶礼加额；，进而苦苦哀求：“乞伏坚同仇之谊，全始终之德，合师进讨，问罪秦中，共枭逆贼之头，以泄敷天之忿”。

南明使节在北京演出了一场谈判滑稽闹剧。十月十三日，清朝礼部官员接见了左懋第一行，三名使节声明来意：“我朝新天子向贵国借兵破贼，复为先帝发丧成服，今我等赍御赐银币前来致谢”。第二天，就开始了这样的谈判：

“我国发兵为你们破贼报仇，江南不发一兵，突立皇帝，这是何说？”

“今上乃神宗皇帝嫡孙，夙有圣德，先帝既丧，伦序相应，立之，谁曰不宜？”

“崇祯可有遗诏否？”

“先帝变出不测，安有遗诏？”

“崇祯死时，你南京臣子不来救援，今日忽立新皇帝！”

“北京失守，事出不测，南北地隔三千余里，诸臣闻变，整练兵马，正欲北来剿贼，传闻贵国已发兵逐贼，以故不便前来，恐疑与贵国为敌，特令我等来谢，相约杀贼耳！”

“毋多言，我们已发兵下江南！”

二十六日，是南明使节南返的前一天，左懋第等再次求和，对清方代表说：“奉命而来，一为致谢贵国，一为祭告陵寝，一为议和葬先帝，尚要望昌平祭告”。清方代表回答说：“我朝已替你们哭过了，祭过了，葬过了，你们哭什么？祭什么？葬什么？先帝活时，贼来不发兵；先帝死后，拥兵不讨贼，先帝不受你们江南不忠之臣的祭！”清方代表不仅拒绝了祭葬的请求，还再三强调“旦夕发兵讨罪”，南明的求和活动终于宣告破产。

十二月，使节回到南京，向福王报告出使经过。史可法在扬州获悉此事后，向福王上疏：“北使既还者，议已无成矣！向以全力御贼而不足，今复分以御清矣。唐宋门户之祸与国终始，以意气相激，化成恩仇，有识之士方以为危身之场，无识之人转以为快意之计。孰有甚于戕我君父、覆我邦家者？”史可法的本意是要南明内部团结一致，一手“御贼”，一手“御清”。然而事实证明这是一种幻想。因为南明小朝廷既腐败又无能，上上下下都醉心于争权夺利、尔虞我诈，根本不把国家危亡放在心上。

马士英、阮大铖在党同伐异的同时，卖官鬻爵，大搞权钱交易，民间歌谣讽刺道：

中书随地有，都督满街走。
监纪多如羊，职方贱如狗。

荫起千年尘，拔贡一呈首。
扫尽江南钱，填塞马家口。

好事者填西江月一首，抨击马、阮之流：

有福自然轮着，
无钱不能安排。
满街都督没人抬，
遍地职方无赖。
本事何如世事，
多才不如多财。
门前悬挂虎头牌，
大小官儿出卖！

福王荒淫无耻，“深居宫中，惟渔幼女，饮火酒，伶官演戏为乐”。皇帝带头，大臣纷起效尤，奇氛异气，竞相淫靡。礼部尚书钱谦益的小妾柳如是“戎服控马，插装雉尾，作昭君出塞状”；阮大铖誓师江，居然是全副戏子打扮，“衣素蟒，围碧玉”，令人瞠目结舌。一些忧国忧民之士痛心疾首：“大兵大礼皆娼优排演之场，欲国之不亡，安可得哉”！真所谓“人情泄沓，无异升平。清歌漏舟之中，痛饮焚屋之下”。

三度易主，真假太子

崇祯死后，他的皇太子及二王的下落如何，自然成为明朝遗老遗少关注的焦点，寄希望于他的复出，能有助于延续明朝国祚。南明小朝廷的福王及其拥立者马士英之流出于自身利害考虑，对此极为忌讳。

弘光元年（1645）三月初一日，崇祯的皇太子从金华抵达南京，在南明小朝廷中引起一场轩然大波，成为当时引人注目的政治事件。关于此事的缘由，必须从头说起。

甲申之变这种激烈的政治风云，使几十天之内紫禁城三度易主，宫廷政府全面瘫痪，皇太子及二王的行踪外人不得而知，以致传闻纷起，说法各异。

明思宗崇祯

明末遗老钱䎅亲眼目睹甲申之变的始末，在清初花了六年时间搜集明季遗闻而撰成《甲申传信录》，他在书中也不得不承认“今大行皇帝太子遭闯乱，不知所之”。根据他的记载，太子由下落不明到复出的经过大致是这样的：

闯王进京前夕，崇祯要16岁的太子、12岁的定王、10岁的永王出宫逃命，分别躲藏于成国公府、嘉定侯府、田皇亲府，由于时间仓促，永王、定王一起到了嘉定侯府，太子来不及到成国公府，隐匿于民间。三月十九日闯王进京后，下令搜寻崇祯及皇太子、二王。二十日清晨，嘉定侯周奎把永、定二王交出。四月十三日，闯王李自成东征吴三桂，永、定二王随军同往，百姓迭拥围观，传言太子也在营中。闯王兵败后，人们传说太子、定王为吴三桂夺去，于是京城民众引颈盼望太子、定王。等到清军入京，并不见太子、定王，或以为定王已在城南之空苑遇害，而太子、永王下落不明。

到了十一月，忽有一个貌似太子的男子，在常侍太监陪同下投奔到嘉定侯周奎府中，自称是皇太子。周奎是烈皇后之父、太子的外祖父，理应认识太子，他却佯装不识，命其侄子周铎引太子之姐长平公主与他相见。二人相见时，抱头痛哭，可见太子不是假冒，于是周奎举家向太子行君臣之礼。礼毕后，周奎询问太子阔别以来的经历。

周奎问：“向匿何所？何由得知？”

太子答：“城陷之日，独出匿东厂门……恐有败露，居至五日，潜送至崇文门外尼（姑）庵中，以贫儿托投为名，尼僧不疑，遂留居半月。而常侍（太监）偶来得见尼僧，始觉。常侍谋之竟日，恐不能终匿，常侍遂携归，藏予密室，以故得存无恙。今闻公主在，故来。”

说罢，与公主哭别而去。几天后又来，公主送他一件锦袍，告戒他：“（你）前来，皇亲上下行礼进膳，顿生疑衅，可他去，慎毋再至也。”

十九日，太子又来到周府，周奎留宿。二十二日，周奎与侄铎商量：太子不可久留，留则陷害，不如出走。周奎便对太子说：“太子自言姓刘，说书生理，可免祸，否则即向官府究论。”

太子说：“我悔不从公主之言，今已晚矣。如此，何不遣行？乃留我何意？”

周奎说“汝第言是姓刘，假太子即已。”

太子坚决不从，周奎无奈，当晚令家人把他逐出门外。巡逻的士兵以：“犯夜”罪把他逮捕，送交刑部审理，断为假冒太子，押入狱中。参预此事的刑部主事钱凤览因怀才不遇，常佯狂嗜酒消磨日子，而对太子真假如此大事，他一点也不糊涂，叫来宫内常侍太监辨认，都说是真太子，原司礼监太监王德化也说是真的；随后又把太子送入宫中，要他辨认宫中事物，他都对答如流。其后多次审讯，情况有所反复，一些太监惧祸不敢承认。又叫来原在锦衣卫侍卫太子的十人辨认，十人一齐下跪说：“此真太子，愿毋伤！”

刑部无法裁决，钱凤览便上疏力争：“窃谓前太子危地也，或生或死，或侯或王，权在于朝廷，何所觊觎而假之？即贵而侯矣，不能富贵及人，贫贱又何所利而如此？无论其供称保者验者俱确有所凭……此满汉在部诸臣朝夕起居所共悉者也。周奎恐惧，妄以为假，岂有所谓假冒也！昨刑部官共周奎遁辞曰：‘即以真为假，亦为国家除害’。其愚妄之私，尽露于此一语……周奎以皇亲又得罪先帝者也，清朝优以爵禄，虑有太子祸且及身，既已有心自难实告。故周奎不言是，诸臣自然瞻顾；大内员不言是，小内员益皆不敢言是！”

一些前明朝官员为了避免麻烦，或者以太子所不知道的事来加以质询，力图证明其为假冒；或者避不相认，直言其为伪。原内阁辅臣、现清朝内院大学士谢陞，先前曾任太子讲官，当太子直呼其名，并提醒他：谢先生岂不能相识？前某日讲某书某章……谢陞缄口不答，只是曲躬一揖。

这种状况激起了百姓的不满，宛平县民杨时茂上书朝廷，谴责那些前明官员是“逆臣无道，蔽主求荣”。他指出，内院大学士冯铨、洪承畴等人不识太子，可能由于不在朝廷，情有可原；而谢陞身为宰辅，又入侍太子讲筵，不能君辱臣死已经过分了，既已入仕清朝，遂忌小主，这种弑父弑君之徒，不足以立于民上。太监曹化淳、田贵以不齿之人，也恃势妄奏，内员之恶一至于此！顺天府内城民杨博等也上书力陈太子之真，直斥周奎、周铎、曹化淳、谢陞之流“皆卖国求荣之辈”。朱徽等人也上书指出：如果太子为假，周奎、周铎为何留宿二日始报？初见时公主为何抱头痛哭？因此必须从容研质，如果草草了事，诚恐廷臣曰假而百姓疑，京师曰假而四方疑，一日曰假而后世疑，众口难防，信史可畏！

十二月初十日，摄政王多尔衮对群臣说：我自有著落，何必汝辈苦争？尔等言太子真伪都无妨，言真，不过优以王爵；言伪，必伪者家识之乃决。然后宣布：太子继续押于监狱，凡争言太子为真的刑部主事钱凤览、御史赵开心等都处以死刑。以后由于廷臣请求，赵开心得以免死，罚俸三月，钱凤览斩首改为绞刑，与朱六郘、贵尼、僧真庆等人一起绞死，杨时茂等人各斩决。次年四月初十日，朝廷公开榜示天下，称太子为伪。不久，太子被处死于狱中。

钱䎘在《甲申传信录》中的这些记载，显然与书本上一章所揭示的太子、二王由太监献给李自成一事，有很大出入，笔者把它转录于此，是想说明即使在明末清初，太子的下落已经搞不清楚，众说纷纭了。

清朝站在改朝换代的立场上，不愿承认前明的皇太子，是为了避免政权交替之际引起民心动摇以及其他政治上的连锁反应，是可以理解的。南明弘光小朝廷既然打着继承明朝正统的放旗帜，也对皇太子持一种不欢迎的态度，似乎令人费解；其实稍加剖析便可明白，皇太子的出现势必威胁到福王的地位，带来权力与财产再分配这样的巨大震动。因此，原先“监国”而后又即帝位的福王朱由崧，虽然批准姜曰广提出的请求——恭访大行皇帝梓宫及皇太子、二王，但是实际上并没有也不想采取什么具体措施。不久，就由官方传出皇太子已死的消息。消息的炮制者是淮扬巡按御史王燮，他向弘光小朝廷报告：“皇太子、定王、永王，俱遇害”。山东总兵刘泽清也如此说：“有典史顾元龄……五月初二日出北京，传言皇太子卒于乱军，其定王、永王俱于‘贼’走之日遇害于王府二条吴总兵宅内”。由于这个缘故，当南明打算派和谈使节北上时，大学士高弘图等提出的“出使事宜”的第一条便是：“于天寿山特立园陵，厝先帝梓宫，并太子二王神衬”。这些消息的传出，据黄宗羲说，是马士英密谋策划的：“天下人心皆系先帝之后，曰：吾君之子也。马士英密令燮伪上此报，以绝人望。观后皇太子之来，则燮之肉其足食乎”！

马士英拥戴福王之后，牢牢地操纵了弘光小朝廷，他不愿意皇太子真的出现，打乱现有的政治格局，所以在为大行皇帝追谥号为烈皇帝、庙号为思宗之后，赶紧追谥太子为献愍、永王为悼、定王为哀。

然而当时明朝的遗老遗少们并不相信皇太子已死的消息是真的，人们仍在期待他有朝一日突然复出，在这种背景之下，关于皇太子的传说以令人扑朔迷离的形式继续流传，是不足为奇的。

这种传说纷繁复杂，言人人殊，大体归纳起来，可以理出如下线索。

吴三桂从李自成手上接过太子之后，传檄中外臣民，将奉太子入京即位。由于清朝不准吴三桂进京，他便在途中释放太子，派人引入皇姑寺，与太监高起潜相见，两人由天津航海抵达淮上，前往扬州。高起潜窥伺到南明并不欢迎太子的意向，欲加陷害，其侄子高梦箕以为不可，挟太子渡江，转辗流徙于苏州、杭州。太子不堪旅途劳顿，在元宵观灯时浩然长叹，被路人发现身份。高梦箕害怕太子身份暴露会连累自己，便赴南京向马士英告密。高梦箕在奏疏中报告："先帝皇太子自北来，今往杭州"。于是弘光小朝廷立即派太监前往追踪。太监李继周拿了弘光帝的御札前往杭州，获悉太子已到金华，寻踪而至，在观音寺中见到太子。李继周原先在北京宫中当差，见过太子，熟视颇似，下跪叩头："奴才叩小爷头。"

太子说："我认得汝，但遗忘姓氏。"

李继周告诉姓名后，转入正题："奉新皇爷旨，迎接小爷进京。"

太子问："迎我进京，让皇帝与我做否？"

李继周答："此事奴婢不知。"说罢呈上了弘光帝的御札。

金华的官员们听到这一消息，纷纷前来朝见送礼。过了两天，太子与李继周抵达杭州，巡抚张秉贞来朝见，又与部下恭送出境。

三月初一日，李继周护送太子返回南京，首先报告马士英，然后才奏报弘光帝。弘光帝派人把太子从石城门外迎至兴善寺暂住，并命北京南下的张、王二太监前往觇视真伪。二太监一见太子，立即抱头恸哭，见他天寒衣薄，脱下衣服给太子穿上。弘光帝听说派去觇视虚实的太监如此不识时务胆大妄为，大为光火："真假未辨，何得便尔！太子即真，让位与否尚须吾意，这厮敢如此！"立即下令把张、王二太监打死，李继周也奉旨服毒赐死。这种杀人灭口的做法，一方面反映了弘光帝对于太子南来的心虚，“让位与否尚须吾意”云云把这种心态流露无遗；另一方面是暗示臣下，不得轻率地承认太子。然而南京城内北来的官员们听说太子已到，无不踊跃趋谒，向太子递送名帖者络绎不绝。奉旨前来探视的原总督京营太监卢九德，正视良久，不敢表明态度，太子呵斥道：“卢九德。汝何不叩首？”卢九德嘴上拒不承认，腿却软了下来，下意识叩头道：“奴婢无礼。”太子说：“汝隔几时，肥胖至此，可见在南京受用。”卢九德不敢分辩，叩头道：“小爷保重。”然后战战兢兢地告辞退出，对在场的众人自我申辩道：“我未尝服侍东宫，如何云此？看来有些相像，却认不真。”随即告诫看守的士兵：“好好守视，真太子自应卫护，即假者，亦非小小神棍，须防逸去。”

得到卢九德的报告，弘光帝自知事态的严重性，立即下令文武百官不许私自谒见太子；并在夜半人静之际悄悄地把太子押解至锦衣卫都督冯可宗邸舍，严加看管。

不过，他又左右为难，令卢九德持此疏到马士英寓所求教对策。一手把持朝政的大学士马士英迎合弘光帝的意思，上疏表态：其言虽似而异处甚多，极力主张太子为伪，提出三大疑点：太子脱离虎口应当直奔南京，为何走往杭州、绍兴？可疑一；听说太子睿质凝重，不轻言语，而此人善于机辩，可疑二；日前左懋第（北上和谈使节）有密信，说北京也有一个假太子，辨析甚详，西宫袁妃及宫女都说太子有虎牙，足有痣，可疑三。他向弘光帝献计：当令卢九德及当年东宫太监诘问先帝、永定二王生辰及宫中制度，并密令原来为太子讲课的方拱乾辨识。如伪，在臣民众目之下处决；如真，可让他住于大内兴宁宫后慈禧殿旁，一切典礼从容再议，切不可外封，启奸人之心。他安慰道：皇上缵绪于先帝失守之后，名正言顺，有何疑虑？若此事果真，则谨慎防备，奸谋自然消释。更有甚者，大学士王铎附和马士英，讲出了马士英想讲而不敢讲的话，公然上疏，首言其伪。

三月初二日，弘光帝在武英殿召见保国公朱国弼、安远侯柳祚昌、定远侯邓文尧、诚意侯刘孔昭、驸马都尉齐赞远、忻城伯赵之龙、东宁伯焦梦熊、襄卫伯常应俊等元勋，以及大学士马士英、王铎、蔡奕琛等大臣，他开门见山地说："有稚子自称皇太子，内臣李永芳、卢九德审视回奏，皆云面貌不对，语言闪烁，卿等会同府部大小九卿科道讲读官，前去辨其真伪。"马士英抢先接口，定下调子："原任翰林方拱乾办事东宫，臣召而问之，据拱乾所称东宫睿质颖秀，口阔而方，目大而圆，身不甚高，最为认识。又司业李景濂、翰林刘正宗皆系讲官，如真，则不惟三臣识东宫，东宫亦识三臣，否则两不相认矣。"

弘光帝见他们已心领神会，便叫朱国弼一干人等前往锦衣卫都督冯可宗宅邸审视。据这一干人等事后的报告，太子根本不认识这些人，只认识前詹事府少詹事方拱乾，说：这个大胡子是方先生。方拱乾问他讲课的场所，太子说在文华殿；又问仿书习何字，答诗句；问写几行，答全写。兵科给事中戴英追问：先帝十六年御中左门亲审吴昌时，太子侍旁，能忆起否？太子不答。又问嘉定伯何姓何名？也不答。当时在场的其他官员还未问话，只听大学士王铎大声喝道："假！"众人便退出。于是一份审视报告呈给了弘光帝，判定太子为伪：讲所乃端敬殿，非文华殿；仿书实《孝经》，非诗句；描写十大字，即另书小字，非全写。且问以讲章记否，曰不记；问讲案何物，曰不知，其诈无疑。这当然是弘光帝求之不得的结论，他喜形于色地嘉奖道："具见忠诚大节！"

其实这个审视经过是颇值得怀疑的，因为弘光帝本人早已表态太子为伪，谁还敢言其为真？

于是乎，太子被押入中城兵马司监狱。

于是乎，通政司杨维垣诬称，太子是已故驸马都尉王昺侄孙王之明所假冒。

于是乎，兵科给事中戴英以此为据，奏称王之明假冒太子，请廷臣会审。会审之前，弘光帝亲自在武英殿召见参加会审的太子昔日讲官刘正宗、李景濂，向他们二人交代："太子若真，将何容朕？卿等旧讲官，宜细认的。"三月初六日的会审就在这种氛围中在大明门外进行，目的要使太子毫无"遁词"，出了一些难题，诸如要他指认紫禁城地图，以及讲学有关的事。太子不耐烦地说："汝以为伪即伪可耳，我原不与皇伯夺做皇帝。"

三月初八日在午门再次会审。一个审问官直指太子是王之明，太子奚落他说："我南来从不曾自己说是太子，你等不认罢了，何必坐名改姓？"一席话驳得审问官哑口无言，束手无策。大学士王铎见情况不妙，赶紧说："千假万假总是一假，是我一人承任，不必再审。"刑部尚书高倬与给事中戴英也齐声说："既认王之明，何须再问？亦不必动刑，回奏便了。"

刑部尚书高倬、锦衣卫都督冯可宗匆匆草拟了一份"爰书"（审讯笔录），写道："审得王之明供称，年十八岁，三月十六日生，保定（府）高阳县人，伯祖王昺，尚延庆公主，祖王晟，父王元纯，嫡母刘氏，生母徐氏，父母皆故……之明买驴一头，随一仆王元出走，行至山东，王元逃失，邂逅穆虎及长班张应达、生员刘承裕，遂结伴同行。穆虎、张应达胁之明冒称皇太子……"都察院在大街上到处张贴"王之明假冒太子"的告示，以正视听。

此论一出，舆论哗然。江北四镇之一的靖南侯黄得功首先发难，上疏声明："东宫未必假冒，各官逢迎，不知的系何人辨明？何人定为奸伪？先帝之子即陛下之子，未有不明不白付之刑狱，混然雷同，将人臣之义谓何？恐在廷诸臣谄徇者多，抗颜者少。即使明白认识，亦谁敢出头取祸乎！"他希望当事诸臣多方保留太子以谢天下，若骤然处死，即使果伪，天下亦心怀疑。他还警告：如果模糊妄杀，本镇提兵到阙，必尽诛杀吾半信半疑之太子者，慎之毋忽。弘光帝当然不会接受这个貌伟霸髯、两颐倒竖、臂力绝伦的一介武夫的指责，但也不敢得罪他，以免引来不必要的麻烦，只得委婉地劝解："王之明假冒来历，系亲口供吐，有何逢迎？不必悬揣过虑"。

三月十五日再次会审。都察院左都御史李沾事先派校尉私底下告戒太子：须直言王之明，李爷厉害，恐动刑。将入朝门，又一次叮嘱。会审一开始，审问官大喊王之明，太子不应；喝问：何得不应？太子说：何不喊"明之王"？李沾听了大怒，吩咐用刑，太子号呼皇天上帝，声彻大内。马士英听见后下令免刑，李沾只得好言相问，太子说：你教人嘱我，他自然能说，何必我说？前日追我何处，追者自然知道，何必问我！刑部尚书高倬一看苗头不对，立即决定停止会审。

然而事情没有这么简单，老百姓们也没有像他想的那样容易愚弄。老百姓出于对马士英之流把持的弘光小朝廷腐败政治的不满，早已养成了一种逆反心理——“士英以太子为假，舆论益以为真”。这种舆论被一些军阀巧妙地利用来攻击弘光小朝廷。

江北四镇之一的广昌伯刘良佐上疏说，太子、童氏二案未协舆论，皇上为群臣所欺，将使天伦绝灭！弘光帝赶紧为自己辩护，一面声称童氏不知是何处妖妇，诈冒朕妃；一面扬言太子正在审查，如果真实，朕于夫妻伯侄之间岂无天性？更无毒害先帝血脉之意。举朝文武大臣谁非先帝旧臣，谁不如卿？肯昧心至此！

引人注目的是，对马士英早已不满的宁南侯左良玉，抓住此事大做文章，振振有词地责问：“东宫之来，吴三桂实有符验，史可法明知之而不敢言，此岂大臣之道？”这句话是有所指的，当初左懋第北上和谈，给史可法写过一封密信，说太子在北京。而史可法起先也误以为王之明为真太子，曾上疏力争，及得左懋第信，自悔失言，向马士英转述了左懋第的话，且言一时有伪皇后伪东宫二事深可怪叹！史可法的这些话正中马士英下怀，立即把史可法的信公布于众。因此左良玉要说史可法明知之而不敢言了。抓住了这一把柄，左良玉借题发挥：举朝但知逢君，不惜大体。李自成尚且能对太子赐以王封，不敢加害，何至一家人反视为仇敌？明知穷究并无别情，必欲辗转诛求，遂使皇上忘屋乌之德，臣下绝委裘之义，普天同怨。陛下独与二三奸臣保守天下，决无是理。于是，左良玉以此为借口，发兵东下，以清君侧，声称：本藩奉太子密诏率师赴救。这一下，事态终于闹得不可收拾。湖广巡抚何腾蛟也上疏指责马士英何以独知太子之为伪？九江总督袁继咸公开声明：太子必非外间儿童所能假冒，当务之急，必须赦太子才能遏止左良玉举兵东下。督师江上的史可法见情况危急，恭请皇上召见，面陈妥善处理太子事件的意见，以平息群嚣。

正当南明的各派势力为此闹得乱哄哄一团糟的时候，清朝军队已大举南下，南京危在旦夕。五月十日半夜，弘光帝在太监、卫兵的簇拥下，逃出通济门，前往太平府避难。次日拂晓，马士英挟持皇太后逃离南京，前往杭州。弘光小朝廷至此土崩瓦解。

明思宗崇祯

南京市民数百人擒获大学士王铎，冲进中城兵马司监狱，强迫他承认太子，并打了他的屁股，拔了他的须发，以泄心头之恨。王铎把责任推得一干二净，委罪于马士英。市民们把王铎关入监狱，拥太子上马，进入西华门，来到武英殿，不知何人搞到了戏装翼善冠，把太子打扮一番，奉上宝座，群呼万岁。这个被民众拥立的太子，在清军还未进城的几天权力真空时期，还真的行使了一下皇储的职权，于五月十二日午后发布了一道谕旨，这份张贴于皇城由朱笔书写在黄纸上的告示，显然是别人操刀代劳的，通篇是文诌诌的语气：

泣予先皇帝丕承大鼎，惟兹臣庶同甘共苦，胡天不祐，惨罹奇祸，凡有血气，裂眦痛心！予小子分宜殉国，思以君父大仇，不共戴天，皇祖基业，汗血非易，忍耻奔避，图雪国耻。予惟先帝之哀，奔投南都，实欲哭陈大义，身先士卒，不意巨奸障蔽，至撄桎梏。予虽幽城狱，每念先帝，无一日不再三痛绝也！今福王闻兵远遁，先为民望，其如高皇帝之陵寝、忆万苍生之性命何！泣予小子，将历请勋旧文武诸生念予高皇帝三百年之鸿烈，先皇帝十七载之旧恩，助予振旅，扶此颠沛，何期父老人民围抱出狱，拥入皇宫……予身负重冤，岂称尊南面之日乎！

值得注意的是，五月十五日清朝豫王多铎进入南京城后，与迎接他的忻城伯赵之龙、镇远侯顾鸣郊、驸马都尉齐赞元等人席地而坐同酌共饮时，特地关切地问：太子何在？赵之龙告以王之明案情，豫王不以为然地说：“逃难之人，自然改易姓名，若说姓朱，你们早杀过了。”朱国弼解释道：“太子原不认，是马士英坐易。”豫王大笑：“奸臣！奸臣！”当天晚上，赵之龙陪太子到豫王营中，豫王离席迎接，命他坐于自己右侧，相去不过丈许。

逃往太平府的弘光帝，在刘良佐的押解下于五月二十五日回到南京，昔日的威风已荡然无存，乘坐一顶无幔小轿，首蒙包头布，身穿蓝布衣，以油纸扇掩面，招摇过市，路两旁的百姓个个唾骂，有的甚至投掷瓦砾。弘光帝见到豫王，慌忙叩头，豫王坐而受之。少顷，豫王在灵璧侯府设宴，把弘光帝的座次排在太子之下，赵之龙及礼部官员八人侍宴。席间，豫王问弘光帝："汝先帝自有子，汝不奉遗诏，擅自称尊何为？"又问："汝既擅立，不遣一兵讨贼，于义何居？"见弘光帝不答，又问："先帝遗体止有太子，逃难远来，汝既不让位，又转辗磨灭之何为？"弘光帝始终一言不发，太子见状不解地问："皇伯手札召我来，反不认，又改姓名，极刑加我，岂奸臣所为，皇伯或不知？"弘光帝支支唔唔，汗流浃背，终席俯首。

据说，数月后，豫王北上，挟太子、弘光帝同行，潞王也随后被押北上，三人都被清廷处死。鲁王监国时，追谥太子为悼皇帝、弘光帝为赧皇帝、潞王为潞闵王。

崇祯死后几个月中，北京和南京先后出现了两个太子，究竟哪一个是真太子，似乎难以判定。明清史权威孟森以为"北都所杀太子为真，南都太子实伪"，自可作为一家之言。史家说"（马）士英以太子为假，舆论益以为真"，其间或多或少夹杂着"党争"色彩，是东林、复社人士故意与马士英唱对台戏。吴伟业在谈到太子及童妃两疑案时说："余姚黄宗羲、桐城钱秉镫皆以福王为李伴读，非朱氏子也，而童氏乃真妃。故当时讥刺诗有：'隆准曾几生大耳，可哀犹自唱无愁。白门半载迷朱李，青史千年纪马牛'。说者又谓东林、复社之事，深憾马、阮，故造此谤，似矣。"当代史学泰斗陈寅恪对此说颇以为然，因为在万历时代"争国本"时，东林人士支持太子常洛反对福王常洵，所以在崇祯死后，东林人士必然与福王由崧相抗衡，而认王之明为真太子慈烺者；至认童氏为真福王继妃者，盖欲藉此转证明弘光为假福王，似亦同一用心。这种说法为南京假太子案提供子一种解释思路，尽管合乎逻辑，毕竟缺乏实证，难以令人信服。明朝的遗老遗少们把南来的太子当作真太子看待，并非完全出于门户之见，这可以从清朝方面的态度找到佐证。尽管弘光小朝廷不愿承认太子为真，清朝方面却并不如此草率，命豫王亲自把他押回北京辨明真假。清朝当局把他匆忙处死，更加使人感到真假难辨。

政治风云变幻莫测，一波已平一波又起，太子朱慈烺的下落明了以后，三子定王朱慈炯，四子永王朱慈炤的不知所终，引起了反清复明人士的浓厚兴趣，终于酿成了绵延达数十年之久的朱三太子案。

朱三太子的最初出现是在顺治八年（1651），有人告发前明崇祯的三皇子藏匿于民间，被官府擒拿，严加审问。该皇子自已写了供状，自称是崇祯第三子，名慈焕，年20岁，兄慈烺，即东宫，同为周后所生；弟慈灿，田妃生。焕居景仁宫，乳母邓、蒋，八岁就学，讲读官傅、张。"贼"犯都时，先帝托予于张近侍及指挥黄贵，送周皇亲家，不纳，潜藏民间，为闯搜出，随营到山海关。闯败，携至潼关，随营至荆襄，遇左良玉，闯败散，即随左营，改姓黄。左兵为黄得功所败，部将黄蜚掳左兵船，张近侍告以实情，黄蜚代为保密。以后流落太湖、孝丰、于潜。顺治五年五月，予削发为僧，法号云庵，或称一鉴，或称起云，浪迹于江北各寺庵。八年三月与太平府人夏名卿之女完婚，四月得芜湖借银20两，买细茶同徽商汪礼仙往苏州贩卖。贩茶毕，随常州人杨秀甫、吴中到常州、不料吴中向抚院衙门出首，抚院差官将予带往太平、江宁。

此事疑窦甚多，把三皇子、四皇子的名字搞错，已属大漏洞；既入左良玉军中，左良玉正借口"奉太子密诏"发兵东下以清君侧，三皇子一到何不打出三皇子旗号，名正言顺地声讨马士英，反而讳莫如深？黄蜚俘获三皇子，张近侍又告以实情，为何秘而不宣，又去拥戴义阳王？凡此种种，岂非咄咄怪事！无怪乎此案未曾引起什么反响，实在是太过于离谱了。

朱三太子的再次出现是在康熙十二年（1673）。北京有个名叫杨起隆又叫朱慈璊的人，自称是朱三太子，建立政权，年号广德，封了大学士、军师、总督等官，联系郑成功部下降清将领，准备起义。由于事机泄漏，朱三太子逃亡。此后陕西也有人自称朱三太子起兵，被抚远大将军图海逮捕，康熙十九年（1680）押往北京处死。福建人蔡寅也自称朱三太子，带兵数万与台湾郑经联合，攻打漳州，被海澄公黄芳世击败。

真正引起清廷重视的朱三太子案，发生在康熙四十六年（1707）。十分巧合的是，他们出尊奉朱慈焕（而不是朱慈炯）为朱三太子。据说此人是明朝皇室的后裔，化名王士元，流寓各处，被一些反清人士当作复辟明朝的旗号。康熙皇帝的耳目亲信、苏州织造李煦获悉后，迅速以密折的形式奏报皇上。

次年初，李煦接到康熙的御批"闻浙江四明山又有贼，尔秘密访问明白奏来”，立即派人调查，于二月间写了《浙江四明山张廿一等拒敌官兵各情折》上报：“今查得去年十一月初旬，绍兴府嵊县人张廿一、张廿二兄第为首，湖州乌镇人卖药施尔远为军师，煽惑民心，纠众百余，聚宁波府慈溪县羊角殿地方……臣又闻苏州所获贼人张君玉、张君锡，即浙省之张廿一、张廿二也”。

清圣祖康熙像

康熙立即用朱笔批复：“贼已靖否？再访再奏。众人议论如何？”李煦于同年闰三月二十四日奏报：“今查得四明大岚山，并无余贼，从前贼犯供称老营尚有千余人，俱属虚词，百姓安堵如故……臣又闻张廿一供出朱三太子，而朱三太子之次子朱垕（封的古字）、幼子朱载、朱坤，康熙四十四年湖州长兴县拿获，久在浙监。惟朱三太子未曾获到。今江宁府案内盗犯叶伯玉兄弟供：朱三太子同董载臣、濮尔柱逃往山东曹县，或供同俞祥麟逃往霍山县，承审官现在分头密拏”。以后李煦陆续奏报，朱三太子在山东捕获押解赴浙审理；一念和尚在吴江县梅堰三官堂捕获，押解赴浙审理。

七月二十四日，一念和尚被凌迟处死；十月五日，朱三太子被凌迟处死，时年75岁，其子五人同时处斩。

显然，这个朱三太子案中的朱三太子，究竟是什么人确实是难以破译之谜。孟森《明烈皇殉国后纪》考证朱三太子（王士元）是崇祯的第四子（即慈炤）。这种可能性不能说没有，但微乎其微，因为四皇子崇祯十七年时十岁，到康熙四十六年已是一个垂垂老翁，如何能与一念和尚四处奔波？看来所谓朱三太子极可能是民间假托的一个偶像。因为这个朱三太子明正典刑后，又冒出了一个朱三太子，这就是康熙六十年（1721）在台湾起兵造反的朱一贵之子，他自称为朱三太子，原在交趾小西天，已出发到广西，有部众几十万云云。雍正帝对此作了一个比较冷静的分析："从前康熙年间，各处奸徒窃发，动辄以朱三太子为名，如一念和尚、朱一贵者，不胜屈指"。可见，朱三太子不过是一个假托的偶像而已。

朱三太子的政治能量如此之大，恐怕是崇祯本人生前无论如何也不曾料到的吧！

第八章　末代帝君宫闱事

爱好多样，沉湎佛道

崇祯是人不是神，和普通人一样，也有七情六欲，也需要亲情，需要理解。在宫中的绝大多数时间里，他都是表情严肃，少有笑容。或许在有的妃子看来，作为一个男人，他不是十分称职的，显得过于死板，缺乏柔情，不了解女人们的心。其实，这真有点冤枉他了。崇祯是一个感情丰富、刚柔并济的人，在坚强的外表下隐藏着一颗脆弱的心。他有他的家庭生活，有自己的信仰。

崇祯作为国家的统治者，似乎对道教更加信赖。宫内有专门从事道教法事的机构，称“道经厂”。这里人员熟习道教诸事，一旦国家或宫廷内遇有天灾人祸，崇祯便命“道经厂”主持宫女数十人，身着羽毛编织的衣服，敲着云璈，大搞建醮禳灾活动，祭祷消除灾祸。平日崇祯遇有家国大事都要扶乩问仙。而每年的年初年底，崇祯都要像例行公事一样，亲自画符扶乩，占问天下事。崇祯十四年（1641），他亲下圣旨，将远在江西龙虎山的“张真人”请到北京。开始崇祯要以很高的礼节招待他，命礼部置酒宴款待，后礼部奏待“真人”应在宫观之中，只好作罢。可崇祯却将“张真人”召到会极门，赏赐十分丰厚的礼物，然后令其建醮于南城。崇祯常常带着周皇后和田、袁二贵妃，到醮场问事行礼。

崇祯十五年（1642）初，崇祯深感局时之艰难，于是亲自扶乩向玄帝询问兵事，并祈求玄帝能给大明降生天兵天将，以保江山之稳定。似乎玄帝也无能为力，临乩批道：“天将已降生人间，无再可应召者。”崇祯又问：“天将降生，什么意思？还有来降者吗？”乩答：“仅剩一个，不肯降生，余者全无。”崇祯见如此结果，默然。停了一会儿又再叩头，欲再祈玄帝降天兵天将，替大明朝立功，然多不应。

更有趣的是，崇祯曾一度欲废佛、道而信天主教。天启年间，西方传教士将天主教传入中国，一些传教士同朝廷大臣交好，积极向他们布道，使他们深受影响，徐光启就是其中的一人。崇祯初年，徐光启就任礼部尚书时，曾向崇祯进言，在明宫中推奉天主教。本对佛、道不那么虔诚的崇祯，立即允准。于是命人将宫中佛、道两家神像，全部撤出。然而佛、道两教在中国传播已久，影响甚深，尤其道教，土生土长，明宫历来十分重视。所以撤像圣旨一出，人心惶惶，大都不满。

崇祯朝中还设有两个理佛机构——汉经厂、番经厂。汉经厂人员由太监充任，他们平时对佛教经典、仪式要加以背诵、熟习。每当遇上“万寿节”、“元旦”、“中元”等节，便令他们身穿袈裟、头戴毗卢帽，打扮成僧人模样，启建法场，扬旛挂旗，朗读佛经，焚化一番，祈求佛主保佑皇上及家人平安，功德圆满。礼毕，他们各回各处，继续充任本职。

对崇祯越来越沉湎于佛、道之中，大臣们深感不安，一些人认为如此下去要误国家，于是上疏劝崇祯清醒。下礼科给事中姜埰就曾对崇祯说：“宗社之安危，非佛陀能左右。以皇上九尊去颂天竺（印度）之繁琐经文，不可。”御史廖惟、待郎王锡衮上疏要求驱逐宫中“真人”、“羽士”，然崇祯早已不能自拔，哪里肯听。

皇五子因为活见鬼而死，这在宗教观念上给崇祯一个巨大的震动。明朝宫廷本是一个宗教迷信的大本营，宫里除了祭天地、社稷，祭祖宗，祭圣人等等这些正统的宗教活动之外，还有大批拂寺、道观、喇嘛庙，以及源于民间的各式各样的邪神淫祀，信仰之混沌，礼拜之杂乱，令人叹服不已。这种混乱的信仰状态正是中国古代民间宗教状况的一个缩影，年长日久，已经成为宫廷生活的一个重要组成部分。崇祯自幼生长在这样宗教色彩极浓的环境中，耳濡目染，心灵深处也积累了一大堆奇奇怪怪的迷信和忌讳。但自从认真学习过儒家经典之后，他至少在理智上开始奉行孔夫子“敬鬼神而远之”的古训。对威严的昊天上帝，他充满了敬畏之情，但除了祭天地、祭祖宗等正统宗教仪式之外，对于那些不入经典的迷信活动他是极少参加的。对于佛教、道教，以及民间流行的形形色色的各式妖魔鬼怪，他似也颇不以为然。在崇祯初年，他还下令对宫中的偶像进行过一次清理，除了几座正式庙宇中的佛祖、道君和据说是在宫中两次大火灾中显过灵的钦安殿玄武大帝等神灵之外，一律恭送宫外，后宫为此清静了很多。

有一种说法认为，崇祯在宫中清理偶像，同他对西方天主教的崇奉有关。自万历年间意大利教士利玛窦来华之后，天主教士们在中国的活动的确相当活跃。一批信仰坚定又博学多才的教士们先后来到中国，排除万难，在京师和各地建立了一些教学，发展了大批信徒，也把西方天主教文化带进了中国。传教士们一方面在民间活动，到崇祯12年左右已经发展了近4万信徒；另一方面它们也注意在上层活动，不但广泛地同士大夫交朋友，还把影响渗透到宫室之中。

士大夫中最重要的一个人物是中国近代科学的先驱徐光启，他从万历二十八年（1600）结识利玛窦，三十一年（1603）受洗入教，以后一直为发展天主教的事业奔走呼吁，并且仔细学习研究了西方教士们带进来的西方科学知识，在数学、天文学、农学、水利学等方面成为我国历史上第一个中西学贯通的大科学家。他的宦途生涯也还比较顺利，万历三十二年中进士，入翰林院，崇祯元年（1628）起任礼部侍郎，充经筵讲官，崇祯五年71岁上以礼部尚书入阁成为辅臣。

崇祯的吃、喝、玩、乐、喜好、雅趣等也值得一提。崇祯在统治后期，因国难频繁和信佛而每月十天吃斋，可崇祯是好吃肉的人，所以在吃斋对，常常感到食无味，于是责怪膳夫手艺不好。最后膳夫终于想出办法来：他们将生鹅退毛，然后从后尾处掏出肠秽杂物，将蔬菜放于生鹅腹中，放于水中煮沸，使鹅肉香味浸入菜中，然后拿出，洗掉菜上油脂最后用麻油烹煮成馔。崇祯非常喜欢这种带有荤味的“素菜”。吃斋中，崇祯真盼着宫廷举行一些大典礼，这便可开荤一顿。崇祯很爱吃大典中必不可少的一道菜——庖凤烹龙。此菜其名好大，实际“凤”为五色之雄鸡；“龙”为白马肉。

崇祯的酒量很大，所饮之酒皆是按口味而特酿的。酒中尤喜饮“金茎露”“太禧白”二种美酒。

崇祯的弹弓打得非常好，既远而准。宫中有“弹子房”专备弹弓、

“泥丸”供崇祯游戏之用。平常太监们用泥做成大小不一、轻重不同的泥丸，晒干后，用布袋装好，备后用。一日，崇祯来到西苑，见树上有两只乌鸦，操起弹弓，“啪……啪”两声，两只乌鸦应声落地，身边的太监大呼“万岁”，崇祯心满意足地笑了。由于崇祯爱玩射弹弓，所以身边的太监们弹弓也打得很好。

崇祯雅好鼓琴，特别喜听琵琶奏曲，常命人于乾清宫西暖阁弹琵琶，百听不厌。崇祯还会作曲，曾亲作琵琶曲五首：《崆峒引》《敲爻歌》《据桐吟》《参同契》《烂柯游》。

崇祯还有收藏奇珍的爱好和欣赏绘画的雅趣。一次，他偶然看见熹宗生前所做的一座沉香假山盆景，极为精巧，池台林馆一一俱有，高兴地说：“此为精品，朕实为喜爱”于是收藏起来。又一次，周皇后表弟用麦秆编了一盏灯笼，献给周皇后，崇祯见后，十分欣赏其构思新奇，又收藏起来，并命人赏赐冠带给作者。崇祯很爱好欣赏，田贵妃擅绘画，崇祯都是第一位欣赏者，总要评头品足，见有上乘之作，便收藏起来，有时还要拿出来玩味。

崇祯还十分喜欢读书。朝廷中每宫的御座左右都放有书卷，以便皇上御坐时随手翻览。崇祯最爱读《四书》、《五经》之类书籍。曾亲做八股文，以示群臣，还颁行天下，读书人无不传诵赞赏。

此后，他对于祭天地日月，祖宗圣人等等正统的典礼更加虔诚，更加殷勤，把一些多年停止实行的祭祀大典，例如上辛祈谷仪式等等也悉数恢复。与此同时，对于扶占请神、打醮祈禳一类活动也迷恋不疲。自崇祯十二年（1639）起，宫里宫外越来越乌烟瘴气，崇祯亲自参加了各种各样的拜神闹剧，甚至想把天兵天将搬下凡间，替帝国剿平内外的战乱。但这类闹剧不但不可能产生什么实际效果，连心理上的安慰也做不到。崇祯十四年四月，他特召阁臣、勋戚和礼部主官在建极殿讨论太祖孝陵风水问题，说孝陵关系重大，但听说近年来在陵区开窑伐树的事情很多，破坏了风水，影响到国运。礼部侍郎蒋德璟启奏：“中国有三大干龙，中干旺气在中都凤阳，结为凤阳祖陵；南干旺气在南京，结为钟山孝陵；北干旺气在北京，结为天寿山长陵。这三大干，本朝独会其全，是万世灵长之福。”崇祯听说本朝的风水这样好，才放下心来，但仍然派遣成国公朱纯臣、新乐侯刘文炳和礼部尚书林欲楫到南京和凤阳勘察，严禁开石灰窑破坏龙脉。既然风水不错，那么国运日衰的原因仍然在于天命。但他离知天命的年龄还差得很远，只能继续沉浸在无边的迷惘和幻想中。

这年底，崇祯下诏擢陕西巡抚汪乔年为兵部右侍郎，接替死于李自成手下的傅宗龙，总督陕西三边军务。汪乔年出师后，并未改变战场上的斗争形势。这时，有人向崇祯密奏制胜之计，说“若制李自成、张献忠二贼，必先掘了二贼的祖坟，以泄王气，如此二贼必败。”黔驴技穷的崇祯一听，心中窃喜，觉得这真不失为一绝招。于是，他偷偷地下了一道密诏：命汪乔年迅速掘毁李自成与张献忠的祖坟，以扼其势。

汪乔年接到密诏后，立刻行动起来。很容易地找到了张献忠的祖坟，很快将之捣毁。但未寻找到李自成的祖坟，汪乔年只好命李自成故乡米脂县县令边大绶去打探、掘毁。边大绶收到汪乔年的指示后，心中狂喜：总督既允准又赞扬，升官发财的机会到了。于是立即调集人手，做了掘坟的准备。

崇祯十五年（1642）正月初八日，边大绶亲率练总黑光正、堡长王道正，带着箭手30人、乡夫60人，冒着大雪，从县城出发，向城西李自成祖坟处奔去。这里是一片大山，他们一昼夜行200里，到了名叫三峰子的地方。当时正是大雪初晴过，山中积雪二尺多深，山路陡滑，不小心几名箭手滚下山崖。他们只好下马步行进山。这里全是羊肠小道，久无人行。走了六七里，到了一座荒村，只有破窑舍十余处，这便是李自成的祖居之地李继迁寨。从这再翻过一座山，便到了李自成祖坟地。

坟地处大大小小墓冢23座，边大绶也记不清哪座是李自成祖父之墓了，可他却向边大绶提供这样情况：当初李自成祖父李海下葬时，开了三个空穴，用了一个，填了两个。在开圹时挖出了一枚黑碗，安葬时，以黑碗点灯。今若掘得黑碗者，便为李海之墓。边大绶得知此情，立命人胡乱开墓，哪管“波及无辜”。开了几座，发现都是尸骨血色油润，不像先前墓坟，只好继续乱掘，天色已黑，仍未发现黑碗，只有作罢。由于大雪已将山路封死，他们只好在破窑洞中忍着寒冷，过了一夜。

第二天，边大绶继续指挥人马掘坟，又开了几座后，终于发现了黑碗，认定是李自成祖父李海之墓。只见其骨黑如墨，额生白毛六七寸长。其坟左侧稍下便是李自成之父李守忠之墓，墓上长有一胳臂粗的大榆树，枝丫密浓，笼罩其墓，不可进犯。边大绶命人好不容易砍断了榆树，掘开坟墓，只见其骨节节绿如青铜。墓中盘有一条白蛇，一尺二寸长，头部昂起，口吐红信，甚是吓人。捣毁两坟，边大绶随即将黑碗、白蛇装入公文袋中，以作为邀功请赏之佐证。之后又命人将这里所有坟墓全部散掘，尸骨全都烧掉，也算终于报了李自成掘朱氏祖坟之仇。

汪乔年得边大绶报告后，立即向崇祯报奏。崇祯知情，大加赞誉了汪乔年，随即命汪乔年速率三万人马，进河南趁势剿杀李自成，可汪乔年进河南后，并未取胜，反而连遭失败，只好退守襄城。起义官兵知伐掘“闯王”祖坟的汪乔年就在城内，义愤填膺，一鼓作气，攻陷襄城杀了汪乔年。崇祯的愚昧之举，不但未能扼制住起义军，反而连连失将节节败退。不久起义军三围开封府，气势更盛。

生母早逝，尊亲之情

崇祯生母早逝，失去母爱亲情。随着年龄的增长，对生母的怀念之情与日俱增。他无时无刻不在寻找生身母亲的深情厚爱。当他即位之后，立即献上尊谥，称其母为：孝纯恭懿淑穆庄静毗天毓圣皇太后，并迁葬庆陵，与光宗合葬在一起。并且封太后之父刘应元为瀛国公，母徐媪为瀛国太夫人。以表达他的尊亲之情。

崇祯当政，接收了祖先留下的烂摊子，凭着方刚血气，方图有所补救。但是，时运多乘，如意时少，失意时多，回到后宫，也找不到可以倾诉的对象。他常常设想，如果皇太后在，兴许能给他许多安慰。一念之下，他命左右近侍找一幅太后的画像来，可是近侍们忙活了半天，也无结果。懿妃曾与太后居宫毗邻，记得太后的音容笑貌，并说有宫人与太后十分相似，尤其是眉睫与脸颊像极了。崇祯即召太后之母瀛国太夫人进行宫来看看是不是很像。并命武英殿中书梁祝根据懿妃和瀛国太夫人所说，加以意会，描成画像。像成之日，崇祯下旨备好法驾卤簿，由正阳门浩浩荡荡而入，他亲自跪于午门，迎太后画像。崇祯把太后像悬挂乾清宫内，并传曾服侍过太后的人来瞻视。有人说很像，有人说不怎么像，不管像不像，崇祯仰视太后尊容，心潮澎湃，不觉泪如雨下。六宫诸色人等，见此情景，也抽泣起来。他很感激懿妃想得周到，命加懿妃封号，并赏赐太后家以及承奉王裕民，中书梁祝等。

崇祯也感到奇怪，太后的影子常缭绕在他的心头，怎么也驱散不掉。崇祯十五年（1642）六月，崇祯御德政殿，召内阁辅臣及礼部尚书林汝楫、侍郎蒋德璟等，议建一庙，将宣宗以来七位生母、继后同祀，因为太庙与后宫中奉先殿都是一帝一后，崇祯的用意在于将太后也列庙中祭祀。蒋德璟进言：“奉先之外，有奉慈殿，也有继后及生后者。今虽废，盍举行焉？”崇祯说：“孝宣建奉慈而世庙（嘉靖）废之，然有宏孝、神霄、本恩诸殿，不止一奉慈也”。显然崇祯对于宫中祀继后、生母之制早有察访。蒋德璟建议于诸殿随祀，崇祯不同意，他说：“太庙之礼，一帝一后，朕岂敢轻易？怕是奉先地广，可以恢拓。朕欲将祧庙之主祫祀奉先，未审可否？”后来，经过一番审议，决定辟殿祭祀太后，其它先朝七位继后与生后也一并祀之。崇祯希望以此有慰太后的在天之灵。

笃爱后妃，寄希太子

崇祯十五年（1642），对崇祯来说，是个人很不幸的一年，这年他先后失去了皇五子与田贵妃两位家人。

田贵妃，祖籍陕西人，后来家迁江南扬州，其父田宏遇豪爽好客，擅结名士高人，在扬州时，娶扬州女，生下田贵妃。田贵妃儿时极为聪慧，特别讨其父的喜爱，其父精心教育她，扬州本是江南文化名城，田贵妃母亲会鼓琴，少时田贵妃跟母学了一手好琴。其父又请儒生教书识字，十二三岁已写得一手好楷书，且吟诗作赋，下笔成章。

田贵妃17岁那年被选入宫，纳入信王宫邸为姬，信王即位时，晋为贵妃。田贵妃人生得娇小妩媚，且聪敏灵巧，多才艺，进宫开始时，在崇祯后妃三人中，最得宠爱。

田贵妃聪慧手巧，喜欢改制一些东西，一经改制还真实用、美观。宫中灯具，原来是用缕金盒护着，虽是华贵，但不明亮。田贵妃便将护盒缕掉三分之一方空，然后用轻纱绷上，果然比过去明亮了几倍。原后妃的宝冠，缀着鸦青石和珍珠，田贵妃见颜色不协调，便去掉一些灰色珍珠，换上红珍珠，再配鸦青石，果然既华贵又光彩夺人，原皇极殿到宫门，御道都是露天的，炎夏烈日、严冬飞雪，崇祯往来必打黄盖，很不便利。田贵妃命人搭起竹架，再盘上花草，既美观又遮日，随从人员都得休息。秋、冬之时，圣驾只打青罗小伞即可。

田贵妃从小勤学，进宫后琴、棋、书、画、骑马、射箭、踢键无所不通，无所不精。崇祯特别喜欢琴曲，田贵妃便想着法子显示其才艺。田贵妃在承乾宫之西，自己花钱搭建了一个台子，取名为“玩月台”，台下又堆了假山、石洞，移栽了些好花。又在其旁边搭帐篷，每当风清月明之时，便邀崇祯登台赏月。有一年，中秋之夜，崇祯设宴赏月，宴完撤乐，崇祯还意犹未尽，田贵妃便抚琴于台上，独奏一曲。是夜，明月好似玉盘，悬挂在空中，月光如银，洒在“玩月台”上。琴声和着明月，听得崇祯如醉如痴。欢快处，崇祯心花怒放；幽怨时，叹息落泪。一曲终了，还怔怔地坐在那里，良久方醒，高兴地对田贵妃说：“你指法刚柔得当，你的技艺炉火纯青。朕十分高兴。”田贵妃不但琴弹得好，笛也吹得妙。一次赏月，田贵妃为崇祯奏笛一曲，那笛声清脆婉转，直上云霄，崇祯听罢赞扬说：“你的笛声，裂石穿云，真不虚言。”

田贵妃还工书画。幼儿时在家学习楷书，进宫后又得真迹临摹，写得十分漂亮。宫里书画，卷轴，崇祯常常让她题词。田贵妃又擅棋奕。崇祯幸宫，常与田贵妃坐在床上对奕，他们下着日本国进贡的玉棋子，其间田贵妃总对崇祯问寒问暖，最后田贵妃故意负一二子，讨崇祯喜欢。

田贵妃因为高雅的艺术气质而特别得到崇祯的宠爱。她住在坤宁宫以东的承乾宫，就是民间所称的东宫娘娘，在宫中地位仅次于周皇后。崇祯十四年（1641）春，她被晋封为皇贵妃，在名分上也正式成为皇后的副手。与她同时入侍信邸的袁妃则受封贵妃，比她低了一个级别。但她却不敢因此而恃宠恣肆，在宫中多年，从来小心谨慎。同皇帝下棋，她总能让皇帝小胜一子两子，凭这种驾驭局面的功夫，她的棋术至少要高出崇祯两三个段位，崇祯却以为自己略高一筹。对于多少有点盛气凌人的周皇后，她也尽量低声下气，以求和睦。唯有对家中那个商人出身的父亲，她却是鞭长莫及。田弘遇仗着女儿在宫中得宠，官封到左都督，在京城里极为骄横霸道。崇祯为此责备过田妃，田妃非常气愤，找来父亲说："你们在外面犯事，已经风闻宫中了。如果皇上再来责问，我只有一死了之。"田家才稍许收敛了些。

丧失爱子让崇祯心痛，也让他心惊。田贵妃不久前刚生了一个皇七子，但在月子里就夭折了，正在为之伤心，现在一个本来活蹦乱跳的皇五子又突然死去，不由得大为伤痛，为此还大病一场。崇祯以为五子的死同自己在朝中的行事有关，追悔莫及。

多少年来，崇祯总是在为兵力不足和粮饷缺乏这两个相互矛盾的难题伤透脑筋，在想尽千般招法之后，最后又总是回到向百姓加派这个饮鸩止渴的老路上来。这一次，他还是想别开蹊径，辟出一条新的财路。其实办法也很简单，就是把从百官身上求取、美其名曰捐助。薛国观也是没做过翰林，由外僚进入内阁的，在朝士中口碑不佳。他为人阴险强悍，成为首辅后就一心同以东林党人为代表的正统朝士们作对。崇祯要搜刮臣僚，他觉得也不失为煞一煞朝臣锐气的好机会，因而极赞同皇帝捐助的想法，并积极为皇帝出谋划策。他认为，朝臣贫富不一，总起来说油水不太大，重点应该是那些家资巨万的皇亲国戚们。而且一旦贵戚带头捐助，朝臣们也就不敢再顽强抵制。但对于那些贵戚，内阁是不好动手的，所以他对崇祯说："在外群僚，臣等负责催捐；在内戚畹，则非皇上亲自独断不可。"

崇祯接受了这个建议，要先从贵戚下手。但贵戚们的吝啬同他本人是一脉相承的，哪个人都不好说话。崇祯决定先抓一个典型，由点上突破，再扩展到全面。几经斟酌，他选定了武清侯李国瑞家。

李国瑞是万历帝的生母孝定太后的侄孙，算是崇祯半远不近的一个堂表叔，祖上靠着太后的势力，聚敛了不少钱财，在京中戚畹中也算得上一个大户。在崇祯十二年（1639）之前，李国瑞同他的庶出哥哥李国臣为了财产上的事曾经闹得不可开交，李国臣以为没有分到应得的遗产，为了泄愤上告到朝廷，说父亲留下了40万财产，按道理应分给他一半，他原意把这20万捐献给国家以为军资。但到这年春上，为了全面铺开助捐活动，崇祯就旧事重提，不但要收受李国臣号称属于自己名下的20万，而且要把李国瑞的另外20万也一起拿过来，说是暂时借用，待国用充足后补还。大家都知道，李国瑞之后，刀子就要割到自己头上，因而便密谋串连，共同想办法对付皇上。周皇后的父亲周奎是当今皇帝的老丈人，自然成为贵戚们的无名领袖，带头向崇祯进言，说李家确实穷，不要催促太急，失去戚畹之心。崇祯一向坚决反对内戚干政，又明知道周奎是为了他们一伙的利益，不但不听劝，反而更加严厉，降旨削夺了李国瑞的侯爵，并命令内官衙门按期追缴。李国瑞又气又吓，得了一场大病，竟然死了。

这时不论是朝官还是宦官，都知道皇帝在突破了贵戚这一道关口之后，就要对自己下手，因而在舆论上一致同情李国瑞的不幸结局。皇亲国戚们更是大为震惊，为了保护本集团的利益，以周奎为首的一些人暗中勾结宫女、宦官，可能还有嫔妃、皇后，进行了一次抵制皇帝的阴谋活动，而下手的对象，竟然是崇祯年仅五岁的幼子朱慈焕。

皇后周氏从小养成了不苟言笑、严肃谨慎的性格。少时，一读书人暂居周家，见其容貌，便对周奎说："您的女儿将来必是天下第一贵人。"又见周氏颇为懂事，便教她读《资治通鉴》和其他书籍。周氏少时便知书达理。

天启年间，宫中选妃，周氏被选入。熹宗懿安皇后见她丰容端丽，特将她选进信王宫邸，立为信王妃，信王继统后，她即被册封为皇后。

周皇后天生端庄美丽，且心灵手巧，十分会装扮自己，穿着典雅。夏天时她亲自动手裁制了一套白纱衣装，然后内衬红衣，白里透粉，配以浅妆，恰似雾里桃花，引得崇祯十分赞赏，因为崇祯最讨厌穿着花俏，浓妆艳裹。由周皇后的影响，一时间宫中皆流行皇后那种穿着，处处都是"掩映深红雪里春，淡作桃花沈酒晕"。可周皇后打扮从不愿和她们雷同，宫中年节朝贺，宫女、嫔妃都穿縇靴或缎靴，独有周皇后着锦鞋，颇有特色。

周皇后性趣高雅。她从不喜欢珠光宝气，而偏爱花、石、虫、鱼。每年西苑花开，周皇后都让司苑者具报，然后遣宫婢采折，插入宫中花瓶以供观赏。天气尚好时，结伴同游赏花自娱。百花中，周皇后最喜爱海棠花和茉莉花，海棠花开时便在花苑排宴，一赏就是数日。周皇后所居的坤宁宫有六十余株茉莉花，花开极繁，每天皇后都要摘花成簇，插于鬓髻，自然成趣。

周皇后不仅穿戴打扮具有特色，而人也颇有个性，很是严肃。她虽为皇后，但从不曲意奉迎于皇上。一年夏季的一天，周皇后穿着薄衣衫，对镜梳洗，崇祯悄悄来到身后，伸出双手与之戏闹，周皇后回头支开皇上双手，差一点在崇祯脸颊上留下指甲划痕，戏闹中恰被太监碰上，周皇后对崇祯此举深为反感。

周皇后平时虽不苟言笑，但同崇祯可谓恩爱夫妻。周皇后持家特别有方，册封为后以后，还亲自操持家务，计算开支，非常节俭，她亲手洗浣衣装，节约乾宁宫的生活费用。当李自成起义走向强大时，崇祯十分担忧，为自省决定吃素。周皇后见崇祯日见憔悴，便想尽办法照顾皇上，常常准备好饭食亲自送到崇祯那里。崇祯十分感激，再三拜谢，才肯举筷，看着眼前的皇后，又想起国家的危难，不禁泪流满面。皇后也哭着相劝，两人相向而泣，泪水洒落在几案上。

周皇后身居国母，但说话做事都非常谨慎，从来不干预政务。当李自成逼近北京时，皇后有意劝崇祯南迁，但又不肯明说，于是她对崇祯说："我在南方还有一个家。"可崇祯听了很惊讶，追问此话什么意思，听谁说的。周皇后不语。崇祯终未听从劝告，后起义军攻陷北京，两人只好自尽身亡。

崇祯有七个儿子：太子慈烺，怀隐王慈烜，定王慈炯，为周皇后所生；永王慈炤、悼灵王慈焕、悼怀王及皇七子，为田贵妃所生。还有六女，即坤仪公主、长平公主和昭仁公主，另三女无从查考。

崇祯刚过18岁，便迎来了慈烺的出世。次年，慈烺便被册立了皇太子。他得此贵子，着实高兴了一阵子。看着皇太子一天天长大，仿佛看到了明朝国祚的绵延永久。尽管平日政务纷繁，却没有忽略对太子的教育，他要通过严格的教育把太子培养成来日一个雄略盖世、力挽狂澜的皇位继承人。崇祯十年（1637），预择东宫侍班讲读官，命礼部尚书姜逢元、詹事姚明恭、少詹事王铎、屈可绅侍班；礼部侍郎方逢年，谕德项煜、修撰刘理顺，编修吴伟业、杨廷麟、林曾志讲读；编修胡守恒、杨士聪校书。太子讲官队伍十分齐整。经过一段时间的准备，于次年二月，皇太子正式出阁。崇祯十五年，太子出阁讲学。太子进讲，礼数也甚隆重。其时太子14岁，准备来年为太子选婚。可叹时运不济，农民军的攻势一天猛过一天，很快炮火逼近京城，婚事只得搁下。

崇祯对于王子要求严格，没有例外。怀隐王慈烜，聪明伶俐，深得父皇垂爱。无奈天不假年，幼年夭折，崇祯为此好不伤心。崇祯十四年，三子定王慈炯已满十岁，崇祯特谕礼臣："敬遵祖制，宜加王号"。然而既受册封，必具冕服，不过《大明会典》开载，年十二或十五始行冠礼，那么，"十龄受封加冠，二礼可并行乎？"崇祯多么希望儿子们快快长大成人，以分担天下之忧啊！礼部遵旨认真查考了经籍以及本朝的典故，向皇帝奏报。于是定于本年行册封之礼，过二年再行冠礼。九月，慈炯受封为定王，崇祯特选进士为检讨，国子助教等官为待诏，充任定王讲读官，以两殿中书充侍书。希望定王能在这些饱学之士的教导下学业精进。

崇祯十五年（1642）八月，定王出阁读书。训讲为著名的学问家方以智，仿书为刘明翰。方以智表情庄严，声音宏亮，定王有点不耐烦，急呼刘明翰来训讲。太监连忙加以阴止，说："礼也，不可更，父皇爷所定。"这才依照原先订好的规矩办事。定王喜欢刘先生，方先生以当日应背诵之书进上，定王随即掩卷一口气背完。定王说："方先生可先出，吾与刘先生仿书"。待方先生出去，定王方觉如释重负，练起书法来轻松自如。后来，定王面见父皇时，请将三、六、九定为仿书之日，而四、七、十为训讲之日，这与先前所定日子有些出入，不过，崇祯以为这样稍作变动无伤大雅，也就答应了。

崇祯并不满足于太子与定王学习书本知识，一有机会，还让他们了解国情与时局。崇祯十六年（1643），他召府部九卿科道，亲自审问吏部文选司郎中吴昌时，特命太子与定王也参加廷审。其用意是显而易见的，即一方面让太子与定王了解他处断的风格，另一方面让二位对官僚队伍的复杂性有一个清醒的认识。

对七个儿子，崇祯最喜欢的还是皇五子慈焕。这不仅是因为慈焕系爱妃田贵妃所生，而且还在于慈焕长得就十分惹人怜爱。有时，崇祯在理政之余，还专门挤出时间去逗逗慈焕。崇祯十三年，慈焕病重，崇祯闻讯急匆匆赶赴榻前。慈焕忽然高声说道："九莲菩萨言，帝待外戚薄，将尽殇诸子。"话音刚落，一双小眼睛永远地闭上了。崇祯深感诧异，悲痛欲绝。所谓九莲菩萨即指神宗之母，孝定李太后，太后信佛，在宫中像做成九莲座，故有此名。崇祯又失爱子（皇二子早夭，皇六子二岁夭，皇七子三岁夭），想到九莲菩萨竟要崇祯诸子尽折，大感悲伤。即封慈焕为孺孝悼灵王玄机慈应真君，并命礼臣议孝和皇太后、庄妃和懿妃道号。当时，礼科给事中李焻进言："诸后妃，祀奉先殿，不可崇邪教以乱徽称"。崇祯不听。皇五子之死，使崇祯的精神受到极大的刺激，他传谕要素食终身。之后几年里，他常常想起慈焕。崇祯十六年（1643）十二月，改封慈焕为宣显慈应悼灵王，去掉了原有的"真君"之号。

崇祯抱定"国君死社稷"之心之后，便把希望寄托在太子与定王身上。曾经有大臣建议太子南行，可当时崇祯还未料到明亡如此之速，没有应允。崇祯十七年（1644）三月，农民军围攻北京城时，他已悔之晚矣。当他剑砍长平公主，呼催后妃自尽之时，他竭尽全力，要把生的希望留给太子与定王。把太子与定王召到自己身边，亲自却掉二人的皇子冠服，换上便衣，令二人出避民间，并一再叮嘱："今后慎毋露帝皇家形迹！"二人仓促寻机出城，走周奎（周皇后之父）家，周奎高卧不起，闭门不纳。李自成占领京城后，内臣献太子与定王给李自成。李自成封定王为宅安公，太子为宋王。

相传太子被执献李自成时，李自成命行君臣之礼，太子不从，以长揖礼代之。李自成问："汝父何在？"太子答："死寿宁宫矣。李自成又问："汝家何以失天下？"对曰："以误用贼臣周延儒等"。李自成哈哈大笑，也惊叹太子小小年纪却如此明白事理。太子求速给一死，李自成说："汝无罪，我岂妄杀"？太子请"一不可惊我祖宗陵寝，二速以皇礼葬我父皇、母后，三不杀戮我百姓”。并且说：“文武百官最无义”。后来，李自成命人葬崇祯，封太子为宋王。

崇祯对太子的正统君道教育富有成效，但他所厚望的太子重整旗鼓的美梦只在他的心中，未曾成为现实。

到四月份，山海关的吴三桂公然打出了对抗大顺政权的旗号，击败了大顺军的唐通部。于是李自成、刘宗敏在十三日率领大军出京征讨吴三桂，在出行的队伍中也带上了太子三兄弟，还有吴三桂的父亲吴襄等人。李自成带上这几个人出征作战，显然是想把他们当作人质。吴襄是吴三桂的父亲自不必说，太子朱慈烺三兄弟作为故明遗胤，有着重大的政治象征意义。李自成希望用太子们证明他对于故明的宽仁态度，也想利用太子最后一次要挟吴三桂投降就范。

明太子在当时颇有招揽人心的威慑力。吴三桂表示：只要能归还太子和二王，迅速离开京师，就可以暂时罢兵，却没有提出交还其父吴襄作为交换条件。这表明当时太子的价值之大。以吴三桂的如意算盘，掌握住太子，还可作长远打算。李自成已经同意了吴三桂的议和条件，但清军最高统帅多尔衮却对这些丝毫不感兴趣，逼迫吴三桂继续穷追猛打大顺军。李自成大怒，在永平附近杀了吴襄，并把吴襄的首级挑在竹竿上示众，却没有伤害太子三兄弟，一直带着他们撤回北京。

李自成在四月二十六日回到北京，二十九日在武英殿正式举行了即皇帝位的典礼，当天夜里下令放火焚烧了宫殿，三十日清晨又挟着太子和二王撤离北京。自闯王进京至离京，前后四十余天，太子和两个弟弟一直在大顺军的掌握之中。这段日子他们过得相当狼狈，却没有受到什么伤害。

大顺军节节败退中，亡明太子也无人看管了，朱慈烺三兄弟竟然在这种混乱之中，分别逃脱出来，各奔东西，自谋生路。明王朝的最后一抹夕阳，也完全消逝了。